揺れる北朝鮮

金正恩のゆくえ

朴斗鎮
PARK TOO JIN

花伝社

揺れる北朝鮮——金正恩のゆくえ◆目次

第2章　張成沢・金慶喜に支えられた初期金正恩体制

第3章　後見人体制の破壊と金正恩親政

第4章　金正恩首領独裁を支える組織指導部

第5章　先軍政治の継承と否定

第6章　金正恩のアキレス腱　経済再生

第7章　暴力崇拝で一貫する金正恩の統治スタイル

朝鮮労働党組織図

2016年2月3日現在

＊党大会
第１回 46年8月28日～30日　第２回 48年3月27日～30日
第３回 56年4月23日～28日　第４回 61年9月11日～18日
第５回 70年11月2日～13日　第６回 80年10月10日～14日
＊党代表者会
第１回 58年3月3日～6日　第２回 66年10月5日～12日
第３回 10年9月28日　第４回 12年4月11日

金正恩第一書記
朝鮮労働党
党大会
党代表者会

党中央監査委員会

党中央委員会

政治局

常務委員会

常務委員（3名）
金正恩　金永南
黄炳誓

委員
朴奉柱 金己男
崔龍海 崔泰福
楊亨燮 李勇茂
姜錫柱 金元弘
金英徹 郭範基
呉秀英

候補委員
（李明秀）呉克烈
金平海 崔冨日
盧斗哲 趙延浚
太鐘秀

（　　）内は推定

書記局

書記
金己男 崔泰福 崔龍海
姜錫柱 金英徹
郭範基 呉秀英
金平海（李萬建）

（　　）内は推定

検閲委員会

委員長

第一委員長
チョン・ミョンハク

副委員長
リ・ドゥンナム

委員
チャ・グァンソク
パク・ドンマン
チャ・スンギル
キム・ヨンソン

党中央軍事委員会

委員長 金正恩

副委員長
黄炳誓

委員
朴永植 金永春
金元弘 金京玉
李炳哲 崔冨日
徐鴻賛 金英徹
尹正麟 チェ・ヨンホ
キム・ヨンボク
金洛兼 リ・ヨンジュ

専門部署

組織指導部	宣伝扇動部	幹部部	計画財政部	科学教育部
国際部	軍事部	勤労団体部	機械工業部	党歴史部
文書整理室	民防衛部	軽工業部	申訴部	財政経理部
総務部	統一戦線部	38号室	39号室	

道（直轄市・特別市党代表会）

道（直轄市・特別市党委員会）

平壌市	羅先市	南浦市
江原道	両江道	慈江道
平安南道	平安北道	咸鏡南道
咸鏡北道	黄海南道	黄海北道

＊韓国統一部、権力機構図を参考にして作成
＊機械工業部は2015年末から軍需工業部に名称変更

まえがき

北朝鮮で金正恩《キム・ジョンウン》体制となって四年余りが過ぎた。その間、金正恩第一書記（以下金正恩）は、粛清と頻繁な人事異動を重ねることによってなんとか求心力を維持し、ポピュリズム的演出で当面の体制を支えてきた。ここで「なんとか」と形容詞をつけたのは、政権安定の根本条件である経済再建にいまだ展望が見えてこないからだ。

対外関係でも閉塞状態が続いている。核を振りかざし二言目には「戦争」を口にするために、血盟関係と言われてきた中国との関係さえ冷え込んでいる。韓国に対しても戦争挑発の悪癖を捨てないために対話が長続きしない。米国や日本との関係も改善は進んでいない。米国との関係ではニューヨークチャンネル（国連を利用したコンタクト）すらまともに機能していない。

この経済と外交の二つの関門が突破できない限り、粛清と人事いじりだけでは金正恩体制の長期安定は望めない。二〇一六年五月に第七回朝鮮労働党大会を三六年ぶりに開催するのも、この二つの関門を突破することに主な狙いがあると思われていた。二〇一六年の金正恩「新年辞」でも経済問題重視が強調されていたことから、外交面でも融和策へ転換するのではとの期待も寄せられていた。

しかし、そうした矢先、金正恩は一月六日に四回目の核（水爆？）実験と事実上のミサイル実験を強行しその真逆の方向に舵を切った。常人では考えられない発想である。

「世襲」ではないことを強調し、権力継承に時間をかけた父金正日《キム・ジョンイル》総書記（以下金正日）とは異なり、金正恩は、「世襲」を前面に打ち出し、さまざまな手続きを省略して「白頭の血統」のみで最高指導者となった。

現在の金正恩

しかし、こうした権力の継承方法は、速度こそ早めたが、さまざまな軋轢《あつれき》と脆弱性を内包させた。
それはまず、北朝鮮の「首領絶対制」権力と未熟な指導者のかい離として表れた。金正恩の権威不足、経験不足は誰が見ても明らかだ。指導者個人への極度の求心力が求められる首領独裁を運営するには当然無理があった。
また問題となるのは、金正恩に偶像化、神格化する材料が乏しいことだ。彼の「偉大性宣伝」を本格化させている現在も、自身がどこで生まれ育ち、どこで学び、どのように社会的実践を積んだかが明らかにされていない。宣伝材料は荒唐無稽なものばかりだ。これでは北朝鮮国民がいくら洗脳されているからといっても偶像化は無理であろう。偶像化作業が思い通り進まなければ絶対権力者としての求心力は得られない。
そして決定的な問題点は、金正恩の性格と能力だ。今後の修錬で向上させることも可能だろうが、生まれた時からわがままいっぱいに育ち、傍若無人に振る舞ってきたことを考えるとそれはほとんど無理だと思われる。

恐怖政治

こうした問題点の解決を金正恩は恐怖政治に求めた。その性急さと過激さのために父金正日が準備した張成沢・金慶喜の「後見人体制」をわずか二年で破壊してしまった。義理の叔父張成沢は最も残忍な方法で処刑された。

金正恩の「後見人体制」からの「奪権闘争」は二〇一三年から始められた。それは父金正日が作り上げた組織指導部の絶大な権力を後ろ盾にしたものであった。そこでの中心人物は母・高ヨンヒと関係の深かった趙延淩《チョウ・ヨンジュン》であり黄炳誓《ファン・ビョンソ》であった。組織指導部第一副部長の趙延淩は、金正日死亡時の葬儀委員に名を連ねていなかった人物だ。今や序列ナンバー3となった黄炳誓は、その時やっと序列一二三位に過ぎなかった。第一副部長の李剤剛《リ・ジェガン》、李容徹《リ・ヨンチョル》亡きあと金正日が組織指導部の中心に据えていたのは第一副部長の金京玉《キム・ギョンオク》であったが、金京玉はいまや実権を黄炳誓、趙延淩に奪われた。

金正恩は、組織指導部を中心に奪権準備を進める一方で、父金正日と祖父金日成に忠実な指導者として振る舞うために「遺訓政治」を掲げ、金日成のアバター（分身）を装った。そして「開かれた指導者」「親しみのある指導者」像の定着に力を入れた。また「大胆で強い指導者」を演出するために、米国、韓国と必要以上に対決姿勢を取った。

金正恩は二言目には先代の遺訓を口にするが、これまでの四年間を振り返ると父金正日のシナリオに背いていることが多い。特に人事ではそれが顕著である。四年間で金正日時代の党側近や軍最高幹部はほとんど姿を消した。

この急ぎすぎは彼の未熟さと性格から来たものであろう。極度に中央集権化され、その権力が指導者一人に集中されている北朝鮮の政治体制（首領独裁）では、指導者の性格が国家の政策にそのまま反映される。

元山の特閣（別荘）で元在日朝鮮人の母から生まれ、公にできない出自から金日成にさえ秘密にされて育った金正恩は、生い立ちのコンプレックスから「日陰者」「目立たない存在」が大嫌いな、わがままで感情の起伏が激しい若者に育った。自身の権威不足と業績不足を後見人の活用でクリアしていくという「まだるっこい」方法は苦痛以外の何物でもなかったに違いない。

予想外に早かった父の死、父が準備した「後見人」体制の早い破壊、それによって恐怖政治に突き進まざるをえなくなった金正恩。権威のない指導者が歩む道は、今も昔も「恐怖政治」以外にはないようだ。

崩壊の第二段階――そして、ラストエンペラーへ

旧ソ連をはじめとした社会主義陣営の崩壊と一九九〇年代半ばから始まった北朝鮮の大飢饉によって、崩壊への第一段階を迎えた北朝鮮の金氏政権はその延命を先軍政治に求めたが、金正日の急死による金正恩政権の登場で、過激な恐怖政治が付加されることになり崩壊への第二段階を迎えている。それは金正恩時代に入って激増している北朝鮮高官の亡命者数を見ても明らかだ。

金正恩が改革開放に舵を切らず、このまま恐怖政治と核兵器による脅迫外交を続ければ、彼は間違いなく金王朝のラストエンペラーとなるだろう。北朝鮮情勢は国内状況だけでなく周辺諸国の状況も複雑にからんでいるために、その日がいつ来るかは分からないが、その方向に進んでいることは間違いない。

だが、もしも金正恩が英断をもって核を放棄し改革開放に進めば、金氏体制は首領独裁ではなくなるかも知れないが「立憲君主制」で維持される可能性はある。もちろん、この場合も金正恩は現在のような絶対権力を行使するエンペラーではなくなっている。

第 1 章
金正恩体制が抱える宿命的弱点

後継者　金正恩

二〇〇九年一月一五日、韓国の連合通信は、朝鮮労働党組織指導部の李済剛《リ・ジェガン》第一副部長が課長級以上の幹部を緊急招集し、金正日《キム・ジョンイル》総書記の三男の正恩《ジョンウン》（当時二六歳）が後継者に指名されたという決定事項を伝達したと伝えた。各道の党機関にも後継者関連の指示を下しており、高位層を中心に後継者決定に関する情報が急速に広まっていると報道した。この報道があってから、北朝鮮の後継者内定情報が韓国と日本を駆け巡った。

一節　白頭の血統だけで絶対権力者となった金正恩

この一連の情報に対して当時の韓国政府当局者は慎重な反応を示していた。当時の金浩年《キム・ホニョン》統一部報道官は、「様々なうわさは聞いているが、事実と確認されたものはない」とし、国家情報院当局者も「現在のところ確認されたものはない。もう少し見守らなければならない」と話した。

こうした韓国政府当局者のコメントもあったために、筆者もこの後継者情報を未確認情報のレベルでしか受け入れることができなかった。金正日の後継者決定過程が頭にあり、三代目となる金正恩の後継者手続きも同じ方法が取られると思い込んでいたからだ。

しかしその後の調査経過で、高位級脱北者の確かなルートで連合通信情報が入手されていたことが確認できた。この時、北朝鮮指導者の三代目選定が手続き省略で進められたことを知った。北朝鮮権力の私物化がここまで進んだのかと思うと同時に、金正恩の後継者決定過程を金正日のそれに機械的に当てはめて分析してはだめだと気が付いた瞬間であった。

元帥服を着た金日成と次帥服を着た崔庸建（1950 年代）

一、北朝鮮における後継者問題

北朝鮮で金日成《キム・イルソン》主席（以下金日成）の後継者問題が具体的に論じられるようになったのは、一九六〇年代後半からである。それは一九五六年にソ連共産党の第一書記となったフルシチョフがスターリンを否定したことが出発点となっている。

その後北朝鮮の「後継者問題」に大きな影響を与えたのは、一九六九年四月に開かれた第九回中国共産党大会であった。この党大会では、党副主席の林彪が毛沢東の後継者として決まり、中国共産党の規約にまで明文化された。

最高指導者の生前に後継者を決め、それを党の規約に明文化することは、旧ソ連をはじめ、それまでの共産党の歴史には存在しなかった手法である。

このころ北朝鮮ではスターリン批判を目のあたりにした金日成が、代替わりした後の自身に対する「否定」を恐れて、最後の対抗勢力である「甲山派」（一九三〇年代に金日成と連携し、北朝鮮北部で抗日闘争を行なっていたグループ）を根絶やしにする作業を進めていた。一九六七年、金日成は、「甲山派」の朴金喆《パク・クムチョル》、李孝淳《リ・ヒョスン》、金道萬《キム・ドマン》などを粛清し、金日成唯一独裁の樹立に成功する。それと同時に「首領論」なる指導者論を作り出し「金日成絶対化・神格化」作業を進めた。

金正日の権力奪取闘争

この時にその先頭に立ったのが息子の金正日であった。金正日は、この粛清事件以降文化芸術部副部長を経て宣伝扇動部に移り、宣伝映画や演劇、小説などを駆使して大々的に金日成礼賛運動を展開した。この功績などを元手に一九七三年には三一歳の若さで組織指導部と宣伝扇動部を担当する書記に選出され、一九七四年二月には後継者として正式に内定される。

金正日が「後継者」としての地歩を築いていくなかで、後継者争いの最大の敵は、組織指導部長として党を掌握していた金日成の弟で叔父にあたる党中央組織部長の金英柱《キム・ヨンジュ》であった。当時、金英柱は、黄長燁《ファン・ジャンヨプ》（元書記、一九九七年に韓国亡命）などによって哲学的に作りかえられ、金日成の思想とされていた「チュチェ（主体）思想」に対して、マルクス・レーニン主義の唯物論から逸脱した「観念論」ではないかとの疑念を抱いていた。

この情報をキャッチした金正日は、金英柱が首領様（金日成）の「主体思想」を受け入れていないと金日成に報告し、金日成の金英柱に対する心証を悪化させた。そしてイデオロギー闘争でも、黄長燁らの「主体思想派」を動員し「金英柱つぶし」を行ない、結果勝利することになる。金日成に対する「おべっか競争」で金正日が金英柱を超えたということだ。後日、黄長燁はこの「おべっか競争」において金正日が「天才的」だったと述懐している。

こうして一九七四年二月の党会議で金英柱は金日成から激しく批判され両江道の山奥に追放される。この会議で事実上後継者の地位を手にした金正日は、それ以後父金日成をたらしこむことに総力を注ぐ。金日成を「神の座」に祭り上げ、国民に対しては北朝鮮の首領としてだけでなく「世界の首領」として、あらゆる手段を動員して洗脳していった。

だが息子の陰謀も知らず「社会主義者であろうと共産主義者であろうと自分の子供はかわいいからな」と親ばかぶりを発揮していた金日成にとって、金正日を後継者とするうえで厄介な問題が一つ残っていた。それは「世襲」という「そしり」をいかにしてクリアするかという難問であった。

一九六〇年代は、朝鮮労働党の指導思想がマルクス・レーニン主義であったため、中国の例にならって生前に後継者を決めることまではクリアできたものの、「世襲」による後継者決定は前例がなく、教義にも反していたために、あまりにもハードルが高かったのである。

しかしその後、金日成に再びチャンスが巡ってくる。一九七一年三月に中国で後継者に指名された林彪グループによるクーデター未遂事件（毛沢東暗殺計画）が発覚したことである。この事件は、金日成に大きな衝撃を与えた。それればかりか、この事件をきっかけに文化大革命路線継続を主張する江青（毛沢東夫人）をはじめとした四人組[注1]が権力闘争を繰り広げ、中国共産党内が混乱したことも彼の警戒心を高めさせた。中国は結局、一九七六年に毛沢東が死去し鄧小平が登場するまで混乱が続くことになる。

金日成はこの混乱の隙間をぬって世襲による後継者選定を急いだ。金正日は金日成の庇護のもとで「主体思想」を朝鮮労働党の唯一思想と法制化し、後継者への道筋を固めた。一九七〇年代に入って金正日は黄長燁らの主体思想派を動員し「主体思想の哲学化」を進め、その成果を自身の名前で発表して「思想・理論家」としての「肩書き」も手に入れた。そして一九七四年には朝鮮労働党中央委員会の決定によって金日成の唯一後継者としての地位を獲得する。

だが共産圏で前例のない世襲による後継者の選定という事態は大きな壁として残ったままだった。マルクス・レーニン主義党理論では「世襲」はご法度だったので、スターリンや毛沢東ですらもそこまで踏み出すことはしなかった。

金正日はこの「壁」を乗り越えるために「後継者論」なるものを作らせた。その主張する所は、自身の後継者決定はたまたま世襲の形を取っているが、それはある意味で偶然であって実際は「後継者としての実力」を備えているからであるというものだった。このころ中国と旧ソ連が対立しお互いが北朝鮮を味方につけようとしていた事情もあったので、この欺瞞に満ちた「後継者論」に対する両国の干渉は強くなかった。

一九七四年二月の党中央委員会総会で金日成の後継者に内定された金正日は、一九八〇年の第六回大会までは「党中央」という隠語で呼ばれ、一九八〇年の朝鮮労働党第六回大会で公式に登場した後は「親愛なる指導者同志」と呼ばれることとなる。そして一九八〇年代中盤以降は金日成の権力をも超え、北朝鮮は金正日・金日成時代を迎える。（＊巻末の金正日経歴資料を参照）

二、世襲を否定したかった金正日の「後継者論」

では、金正日が後継者としての正統性を示すために後講釈的に作り上げた「後継者論」とは具体的にはいかなるものであったのか？

その論理は、「革命は首領によって切り開かれ前進する。しかし革命が全世界で成功するには長い年月が必要だ。一代では到底成就できない。従って代を継いで革命を進めなければならない。ここに後継者問題が提起される時代的根拠がある。しかし、これまでマルクス・レーニン主義は後継者に関する理論問題を解決することが出来なかった。この問題は金日成主義によってはじめて解明された」との主張から展開される。

そして「後継者の表象」を次のように規定した。

①後継者は、革命を切り開いた首領に限りなく忠実でなければならない。そしてその思想の純潔性を守り発展させ、首領が作り上げた革命伝統と党の統一と団結を固守し、首領が提示した革命闘争の根本方向を堅持しなければならない。

②後継者は、首領に忠実であるだけでなく、思想・理論の大家でなければならない。そればかりか首領の持つ指導力と品性を完全に体得した傑出した人物でなければならない。

③後継者としての資質と品性を備えた人物であれば、その人物が男性であれ女性であれ、壮年であれ青年であれかまわない。また、革命活動の長短も問わない。血縁関係にあったからといって「世襲」という人達がいるが、封建王朝の世襲とは根本的に異なる。封建王朝の世襲は「資質」に関係なく行なわれるものだ。「人物本位の原則」で後継者を選ぶことは、後継者問題解決での本質的意義を持つ。

④後継者は広汎な人民の支持と信頼に基づく「推戴」とならなければならない。後継者は封建時代のような単純な権力の「世襲」や、ブルジョア社会で行なわれているような「選挙制度」で選んではならない。

⑤後継者は新しい世代を代表する人物でなければならない。すなわち首領と後継者との世代的関係は、同世代ではなく前の世代と次世代の関係とならなければならない。首領と同世代の幹部たちは、首領と共に老いて行く。それゆえ首領と同世代では革命の代を継ぐ事は出来ない。首領の代は、少なくとも人間の世代交代の周期にあわせることが合理的だ。

以上で分かるように、金正日の後継者論では後継者規定第三項で、「資質と品性を備えた人物が後継者になることは世襲とは言わない」と説明し、金正日の後継者決定は資質を備えていたからで「世襲」ではないと強調している。これが世襲批判を意識した「後継者論」のポイントであった。

しかし金正恩の後継者決定ではその逆となっている。金正恩の後継者としての正統性は「白頭の血統」が最も重要な要素とされている。すなわち金正日の「後継者論」で否定した「資質に関係なく行なわれる封建王朝の世襲」そのものとなっているのだ。この点が金正恩体制の最大の弱点である。金正恩が善政をしき国民に豊かで平和な暮らしを与えれば、この弱点はカバーできるが、その逆となれば政権の正統性は揺さぶられることになる。

三、三代目後継者の擁立過程

金正日の後継者決定とその公式化では、それなりの手続きとプロセスがあった。しかし、金正恩の後継者決定は、そのすべてが省かれ、金正日の息子であることと、金正日が金正恩を適任だと考えたことだけで決定がなされた。金正日時代に王朝国家として根を下ろした北朝鮮は、すでに社会主義の共和国ではなかったために、朝鮮労働党の組織的決定も、説明する論理も省くことが可能になったのである。

金正日は二〇〇八年八月に脳溢血で倒れた後、自身の寿命が長くないことを悟り、死後に権力闘争を起こさせないために後継者選定を急ぎ、三人の息子の中で適任と考えた金正恩を後継者に選んだ。それは積極的選択というよりは消去法で選んだ可能性が高い。

北朝鮮で三代目後継者の擁立作業は、二〇〇〇年ごろから始められていたようだ。一九九八年ごろから金正恩の生母である高ヨンヒは(注2)、軍部隊などの金正日現地視察に同行し、内部的にはファーストレディとしてだけでなく、金正日の政治的パートナーとしての役割も果たしていた。そのことを示すようにこのころ高ヨンヒの偶像化作業は既に北朝鮮軍内で始められていた。北朝鮮人民軍の講演資料では二〇〇二年から高ヨンヒを「尊敬するお母様」と呼び偶像化している。しかし二〇〇四年に高ヨンヒが死亡した後、彼女に対する偶像化事業は中断されることになる。

二〇〇〇年代初頭、高ヨンヒを中心に組織指導部第一副部長の李済剛《リ・ジェガン》（党生活担当）や李容徹《リ・ヨンチョル》（軍担当）など一部金正日の側近たちが後継者問題を進めた。当初は次男（高ヨンヒの長男）金正哲《キム・ジョンチョル》を後継者に擁立しようと試みたようだ。しかしこの作業は二〇〇四年に高ヨンヒが病死した後、金正日の指示によって中断された。この時、金正哲擁立に先走った宣伝扇動担当書記の鄭夏哲《ジョン・ハチョル》などが粛清されることになる。高ヨンヒ派によって遠ざけられていた張成沢が復帰するのもこの後である。

二〇〇一年五月に金正日の長男金正男《キム・ジョンナム》がドミニカ共和国のパスポートで日本に密入国を試み、日本当局に拘束されたのも後継者争いが絡んでいた可能性が高い。北朝鮮内の一部では、この事件を金正男排除のための高ヨンヒ勢力の陰謀と認識している。

二〇〇八年八月、金正日の脳卒中をキッカケに、その間具体的に取り上げられていなかった後継問題が再浮上することになる。金正日の病床に集まった妹の金慶喜《キム・ギョンヒ》とその夫の張成沢《チャン・ソンテク》などごく一部の家族の中で後継者問題が議論され、金正恩を後継者に擁立することが決められた。金正日の意中を汲み張成沢が三男金正恩を後継者に薦挙したとされている。この時金正恩の年齢はわずか二六歳であったために金慶喜が若すぎるのではとの注文をつけたとの情報もある。

こうして二〇〇九年一月、金正日は、後継者に金正恩を内定したとの通達を、労動党組織指導部を通じて党と軍に下達した。その後二〇一〇年九月二八日、労動党第三回代表者会を前にして金正恩に人民軍大将の称号を授与し、党代表者会の人事でいきなり党中央軍事委員会副委員長の肩書を与えた。こうして金正恩は金正日の後継者として内外に公式化されたのである。

金正日の急死によって、彼が描いていた後継「首領」作りの構想は中途で挫折したと思われる。二〇〇八年に脳溢血で倒れた後、金正日は残された自身の生存時間の中で何としてでも金正恩の業績と権威づけを行なおうとした。しかし、金正日は自身の予想よりはるかに早く寿命を終えることになり、後継者に十分な帝王学を授けないままこの世を去った。金正日の誤算は「後見人体制」の早期終焉としても現れた。ここに金正恩体制のもう一つの宿命的脆弱性がある。

このようにして金正恩時代が始まるのであるが、それは地図のない最高指導者への道のりとも言えた。一部では金正日が「遺言」で道筋を示したとの説もあるが、絶対的権力をもち個性の違う指導者を「遺言」だけで作り上げることは不可能である。

金正日死後、内外情勢にかんがみ金正恩の権力樹立は超特急で進められた。時系列でみると次のようになる。

・二〇一一年一二月三〇日　金正日死亡直後金正恩を人民軍最高司令官に推戴
・二〇一二年四月一一日　労動党第四回代表者会で金正恩を政治局常務委員、第一書記、党中央軍事委員長に推戴
・二〇一二年四月一三日　最高人民会議第一二期第五回会議で国防委員会第一委員長に推戴

こうして金正恩は父親死亡後わずか四ヶ月で形式的には党、政府、軍の最高位職を引き継ぎその権力を掌

握することになる。言い換えれば、金正恩の権力は四ヶ月で作られた根の浅い権力だということだ。二〇〇九年一月の内定から数えても三年にしかならない。金正恩の権力掌握は彼の実力というよりは、金正日の遺訓と金正日が残した党組織指導部をはじめとした権力遺産があったからこそ実現できたものである。

四、金正日と金正恩の権力継承比較

金正日の権力継承が、世襲を否定した形で進められたことは前述した通りだが、それとは反対に、金正恩の権力継承は「白頭の血統」を前面に掲げ、「世襲」での権力継承を正面に打ち出したものであった。そのために金正日と金正恩の権力掌握過程には大きな違いが生まれた。

それは第一に準備期間の違いだ。

金正日は一九六四年労動党中央委員会に入った後、一九七三年に党のナンバー2である組織・宣伝扇動書記になるまで一〇年間の後継授業期間を経た。朝鮮労働党第六回大会でその地位を内外に示したのは三八歳の時であった。以後一九九四年金日成死亡時までおおよそ二〇年の間、金日成・金正日共同統治を通じて北朝鮮の実質的権力者として君臨した。それにもかかわらず、金正日は金日成死後三年間の哀悼期間を経た後の一九九七年になって党総書記に推戴され、公式権力の継承を完了している。

これとは反対に、金正恩は二〇〇九年に後継者に内定された後、二〇一〇年に党中央軍事委員会副委員長に任命されるまで、たった二年間の後継授業を受けたことが全てである。共同統治が始まってからわずか二年で金正日が死亡し、それから半月も経ないで金正恩は人民軍最高司令官職に就き、以後四ヶ月も経ないで党第一書記、党中央軍事委員長、国防委員会第一委員長に推戴され、公式権力継承をすべて完了した。

第二に世襲環境も大きく異なる。

金正日は北朝鮮が全般的に良好な対内外状況の中で後継者としての準備を行なった。それは政治業績作りとリーダーシップ発揮に有利に作用した。しかし金正恩の場合、あらゆる悪材料が山積された対内外環境の中で後継者となったために、政治的功績確保とリーダーシップ発揮に非常に不利であった。

第三に出自を偶像化する面から見ても金正日と金正恩はあまりにも違う。

金正日は父の金日成も母の金正淑《キム・ジョンスク》も共に抗日パルチサンであったために、「革命家庭」として美化する上でも、出生地を白頭山密林の野営地として偽装する上でもそれほど苦労することがなかった。しかし金正恩は、在日朝鮮人出身で舞踊俳優だった高ヨンヒが母で、その上「側室」であったために家系の偶像化に多くの困難をもたらしている。

第四に経歴と資質面でも違いすぎる。

金正日は金日成総合大学を卒業して一〇年の間、労動党中央の末端職から最高位職まで経験し、昇進する過程で経験と見識を積むことができたが、金正恩はスイスに留学するなど、北朝鮮内では社会と隔離された環境で成長し、指導者として備えなければならない経験と資質を身につける機会がほとんどなかった。

第五に人脈の幅と厚さが大きく違う。

三二歳で権力の第二人者となった父金正日と違い、二六歳という幼い年令で後継者に指名されその二年後に父の後ろ盾もなく最高権力者になっただけに、権力基盤においても雲泥の差がある。金正日は大学生活と党で働く期間、北朝鮮の権力層と社会全般に厚い人脈を形成し、これらの人脈を自身の勢力として活用したので、後継者内定後の後継体制構築過程でもある程度スムーズであった。反面金正恩は、北朝鮮社会から孤立した成長環境や海外留学のためほとんど自前の人脈がなく、したがって父の側近権力層に全面的に寄り掛からなければならなかった。これら既存権力エリートたちは金正恩の後援者、保護者であると同時に一方では金正恩の潜在的脅威要因として作用した。

このように金正日は、時間をかけて後継授業過程を経て後継者に内定され、金日成の庇護のもとで経験を積んで北朝鮮の実質的権力者となり、余裕をもって権力継承を完了することができたが、一方金正恩は、封建時代のように幼い年令でまず後継者に「指名」され、その後短い後継授業期間で急いで権力者に仕上げられたために、すべての面で未熟で脆弱である。

第六に金正日と金正恩では権力継承戦略でも多くの点で異なる。

金正日は自身の努力と意志で権力を争取したと言えたにもかかわらず、自分の継承が世襲とされることに嫌悪感とコンプレックスを持っていた。そのため金正日は、世襲後継者という否定的イメージを払拭することを最優先の課題として定め、後継者内定直後から「後継者論」を編み出し、自分は「首領（金日成）」の後継者として備えるべきすべての思想理論と業績、資質を備えていると積極的に宣伝し洗脳した。

そればかりか、後継者内定直後から「三大革命小組運動」「七〇日戦闘」など経済キャンペーンを通じて後継者としてのリーダーシップを発揮し、金日成の偶像化や抗日パルチザン闘争を美化した「芸術作品」、そして可視的な「展示物建設」などを通じても「成果」を出した。こうした運動を指導することで金正日は金日成と権力層から権力を任せても大丈夫だとの信頼を確保し、住民たちの忠誠と支持もある程度得ることができた。このように金正日は権力継承で「世襲イメージ」を極力否定する「戦略」を取ったといえる。

一方金正恩は、準備期間も資質も足りなかったために、「世襲後継者」というイメージを否定せず、むしろ自身の後継が世襲であることを前面に出し「白頭の血統」一本やりで正面突破する方式を選択した。

そのために祖父金日成の容貌と行動をそのまま模倣する「アバター（分身）戦略」をとり、金日成時代に対する北朝鮮住民の郷愁を刺激し、父金正日の「遺訓」をもって統治を始めた。その一方で世襲に対するい

金正恩偶像化教授参考書の表紙

かなる批判や不満に対しても厳しく統制し、世襲を正当化・制度化した（北朝鮮の辞書から世襲という言葉を削除した）。そればかりか北朝鮮の現状況下では体制を守護することができる道は世襲しかないという「世襲不可避論」まで主張し、権力層と住民たちに金正恩との共同運命体意識を植え付けている。このように一言でいって金正恩権力継承戦略は「世襲正当化戦略」だと言える。

二節　偶像化の材料に乏しい金正恩

北朝鮮の学校では、二〇一五年年四月一日から金正恩の偶像化教育を本格化した。筆者が入手した高級中学校（日本でいう高等学校）用の「敬愛する金正恩元帥様革命活動教授参考書」（教員の授業用）は、四章一三節一五一ページからなっている（北朝鮮は二〇一二年から就学前一年、小学校五年、初級中学校三年、高級中学校三年の一二年義務教育となった。高級中学校はおおむね日本でいう高等学校といえる）。

この「教授参考書（指針書）」は第一章「敬愛する金正恩元帥様が持っておられる非凡な品性」から始まるのであるが、この教材にも金正恩が、いつどこで生まれ、母親が誰で、どのような学校を出て、いかなる役職に就いて今日に至ったかという経歴が全く記述されていない。

一、経歴を明かせない金正恩

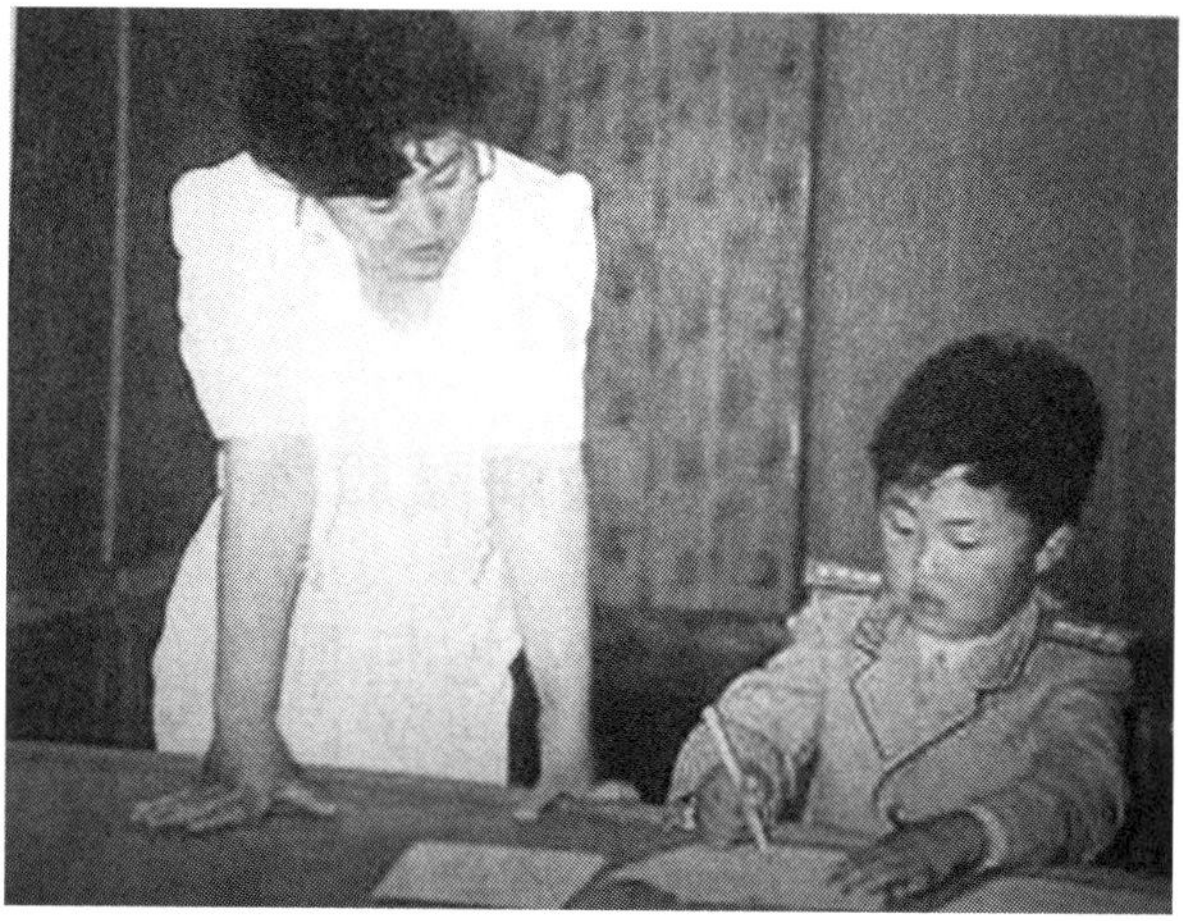

金正恩生母（高ヨンヒ）と幼い時の金正恩

これは金正恩が複雑な環境で生まれたことと関係する。金日成が生存時には母高ヨンヒの存在が隠されていたために公然と平壌には住めなかった。金正男《キム・ジョンナム》（金正日の長男）の母方の叔父李韓永の証言では、一九七七年ごろ鉄峰里＝チョルボンリの特閣（金正日の別荘）をもらいそこで暮らし、一九七九年後半か八〇年ごろに蒼光山《チャンガンサン》官邸に入ったとしている。

高ヨンヒは元山《ウォンサン》の特閣で子供たちを生んだと言われている。この特閣は南に面していて北朝鮮としては比較的温暖で最も環境に優れたところだ。金正哲《ジョンチョル》（一九八一年生）、正恩《ジョンウン》（一九八三年生）、与正《ヨジョン》（一九八七年生）兄妹もそこで生まれた。どちらにしても、金日成がなくなるまで高ヨンヒとその子供たちは日陰者として暮らしていたようだ。

金正恩がひときわ元山にこだわるのは、その立地の良さだけではない。自身の生まれ故郷であるからだと思われる。一部では、元山は日本からの帰国船に乗って母親の高ヨンヒが最初に踏んだ祖国の土地だから金正恩がこだわるという情報もあるが、それは間違いだ。

高ヨンヒが帰国した当時（一九六二年）、北朝鮮の日本からの「帰国船」は旧ソ連の船（クリリオン号とトボリスク号）であり、到着した北朝鮮の港は清津港《チョンジン》であった。元山港は一九七〇年代に入って初代の万景峰号（現在の万景峰号九二は二代目）が建造されてから入港するようになった港である。

ある脱北者団体は、金正恩が後継者となった後、江原道元山市《カンウォンド》を聖域化するための作業を、二〇〇九年末から開始したことを伝えている。第一段階として「政治犯」「精神障がい者」など、いわゆる「成分」が悪い人々の選別作業に着手し、元山の人口を現在の三〇万人から一〇万人水準に削減するという話もある。

いま金正恩が元山一帯を一大観光エリアとするために力を注いでいるのは自分の故郷だということが関係しているのだろう。

高ヨンヒは金正日に愛されたものの、側室としての生活を余儀なくされていたために、その子供たちも金日成にお目通りできなかった。金正恩が最高指導者となり金日成の風貌を真似てはいるが、その肝心の金日成と共に撮った写真はこれまで一枚も発表されていない。

連合ニュースは、二〇一五年の金日成主席誕生日直前に次のような記事を掲載した。

「北朝鮮の朝鮮労働党機関紙、労働新聞は四月一五日に故金日成主席の誕生一〇三年を迎えるのに合わせ一三日の紙面に金主席の写真を大きく掲載したが、孫に当たる金正恩第一書記と共に写っている写真はなかった。

北朝鮮メディアは金主席や故金正日総書記の誕生日、労働党や朝鮮人民軍の創建記念日には通常、金主席と金総書記、または金総書記と金第一書記が共に写っている写真を紙面の複数のページに掲載する。

金第一書記は、外見から市民とのスキンシップを強調する統治スタイルまで、祖父の金主席を真似ているが、二人が一緒にいる瞬間を捉えた記録は公開されていない。北朝鮮が、二人が共に写っている写真を公開しないのは、もともとそういった写真がないからだとする指摘が出ている」（連合ニュース日本語版二〇一五年四月一三日）。

韓国国家安保戦略研究院の玄成日《ヒョン・ソンイル》首席研究委員は二〇一四年一二月一日、テーマ発表を通じて、「一九九四年七月に金日成主席が死去するまで二人は会ったことがない」とし「金正恩第一書記は権力世襲の正統性確保のため、父（金正日）よりも祖父である金日成のイメージと統治方式を積極的に模倣している」と述べた。玄研究委員は「金日成の死去当時、金正恩は満一〇歳だったため、一緒に撮った写真や動画があれば、これを偶像化に大々的に活用したはず」とし、このように主張した。玄研究委員は「金正恩の生母・高ヨンヒを偶像化した記録映画も（注3）、金日成主席の死後である一九九〇年代半ばから死去（二〇〇四年）前までの姿を撮影したものだ」とし「金正恩はもちろん、高ヨンヒの存在も、金日成の生存時には北の内部で徹底的に秘密にされていたことが分かる」と述べた。

玄研究委員は「高ヨンヒとその実子は平壌《ピョンヤン》ではなく江原道元山の特閣（別荘）にいなければならなかった」とし「世襲の名分として家系の正統性を重視するが、今まで生母を前面に出すことができないほど脆弱な実情を見ると、父の政治的保護と後見が消えた金正恩が祖父のカリスマとイメージ模倣に頼り、権力を掌握するには限界がある」と指摘した（中央日報日本語版二〇一四年一二月二日）。

この情報と関連して、ある北朝鮮消息筋は「金第一書記は祖父の金主席に一度も会ったことがないため一緒に撮った写真もあるはずがない」と話した。また、別の北朝鮮消息筋は「金第一書記の母親、故高ヨンヒが生前、自分が産んだ息子のうち一人を金総書記の後継者にするため金主席に近づこうとしたが、金総書記が強く制止したため接近できなかったようだ」と述べた。金正日が父親の金日成の前で正式に結婚式を挙げた夫人は二番目の妻の金英淑《キム・ヨンスク》だけだ。金正日はほかに同居した夫人との間にできた子どもが金日成に近づくことを固く禁じたとされる。金正恩だけでなく、実兄の正哲《ジョンチョル》、妹の与正《ヨジョン》党副部長、異母兄の正男《ジョンナム》も金日成に会ったことがない。この事実については、筆者が内部からの情報に基づき二年前から指摘していたものだ。内部情報とも一致している。

二、荒唐無稽な偉大性宣伝

前述した北朝鮮当局の「教授参考書（指針書）」は金正恩の偉大性についても荒唐無稽《こうとうむけい》な内容に満ちている。その内容の特徴は、①金正恩の経歴に触れていない、②論理性を持った内容ではなくエピソードのような形で記述されている、③虚偽記述が多く荒唐無稽な内容が多い、といったことにある。

記述の中での具体的記述のいくつかを取り上げると、「三歳の時三秒の間に一〇発の銃弾を撃ちすべての目標に命中させた」「三歳の時から自動車を運転し、八歳になる前にくねくねとしたカーブと傾斜地の多い非舗装道路を疾走した」「五歳の時に戦車を操縦した」「九歳の時に超高速船を製造する外国会社の専門家と海で試合をして二度も勝った」などといった内容である。

この「幼少時代に超高速船をつくる外国会社の専門家と海で試合をして勝った」との内容は、信ぴょう性を持たせようとしたためか、異例にもボートの製造会社名（マウンテン社）まで記載し、裏が取れる材料を提供した。

そこで韓国『月刊朝鮮』のキム・ドンヨン記者（김동연、自動車コラムニスト）は、高速ボートの製造会社に問い合わせ調査したが、その結果については次のように報道された。

「記者は高速ボート製造業社〝マウンテン〟を捜して連絡を取って見た。北朝鮮が主張したマウンテンと一番似た名前のボートメーカーとしては、アメリカの〝スモーキーマウンテン〟（正式名Smoky Mountain Jetboat Building）という会社を捜すことができた。この会社に書面で質疑書を送った。

質疑書の主要内容は、ボート会社が北朝鮮にボートを販売したのか？　またマウンテン社の関係者が約二〇余年前、金正恩（当時九歳）に会ったことがあるのか？　会ったとしたら競走をしたのか？　などだった。

高速ボート製造業社のマウンテン社は、記者の質問に詳しく回答をしてきた。そして、こんな途方もない主張をする人（金正恩のこと）のウソについては詳細に明らかにしなければならないと言ってきた。

ボート製造業社マウンテン社のネッキ・ウィリアムス（Nick Williams PRESIDENT/CAPT.）との一問一答は次のとおりだ。

Q　高速ボート製造業社の中でマウンテンという名前の会社がほかにあるのか。

A　高速ボート業界にマウンテンという名前を使う会社は私たちだけだ。

Q　二〇年前にもボートを製作したか。

A　当社は二〇〇六年からボートを製作している。

私たちはニュージーランドのボート会社とともに製作をしてきたから、私たちの根はニュージーランドにあるといえる。ニュージーランドでは二〇年前にもボートを製作した。ニュージーランドにいるトニー・ワード

通常のプレジャーボート（超高速船）

（Tony Ward）という担当者に確認した内容を今明らかにしているのだ。

Q　当時製作したボートの性能で時速二〇〇キロメートル（時速一二五マイル）を出すことができるのか。

A　当時としてはとんでもない数値だ。最近発売されている最新型ボートはタービン（turbine）の力で可能だ。しかし二〇年前には不可能だ。

Q　約二〇年前に北朝鮮を含むアジア地域にボートを販売したことがあるのか。あったとしたら北朝鮮に流通した可能性はあるのか。

A　現在まで私たちが販売したボートの記録は全部持っている。私たちが販売した地域の中でアジアはない。北朝鮮までの距離を見た時、二〇年前に他地域に販売されたボートが北朝鮮に流入した可能性はない。ニュージーランドの関係者、トニー・ワードによれば、約一〇年前に販売したボートの中で一台は韓国に販売したことがある。その一回だけだ。そのモデルが北朝鮮に流入したかどうかは分からない。そのモデルは最高時速がわずか六五キロメートルだ。

Q　加えたい言葉はないか。

A　こんな話にもならないデマで引き立てようとする北朝鮮にはあきれる。常識的に見ても金正恩が九歳で高速ボートを操縦したというのは不可能だ。しかし、こんな常識的な内容でさえ組織化された洗脳でマヒさせようとするのが北朝鮮だ。金正恩偶像化教材の内容を果してどれだけの北朝鮮の人びとが信じるのだろうか。またこうした話で金正恩を偶像化できるかは疑問だ」（朝鮮Ｐｕｂ二〇一五年四月九日）。

こうした内容だけではない。この「教授参考書（指針書）」にはヨーロッパ留学は記述せず、選定もされていない世界の偉人に選定されたとの虚偽事実がまことしやかに書かれている。たとえば金正日の「外国軍事大学に留学する考えはないのか」との質問に「留学しないのが万景台家系（金日成の家系）の習わしだ」と答えたと記されている。しかし金正恩は、一九九六年ごろから二〇〇一年までスイスに留学したことが明らかになっている。ほぼ中学から高校までスイスで過ごしたために、主体性を重んじる北朝鮮にとってこの留学は「不都合な真実」なので隠さざるを得なかったのであろう。

また世界的に最も影響力のある人物に選ばれたとも宣伝した。確かに米国週刊誌「タイム」の二〇一二年四月の記事「影響力ある一〇〇人」には金正恩の名前がある。しかしそれをよく調べてみると、「ならず者部門」での選定であった。シリア・アサド大統領ら四人とともに選ばれていたのである（日本テレビ二〇一二年四月一九日）。北朝鮮では、この「ならず者部門」との記述はもちろん削除している。

北朝鮮当局の金正恩に対する常識外れの荒唐無稽な宣伝は、きのう今日始まったものではない。大々的に始めたのは二〇〇九年からだ。「青年大将金正恩同志に対する偉大性資料」（二〇〇九年末）とのタイトル名の宣伝物では、現在進められている宣伝の原型が記述されている。

「青年大将同志は三歳の時から銃を持ち、射撃で命中させた。自動銃で一秒当たり三発射撃し、一〇〇メートル先の電灯やビンに命中させた」「ターゲットに二〇発撃ち、すべて一〇点内に命中させた」「一〇代で古今東西の名将をすべて把握し、陸海空の全分野に精通し、技術者もできない『祝砲発射自動プログラム』を数日で完成させた」など常識では考えられない内容をこれでもかとばかりに並べたてている。

そればかりか北朝鮮の各家庭を有線でつなぐ「第三放送」では、金正恩が政治、経済、文化、歴史、軍事に精通しているだけでなく、英語、ドイツ語、フランス語、イタリア語の四ヵ国語を完全に習得し、今後、これらを含めて七ヵ国語を征服するために勉強していると宣伝した。さらに三歳の時、難しい漢詩を筆で書いて周囲を感心させたとも放送した。そして極めつけは、北朝鮮が核を開発したのも金正恩が「核を持った者とは核で対抗しなければならない」という決心を固めたからだとするものだ。

その他、北朝鮮当局が通達した「農民宣伝資料」には、金正恩が二〇〇八年、沙里院《サリウォン》の協同農場を訪れ、その場で酸性の土壌を改良する微生物肥料を考え出して研究家を驚かせ、この農場ではその翌年一町歩（＝約九九一七平方メートル約三〇〇〇坪）当たり一五トンの稲を生産したという内容も含まれているという。ちなみに二〇一一年の韓国の一町歩当たりの米の生産量は五・二トンだった。

講演を聞いた住民らは、「今は雪雨が降っても米はできるので、食糧問題は解決した」、「ありあまる食糧をどう処理するのか、今から心配だ」などと皮肉り嘲笑していると北朝鮮内部情報筋は伝えている。

このように金正恩の偶像化は材料が乏しいだけに、金日成や金正日の偶像化の時よりもはるかに荒唐無稽な内容が多い。

三、偶像化できない生母・高ヨンヒ

二〇一二年二月一三日、北朝鮮の労働新聞は金正日総書記誕生七〇年を祝う詩を掲載し、この中で金正恩第一書記の母親を「平壌のオモニム（お母様）」と表現した。

母親の高ヨンヒ（二〇〇四年死去）は在日朝鮮人出身の舞踊家だった。これは金正恩の偶像化にとっては大きな障害となっている。北朝鮮では日本出身であることは出自に問題があるとみなされるためだ。

詩は、金総書記の帰宅を待つ金正恩と母親高ヨンヒの様子を「月の光を踏みながら庭を歩いた平壌オモニムの足音」と記した。同じ逸話は一月の金正恩の誕生日にも記録映画で紹介され、その際は単に「オモニム」と表現されていた。

高ヨンヒが在日の出自であるばかりか、父親が戦前日本軍関係の工場で働き、解放後（一九四五年後）は密航船商売で日本を行き来していたことが知れ渡れば、後継者の象徴である「白頭の血統」は大きく傷付き、その統治は揺さぶられる。

最高権力者となって四年が過ぎた今も、金正恩が母親の偶像化に着手できていない状況は、北朝鮮の「首領絶対体制」からみて異常としか言いようがない。北朝鮮の国民も不思議に思っているに違いない。もちろん高ヨンヒの経歴については、日本からの在日朝鮮人帰国者や一部幹部の間では周知の事実となっているのだが、一般国民には知られていない。このことも金正恩の統治力を弱める大きな要因となっている。

万寿台芸術団時代の高ヨンヒ

金正恩の母高ヨンヒが生まれたのは一九五二年六月二六日で出生地は大阪・鶴橋である。この生年月日は、日本に残っている出国記録だけではなく、現在北朝鮮の革命墓の奥まった所に祭られている高ヨンヒの墓石からも確認されている。

一九六二年一〇月一八日（第九九次船）に日本から北朝鮮に帰国した時の名前は高姫勳（日本名：高田姫）だという。この事実は、デイリーNKジャパン編集長の高英起氏の調査によって明らかにされた。

母親高ヨンヒと金正日のロマンスには様々な説があるが、金正日が芸術部門に力を入れていた時期に万寿台芸術団への指導過程で金正日が見染めたとの説が一般的だ。しかし誰がその間を取りもって動いたかについてはこれまで語られていない。

二〇〇三年八月三一日共同通信はある人物の【訃報】を伝えた。北朝鮮最高人民会議副議長張徹《チャン・チョル》（朝鮮労働党中央委員、七七）の訃報だ。朝鮮中央通信によると八月三〇日、胃がんのため死去したという。

共同通信の報道によると張徹は、現在の韓国・慶尚北道生まれ。植民地時代に日本に渡り、明治大学を卒業。在日本朝鮮人総連合会（朝鮮総連）で教育担当の幹部を務めた後、一九六五年に北朝鮮に帰還。主に文化・芸術分野で活動を続け、八六年に文化芸術相に就任、九〇年から副首相を兼務したとなっている。一九九八年からは最高人民会議の副議長となり、朝鮮文学芸術総同盟委員長にも就任。二〇〇三年八月三日実施の同会議第一一期代議員にも選出された。金正日総書記に対する「親愛なる指導者同志」との呼称を生み出したとされている（二〇〇三年八月三一日共同）。

朝鮮総連中央で教育担当の責任幹部を務める前、張徹は愛知朝鮮中高級学校の校長だった。人当たりもよく多くの在日知識人を朝鮮総連に引き入れた人物だ。この張徹こそ金正日総書記と高ヨンヒを結びつけた人物との情報が内部からもたらされている。張徹は万寿台芸術団と深いかかわりを持っていたからだ。そうしたこともあってか、彼は他の朝鮮総連幹部帰国者とは異なり一度も左遷されていない。

高ヨンヒの出自に関する資料は北朝鮮よりも日本に多く残されている。そのためか金正恩は二〇一二年に最高指導者になった後、母高ヨンヒの偶像化を試みたが、今のところことごとく挫折している。前述したように公開するために作られた「映像」も一部幹部に見せた後すぐに回収された。金正日の母金正淑が、金正日の後継者決定直後から大々的に偶像化されたのとは大違いである。

この回収された高ヨンヒ偶像化の記録映像は、「救え！　北朝鮮の民衆／緊急行動ネットワーク」（RENK）が二〇一二年六月中旬、中朝貿易筋から入手した。「偉大なる先軍朝鮮のお母様」というタイトルで約八五分。金正日の生前の指示で、主に一九九〇年代の映像を編集して製作した（読売新聞二〇一二年六月三〇日）ものだ。

この記録映像は、「金正日将軍様の最も貴重な革命同志……」というナレーションから始まる。映画の中で高ヨンヒの名前は「リ・ウンシル」と紹介され、「先軍の母」、「偉大なる母」と称され、金正日と一緒に人民軍の訓練を視察する姿が紹介されている。映像では哨所を直接訪ねる高ヨンヒを温かい「母のような人」と形容する一方、兵士たちの風呂と歯ブラシにまで気を配る「先軍の母」として惜しみない賞賛がくり返される。女性兵士や老人、子どもたちと一緒の姿も頻繁に登場する。

映画では金正日の言葉もたびたび引用される。金正日は常に高ヨンヒを「家内」と呼び、「数十年にわたって私を補助し、様々な仕事を共にした忠臣中の忠臣」と褒め称えたとしている。

後半部では、これまで公開されたことのなかった、幼い頃の金正恩氏と共に撮影した写真も登場する。しかしもう一人の息子、金正哲《キム・ジョンチョル》の姿は一切登場しない。

映画では高ヨンヒの出自には触れられていない。そうした理由については、「名誉も地位も望まず、一片の文章や、一枚の写真の公開までも厳しく許さなかった」として、高ヨンヒ自身の謙虚さのためであると美化、説明されている。

映画では、「帰国者」という高ヨンヒの出身成分と、正式な婚姻関係が無かったという「弱点」が巧妙に避けられ、曖昧にされたままだ。名前も出身も分からない人物を崇めよと強要しても北朝鮮住民の忠誠心が強まるはずがない。

かん口令が敷かれている高ヨンヒの家系

高ヨンヒだけでなく、高ヨンヒの家系に対してもかん口令が敷かれている。父親の経歴がかんばしくないからだ。

高ヨンヒの父親は、韓国済州島出身の高京沢《コ・ギョンテク》（一九一三年生）で戦前は現在の東大阪市にあった陸軍省の軍服工場・広田製工所で働いていたと記録されている。この一家の一九七三年当時の様子を報道した朝鮮画報（デイリーNKジャパン編集長の高英起氏が発掘）には次のように書かれている。

「三女のヨンスクが大学へ行く日、次女のヨンジャが金日成主席から勲章を受けたという知らせがきた」。これは、北朝鮮が発行した「朝鮮画報」一九七三年三月号に在日朝鮮人帰国者の近況を知らせる「コ・ギョンテク（高京沢）さん一家」と題した記事の中で一家団欒《だんらん》の写真とともに記された文章だ。この「ヨンジャ」こそが高ヨンヒのことだ。七二年一二月の労働新聞には、勲章を受けた芸術団員の一人に「コ・ヨンヒ」の名前が掲載されている。しかしそこでの名前は高ヨンジャではなく高ヨンヒだった。ジャ（子）は日本式だとして改名したのであろう。

しかし労働新聞に載った掲載名を確かめると、そのヨンヒのヨンも日本で使われている「英」の朝鮮語表記「영」ではなく「용」であった。この表記に該当する漢字としては舞踊の「踊」が考えられるが、確かなことは分かっていない。従って本書では高英姫ではなく高ヨンヒと表記している。

この朝鮮画報で紹介された当時、高京沢は北朝鮮北東部の咸鏡北道《ハムギョンブク》にある「ミョンガン化学工場」の労働者だった。しかし、娘と金正日の同居後は、平壌の「万景台記念品工場」顧問支配人に取り立てられ、恵まれた生活が保障された。軍需工場で働いていたという日本での過去は問われなかったようだ。高京沢は一九九九年に八六歳で他界した。

長男のドンフンは、エリート校である現在の金策工業《キムチェク》総合大学に進学。三女のヨンスクも咸興《ハムフン》薬学大学に進むなど、兄妹の進路も保障された。ただ、三女ヨンスクは二〇〇〇年前後に夫婦で米国に亡命した。最近その夫リ（イ）・ガン氏（六〇）が米国で韓国の一部報道が虚偽であるとして名誉棄損訴訟を起こし話題を提供した。連合ニュースによると、イ氏は米国に亡命した理由について「金正日総書記のそばで二〇年間過ごし、権力の非情、恐ろしさというものを感じた。妻も姉（高ヨンヒ）の近くにいるのはよくないと考えた」と説明した。

では高ヨンヒの父高京沢の家系はどのような家系であったのか。

韓国の中央日報は「金正恩の外祖父（母方の祖父）、日本へ渡る前は済州で官職」との見出しで次のように報じた。

「北朝鮮の金正恩労働党中央軍事委員会副委員長の祖父は済州道《チェジュド》で官職を得ていた済州高氏三一世孫と把握された。

米国自由アジア放送（RFA）は、済州高氏霊谷公派の族譜を調べた結果、金正恩の祖父・高京沢は済州高氏霊谷公派中始祖三一世孫と確認されたと伝えた。高京沢は一九二九年に日本に渡るまで、済州市朝天邑《チョチョンウプ》に住んでいたと推定される。

高京沢は日本に渡り、一九五二年六月二六日に娘の高ヨンヒをもうけた。その後、家族は一九六二年一〇月二一日、第九九次『帰国船』に乗って北朝鮮に渡ったという。

高京沢の家庭は、当時の済州道の貧しい生活水準に比べて余裕があったとみられる。高京沢の父・高永玉《コ・ヨンオク》が『従仕郎』という官職だったと族譜に記録されているからだ。

済州高氏霊谷公派宗門会のコ・シホン会長はRFAとのインタビューで、『高京沢の兄の中に朝天面長を務めた人がいて、当時、高永玉は従仕郎だった。最近でいえば主事級だが、当時は日帝時代だったため高い職責と見るべきだ』とし、『当時の生活水準を今とは比較できないが、中級程度にはなったはず』と説明した」(中央日報日本語版二〇一二年〇二月一〇日)。

それでは高京沢が北朝鮮に帰国した理由は何であったのか。朝鮮総連の帰国運動に触発されての「愛国的帰国」だったのだろうか。高英起氏の調査結果によるとそうではなかったようだ。高京沢が北朝鮮に渡った理由は、密航船ビジネスによる逮捕での「強制退去」だったようだ。当時日本当局から強制退去を言い渡された場合、韓国か北朝鮮のどちらかを選ぶことが出来た。また関係者の証言などによると、高京沢は正妻のほか、愛人が四人おり、高ヨンヒの母、李孟仁《リ・メンイン》氏との子供を合わせ、把握されただけで十数人の子供がいたとされ、北朝鮮への帰国はこうした問題の清算も関係していたのではとされる。

三節　性格と資質に問題の多い金正恩

金正恩体制の最大の弱点は、一言で言って指導者としての資質に欠けていることだ。金正恩の資質が、姿かたちを真似ている金日成には言うに及ばず、政策立案能力では、性格のよくない金正日に比べてさえもはるかに劣るのは歴然たる事実だ。

金日成は、金正日によって「誇大妄想」を助長され晩年には自身を見失ってしまったが、中国東北地方で中国共産党の一員として抗日武装闘争に参加していた時や、その後スターリンに支持され北朝鮮の指導者として登場した時は、誇大妄想的なところもなく謙虚だったようだ。

朝鮮労働党の元書記で一九九七年に韓国に「亡命」した故黄長燁《ファン・ジャンヨプ》は、朝鮮の解放（一九四五年八月）直後を振り返って「当時の周りの大物から〝抗日パルチザン闘争を誇張して宣伝しているのではないのか〟と言われた時、金日成は〝たとえ大した人数で戦ったのではないにしろ、戦わないよりは戦った方がよかったのではないのか〟と謙虚に反論していた」と語っていた。

また、初期の社会主義建設では「啓蒙君主的役割も果たし、政策決定においては指導幹部内の議論をさかんに行なった」と述懐しながら次のように述べた。


「私は一九五八年から一九六五年までの間、金日成の個人秘書を務めました。だから私は当時の金日成がどんな指導者だったか、誰よりもよく知っています。素直に言って、このころ私が金日成から受けた印象は好ましいものでした。彼は新興国の若き指導者として、知恵も威厳もあり、何より勤勉でした。また、政敵に対しては無慈悲で冷酷でしたが部下たちには温かい思いやりをもって接していました。新しい問題に取り組むにあたっては、部下の意見をよく聞き、一番優れたと思われる意見を採用しました。徹底した現場主義者で農民や労働者とも積極的に対話し、彼らの意見を現地指導に取り入れていました。

しかし金日成の仕事のスタイルで、私がどうしても好感が持てなかったのは、自分と血縁関係のあるものばかりを登用し重用するという点でした。中でも最大の過ちは、一九七四年に息子の金正日を後継者に決めたことです。それはあまりにも致命的な過ちでした。これさえなかったら、ある程度の尊敬の念を持ち続けたかも知れません。金日成が一九六〇年代にその生涯を終えていたら、あるいは一人の英雄として後世に名を残したかも知れません」

一方金正日に対しては、「その品性、徳性には見るべきものはなかったが、権力に対するどん欲さと、独裁者としての能力、特には敵味方を嗅ぎわける能力と幹部たちをがんじがらめに縛り人民を抑圧する能力は長けていた。特に権力を手にするために見せた父金日成に対する〝おべっか〟は天才的だった」と語っていた。

では金正恩はどうか。そのどれを見ても先々代、先代を凌駕するものはない。元山特閣で絶対的な独裁者の子供として生まれ、誰からも干渉されず、わがまま放題に育ち、特閣巡りをしながら一般社会と隔離されたまま家庭教師に教えられ、遊びも特定の人たちに限られ、一三歳ごろから一八歳ごろまでスイスに住んで学校に通い、スイスと平壌を行き来していた金正恩が、どのような性格と能力の持ち主となるのかは、心理学者でなくとも推察できる。先々代、先代を超えられるものがあるとしたら、スイスで欧米文化に慣れ親しんだ点とそれに対するあこがれの強さぐらいだろう。

金正恩の性格と能力を分析するにあたっては、父金正日の性格分析から始める必要があると思われる。それはその性格に金正日と類似した点が多く見られるからだ。

では金正日の性格の特徴はどのようなものであったのか？　これまで韓国に亡命した北朝鮮高官たちの意見を総合すると次のような点が浮き上がる。

第一に権力欲と支配欲が異常に強く、権力のためならいかなる方法でも利用するという点だ。その典型的なものが、父金日成に対する「へつらい」と「おだて」であった。

第二に傲慢《ごうまん》が指摘される。部下に対してはもちろん国民に対して一貫して傲慢であった。この点は父の金日成とは大きく異なっていた。

第三に打算的で変わり身が非常に素早いということだ。一定の思想を持たず有利になるためにはころころと立場を変える。一旦下した決定も自からに不利なものであれば躊躇なく撤回する。

第四に他人を騙す術が非常に巧みだということだ。韓国の金大中元大統領や盧武鉉元大統領だけでなく、アメリカの大統領までもだまし核開発をつづけた。

第五に極めて猜疑心が強いことだ。人々が仲よくすることを嫌う。従って幹部家庭同士の結婚を嫌い、お互いが仲よく行き来することを嫌う。

第六の特徴は残忍なサディストだということだ。気に食わなければすぐに銃殺するだけでなく国民が苦しむことさえ楽しんだ。例えば大雪で道が歩けなくなっても「景色がよいので雪かきをするな」と指示を出したという。

第七は徹底した秘密主義だ。秘密パーティを好み、秘密を漏らした人たちを残忍な方法で殺害した。例えば秘密パーティを金日成に告発した女性を皆の前で夫に銃殺させた。

第八の特徴は非常に気まぐれであるということだ。その場その場の思いつきでこのころと考えを変える。短絡的で即興的だ。

第九は、制度づくりを好み他人をがんじがらめにすることだ。

第一〇は、非常に嫉妬深くそれは病的とさえ言えた。人気のある幹部を攻撃し、その嫉妬心を暴力という形で爆発させた。

最後は異常なまでの女好きということだ。それも若い女性を好む。ロリコンとして有名だった。これについては平壌市民であれば多くの人が耳にしている。

この金正日の性格の特徴は、金正恩にも受け継がれている。今のところ目につくのは、権力欲、気まぐれ、傲慢、猜疑心、残忍なサディスト、嫉妬深さなどであろうか。

一、金正恩の性格

(1)支配(権力)欲の強い過激な性格

「金正日の料理人」だった藤本健二氏によると、金正恩は幼い頃から負けず嫌いであったという。兄の金正哲とそれぞれチームをつくってバスケットボールの試合をする時も、自分のメンバーの失敗を許さず、勝利のために厳しい訓練をしたという。金正哲がメンバーを励ますリーダーシップだったのとは対照的だったらしい。ボール遊びをして怒りを抑えられず兄の顔にボールを投げつけたこともあったと語っている。また「一二歳のとき、大きな声で怒ったことがある。妹が〝小さなお兄さん〟と言うと怒ったのだ。私はその後で正哲は〝大きな大将同志〟と呼び、正雲(当時は正恩という漢字表記が明らかでなかった)氏は(〝小さい〟を抜いて)そのまま〝大将同志〟と呼んだ。兄を無視しなかったが正雲氏はかなり気が強い」(藤本健二著『北の後継者キム・ジョンウン』中公新書ラクレ)。

この支配欲が強く過激な金正恩の性格について、二〇一二年一〇月下旬、ワシントンで開かれた米韓年次安全保障協議(SCM)で、ジェームズ・サーマン在韓米軍司令官は演説のなかで「金正恩第一書記は権力継承後、政権を固く掌握し変化を模索しているようだ。金第一書記は予測不可能な統治者で、父親より遙かに攻撃的で独断的だ」(「朝鮮日報」)と語った。

米韓両軍のトップが金正恩氏について父、金正日総書記と比べて「より攻撃的」「独断的」「予測不可能」と評価したのは初めてで、両国が金正恩氏の行動についての「危険性」「突発性」の共通認識を持っていることを印象付けた(産経新聞二〇一二年一一月三一日)。

米国の前東アジア・太平洋担当国務次官補カート・キャンベル氏も二〇一三年一二月一八日、CNNの取材に応じ、金正恩がスイスに留学していた時代を知る人物たちに米国政府が接触したと明かしたうえで、「スイスには七～八年は滞在していた」とし、「正恩氏の人となりを知るため、彼を知るほぼ全ての人物に接触した」と話した。そして、それらの人物たちは金正恩氏について一様に「危険で捉えようがなく、暴力傾向があり、自己評価が高い」と評したということを明かした（台湾の連合新聞網）。

北朝鮮第４回細胞書記大会（2013・1・30）

二〇一五年七月に韓国国家情報院が国会の情報委員会で明らかにした金正恩の特徴でも「独断性」「短気」が指摘され、現状を十分に認識しておらず、急に権力を世襲したことが影響しているとの見方を示した（朝日デジタル二〇一五年七月一四日）。

⑵思いつきと気まぐれ

金正恩が権力を握った四年余で行なってきた措置を見れば戦略的一貫性はほとんどない。今後も矛盾した動きが続くだろう。

思いつき的現象は、その基本スローガンの変化の中に現れている。金正恩が後継者になった直後のスローガンは、「知識産業革命」や「CNC（コンピューター制御による機械）」、「主体鉄（コークスを使わないで製造した鉄）」などであった。しかしそうした用語はいつの間にか強調されなくなっている。

そして二〇一三年一月の「党細胞大会」以後に出てきたスローガンは「一

九七〇年代の活動作風から学ぼう」であった。これもいつの間にか強調されなくなった。その後三月からは「対米決戦で決着をつけ祖国統一の偉業を成し遂げよう」であり、四月からは「経済建設と核武力建設の併進路線」である。そして二〇一三年末には「馬息嶺速度」が強調され、「南北協調」が出てきた。この間に出された基本スローガンでその継承性の内的連関を説明した文献はどこにも見当たらない。

思いつきだけでなく行動における「気まぐれ」も目立つ。その典型は藤本健二との対面と、米国バスケットボール選手、デニス・ロッドマンの招待だ。この二人に共通するのは金正恩のお気に入りだったというところにある。そこには深い考えはなかったように思える。それは藤本健二が一度会っただけで遮断されていることからも明らかだ。藤本招待の狙いをあえて分析するならば、マスコミ対策と拉致問題対策ではなかったかと考えられるが、今もってその真意がどこにあったか分からない。

ロッドマンは二度訪朝して待遇を受けているので藤本健二とは違うと思われるが、自分の子供を抱かせるなど破格の親密さを現している。だがその理由が分からない。あえて推察すれば、「バスケット狂」だったからなのだろう。ロッドマンにはいつでも来てくれと言ったが、二度目以降は訪朝していない。ピアスと刺青だらけのロッドマンを厚遇したことには平壌市民も驚いていた。これも権力を手にした若い指導者の気まぐれとしか考えられない。

金正恩の気まぐれはそれだけではない。留学先のスイスをまねて街に緑を増やせと指示し、住民の貴重な食料供給地となっている自宅の庭の畑にまで芝生を敷くよう強要したり、平壌の空き地を芝生で埋めよと指示し、その管理のために住民を朝の五時から動員するなど分からないことだらけである。

さらには「これからは自家用車の時代だ」と言って、平壌に新設するアパートに駐車場を併設するよう命じたり、「コメの代わりに肉を食べれば食料不足は解消する」と訓示したりして幹部をあきれさせている（二〇一三年一二月読売新聞)。そればかりか「小さいときから乗馬をすれば腰の病にかからなくなるから乗馬旋風を起こさなければならない」などと現実離れした指示を下し失笑を誘った。

現地視察時には些細な欠点を公開的に叱責したり処罰している。「重要会議で居眠りをする幹部は思想的にわずらっている人間だ」と指摘しており、実際に二〇一二年一〇月二二日から二三日にかけて開催された「中隊長・政治指導員大会」で居眠りをした軍の幹部を降格させ解任させた。二〇一五年四月には玄永哲人民武力部長を処刑し罪名にも「居眠り」が加えられた。

⑶ 朝令暮改

政策面でもこうした事例が多くみられている。経済管理の改革案を出せといいながら幹部の中に改革開放思考が広がると「改革提案者」を処罰した。例えば二〇一二年五月に「心置きなく政策を提起せよ」と指示したのだが、それが改革開放の方向で流れ始めると二〇一二年九月には「反動的思考方法を粉砕せよ」と指令した。

忠誠基金上納と関連して二〇一二年には「自発的に募金するように」と言いながら、二〇一三年に入っては「外貨上納で忠誠心を計る」と指示を出し、はじめの指示を翻した。

二〇一二年九月に教育制度を改革しながら「各種行事に学生動員を自制せよ」としながら、二〇一三年のアリラン公演を二〇日も延長し学生を動員した。

二〇一二年四月には、海外公館員と商社員の家族同伴逃走を防止するために、「子女一名以外は全員帰国せよ」と指令を出したが反発が強まると五ヶ月後にはこの指示を撤廃した。

こうした事例は、金正恩の過激な性情と即興的で性急な性格、経験不足、過剰反応、などの心理から来るものと思われる。

金正恩の思いつき現地指導も幹部たちの悩みの種だ。金正恩が視察する所に資金と資材を集中させなければならないために、国家計画や企業計画が安定的に遂行できない。金正恩の遊覧式視察が経済成長の妨げとなっていると言ってもよい。

例えば二〇一三年に金正恩は初めてナマズ養殖場を視察したが、この養殖場は金正日が手がけた後一五年間放置されていた養殖場だった。ナマズはすべて死に絶えていた。金正恩が視察に行ったことで大量のナマズと二〇〇トンの餌が一気に運びこまれた。資材と資金が投入されナマズ養殖場は復活したが、他の経済運営に大きな支障をもたらした。また「キノコ生産を科学化、集約化、工業化して、北朝鮮をキノコの国にしよう！」などとのアイデアでも人々を戸惑わせている。

一時大騒ぎした「馬息嶺《マシンリョン》スキー場」（江原道の元山市と法洞郡の境にある馬息嶺に建設された大規模なスキー場。ここは馬も吐く息が荒くなるとして馬息嶺と名付けられた）である。全距離は完成すれば一一〇キロメートルにも達すると言われている。しかしこのスキー場に関する報道も最近はほとんど聞かれなくなり「馬息嶺速度」というスローガンも消え去っている。

平壌空港の新ターミナル建設でも中国風が気に入らないとして完成直前の内装をすべて取り払い、建設担当で側近の馬園春《マ・ウォンチュン》まで山奥に追放した（事前に設計図や完成図を見ていたはずだが）。しかし二〇一五年九月になって馬園春ほどおれの気持ちを察するやつはいなかったとして呼び戻している。その他、見栄えを良くせよと言って、深刻な電力難にもかかわらず、平壌のライトアップや各地の金日成・金正日銅像のライトアップを指示し電力を浪費している。

こうした性格のほか金正日から受け継いだ性格として、猜疑心、残忍なサディスト、傲慢、嫉妬深さなどがあるが、こうした性格の具体例については、張成沢、玄永哲に対する粛清や、人民軍を人事権で弄ぶ内容に言及する章で見ることにする。

二、金正恩の能力

⑴北朝鮮で小学校生活のなかった金正恩

一九八三年に生まれたとされている金正恩は、幼少時をほとんど特閣（金正日の別荘）と金正日の官邸で過ごした。そうした彼の生活を七歳から横で見ていた「金正日の料理人」藤本健二は次のように記している。

「王子たち（金正哲、金正恩）は小学校に通う年齢まで、官邸内で専属の家庭教師に勉強を教わっていた（注4）」。

「だから王子たちには学校での友達というものがなかった。二人の王子は遊ぶ時はいつも一緒で、それに〝イモニム（叔母様）〟と呼ばれた高ヨンヒ夫人の妹の長男が加わることが多かった。ちょうどジョンウン大将と同じくらいの年齢だったからだ。また、選抜された十代の美少女が二人ずつ〝お付き〟の遊び相手として付けられていた」

しかしその後、金正恩が北朝鮮の小学校に通ったという記録はどこにもない。北朝鮮が明らかにした経歴にも小学校は記されていない。それもそのはず、この後間もなく金正恩はスイスに留学することになる。

スイス留学時期については、首都ベルンの公立中学校に「パク・ウン」との名前で九八年八月から二〇〇〇年秋ごろまで在籍していた（読売新聞）との情報があり、スイス滞在については一九九六年夏から二〇〇一年一月までベルンに滞在していたとされる。

そうした情報がある中で、二〇一二年四月二二日付のスイスの日曜フランス語紙ル・マタン・ディマンシュ（Le Matin Dimanche）は、金正恩が少年時代にスイスに滞在していた期間が、確認されていた一九九九八～二〇〇一年ではなく九一年からだったと伝えた。スイス警察の公式文書から判明したという。ル・マタンによると、金正恩は「パク・ウン（Pak Houn）」という名前で九八年から首都ベルン郊外の公立校に在学していたことが確認されているが警察の文書には、九一年一一月に在ジュネーブ国際機関代表部の外交官の息子として入国したとの記録がある。九一年から公立校に入るまで、ベルンのインターナショナルスクールにいたとの情報もあるが、学校側はノーコメントとしているという（スポニチ二〇一二年四月二三日 共同）。

情報に若干の違いがあるが、金正恩がスイスに出入りしていたのは一九九一年末ないしは一九九二年ごろから二〇〇一年ごろだったと思われる。

ブラットナーが語るベルンでの金正恩

ベルンでの金正恩について、国際調査報道ジャーナリスト連合のティトス・ブラットナーはドキュメント「金正恩～知られざる独裁者の素顔」で次のように語る。

朴（Pak）という男の記録がスイスに存在する。一九九二年に北朝鮮大使館が、彼のためにビザを取得し、ベルンに配属した。

朴氏は子供が三人いる。チョル（Chol）、フン（Houn。ここではウンでなくフンと表記している）、ミヒャン（Mi Hyang）だ。偽名だが生年月日から明らかなのは、この三人が本当は金正日の子供だということだ。子供の素性は把握されていたが当局は問題とせずむしろ歓迎していた。なぜか？　それは閉ざされた国とのつながりを持つためだった。

一家は一年間ベルン郊外の大使館の住居に住んでいた。長兄のチョルは、外交官や実業家の子女が通う学校に入学、一方、弟のフンは公立学校に通った。校内ではドイツ語で話した。最初の数ヶ月は孤立していたが、やがて友達もでき学校になじんだ。

朴一家はキルヒ通り（Kirch-Str 10-14）の普通のアパートに引っ越したが訪問客を拒んだ。不動産業者のサイトを見ると中流家庭向けのありふれた物件だ。ここでは子供たちも友達と自由に遊べる。友達はいた。家に招いてゲーム機などで遊んだそうだ。級友以外も近所の友達とほぼ毎晩ゲームをしていた。ほかの子と変わらない明るい少年だったようだ。

当時のパク・ウンと現在の金正恩の写真には大きな隔たりがある。本当にこの二人は同一人物なのだろうか？　この点についてもブラットナーは顔認識のプロが写真を比較（スイス時代の写真と現在の写真を比較）したという。各部位の間隔と耳や歯に相違がないのかをしらべた結果、顔の様子は違って見えるが間違いなく同一人物であることが判明したという。

スイス留学時代の金正恩

(2) 金正恩、スイスの中学時代は成績イマイチだった

金正恩はスイスの公立中学校に留学していた当時、成績は芳しくなかったと毎日新聞は次のように報道した。

「北朝鮮の最高指導者金正恩第一書記は、スイスの公立中学校に留学していた当時、成績がぱっとせず、休みがちだったことが、級友たちの証言などから分かった。二〇一二年四月一日付でスイス日曜紙ル・マタン・ディマンシュ（Le Matin Dimanche）が伝えた。

報道によると、成績は、ドイツ語、数学、社会科、美術、家庭科が、六段階で最低合格ラインの評価四、英語は初め『上級クラス』だったが『中級』に移り、評価はやはり四。理科は評価三・五で不合格だった。やや得意だったのは、評価五の体育、音楽、技術。

学校から三五〇メートルしか離れていない北朝鮮大使が購入したアパートに住んでいたが、記録上の欠席日数は一年目が七五日、二年目は一〇五日に上った。

バスケットボールが大好きで、米ＮＢＡの名選手、マイケル・ジョーダンの背番号23のユニホームを愛用していたという」。

また金正恩・金与正兄妹をスイス留学時代に世話をした金正恩の外叔母金ヨンスクの夫イ・ガン氏も「幼年期の金正恩は運動が好きな熱い性格で、金与正は人々と問題を起こさない性格」と証言している（中央日報日本語版二〇一五年一二月一〇日）。

金正恩の学業成績について、リーベフェルト教育行政機関のウェーリ・シュトゥーダーも、「成積はまずまずだった。可もなく不可もなくでした。スポーツは好きでした。特にバスケットボールに夢中で非常に上手かった」と話している（ドキュメント「金正恩〜知られざる独裁者の素顔」）。

前述のブラットナーによると親友だったジョアオ・ミカエロさん（二五）の家に遊びに来ることも多かったらしい。ミカエロさんは「一人で自転車に乗って来ることが多かった」と話す。ミカエロさんの家では、母親が作ったおやつを食べてから一緒に宿題をしたり、遊んだりした。休日は二人でサイクリングに出かけることもあったが、護衛はなかったという。ミカエロさんは「とても気さくで、いつも音楽を口ずさんでいた」と金正恩の人物像を語った。

藤本健二の回想を見ても金正恩は気が強くリーダーシップを発揮するタイプとは書いているが、聡明で頭脳明晰で優しさを備えた子供だったとはどこにも書いていない。成績が芳しくなかったというのは真実に近いのではないかと思われる。父金正日も学業成績は芳しくなかったと言われている。彼の金日成総合大学の卒業論文も指導教授が代筆したという情報がある。

しかし、北朝鮮はこうした報道とはかけ離れた報道を行なった。

北朝鮮の対韓国窓口機関、祖国平和統一委員会のウェブサイト「わが民族同士」は二〇一二年一月五日、金正恩について、一六歳で祖父に当たる金日成主席に関する「大作」の論文を完成させたと称賛する記事を掲載した。記事は韓国メディアを引用する形で、金正恩が一六歳の時に金主席の業績について「多方面で総合的な論文」を完成、「多くの人々が驚嘆した」と紹介。政治や経済など膨大な分野の幅広い知識を身に付けているとも主張した。だが具体的にどのメディアがこうした内容を伝えたのかには触れていない（産経新聞二〇一二年一月五日共同）。

三、金正恩のコンプレックス

金正恩第一書記の過激な性格と誇大妄想などアンバランスな性格は、強いコンプレックスが根底にあると見られる。

コンプレックスの一つ目は、未熟で経験のないまま最高指導者となったことから、絶えず老幹部たちがバカにしていないかと意識することにある。

タバコ片手に視察する金正恩

金正恩は、二〇一一年一二月に金正日が急死した後、十分な帝王学を身につけないまま二〇代の若さで最高指導者として君臨することになった。軍最高司令官、党第一書記、国防委員会第一委員長、元帥などの肩書きは功績とは関係なく数ヶ月の間に授けられた。金正日が二〇年をかけて最高指導者の肩書きをつけたのとは対照的だ。

こうしたギャップは、金正恩のコンプレックスを強め、猜疑心を増幅させ自身の存在を大きく見せようとする誇大妄想的行動へと駆り立てた。

自身を偉大に見せようとした金正恩は、軍の首脳をはじめとした幹部たちを頻繁に交代させ、祖父ほどの年の開きがある将軍たちの前でタバコをふかす映像も意図的に流した。二〇一三年三月の気の狂ったような米韓日に対する「核戦争プロパガンダ」も、自身を大きく見せようとした金正恩の短絡的行動であった。

金正恩の二つ目のコンプレックスは、幼少時に接した欧米文化に対する憧れである。

金正恩は「足は祖国の大地にしっかりと据え、目は世界を見なければならない」とした金正日の言葉を自己流に解釈し、二〇一二年七月にミニスカート姿の「モランボン楽団」を登場させ、ロッキーのテーマ曲を流してミッキーマウスを踊らせた。しかしこの内容は北朝鮮国民を戸惑わせたためにその後の公演では一切出てこなくなった。

金正恩の欧米文化に対する憧れは、夫人同伴で腕を組みながら登場する姿や、欧米ブランドで固める自身

「変化」を演出する金正恩第１書記夫妻

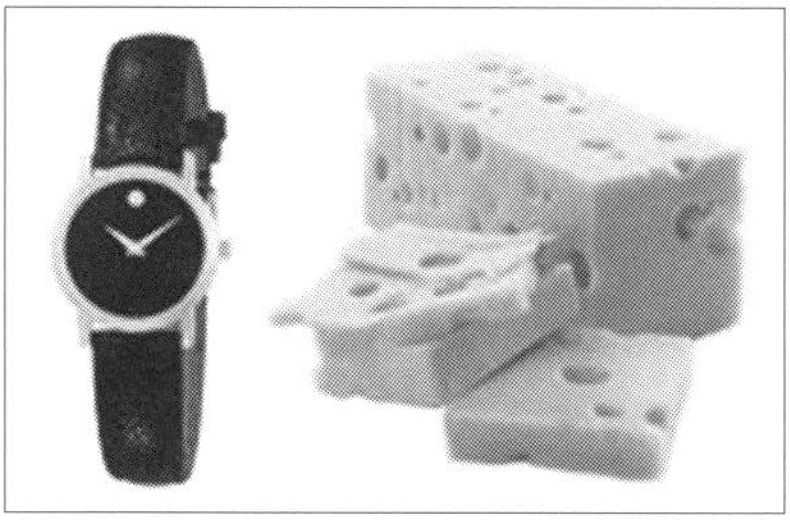

金正恩愛用のスイスブランド

と李雪主《リ・ソルジュ》のファッションにも色濃く反映している。金日成・金正日バッジも付けず欧米のブランドで着飾る李雪主に対して国民はさまざまに噂している。

金正恩はスイス留学ですっかりスイスファンになったのかスイス製の高級ブランド品を愛用することでも有名だ。妻の李雪主と共にスイスの高級ブランド時計モバードを着用し、また二〇一二年には同じスイスのメデラ社製搾乳器など、一五万ユーロ（約一九〇〇万円）分の育児用品を購入した。金正恩はまた留学していたころに好きだったスイスのエメンタール・チーズを北朝鮮で製造しようとしたが失敗し、今は輸入しているという（朝鮮日報日本語版二〇一六年一月六日）。所が最近金正恩は「輸入病」をなくせと号令をかけているのだが、この言行不一致をどう理解すればよいのだろうか。

そして平壌をスイスのように芝生で覆わなければならないとして、江原道に芝生牧場まで造った。元山近くの馬息嶺スキー場、平壌美林乗馬クラブ、ルンラ遊園地、紋繍プール遊戯場、柳京苑（浴場）、統一通りヘルスセンター、ヘダンファ（はまなす）館などどれをとっても欧米に対するあこがれがにじみ出ている。

それればかりではない。金日成と金正日の遺体保管所（錦繍山太陽宮殿）の内外部もリニュアールし、フランスのベルサイユ宮殿を真似た大規模庭園を造園した。だがその費用負担は住民に回している。

三つ目のコンプレックスは自身と母親の出自に対する負い目である。

在日朝鮮人出身の母親高ヨンヒの存在は、時々金正恩を鬱状態にさせ、深層心理に影響を及ぼし躁と鬱を繰り返しているという。最高指導者となった直後に、一部幹部が忠誠競争から高ヨンヒ偶像化を試み、在りし日の金正日と高ヨンヒの映像を流したが、その後すぐさまそれを中止させたのもこうした心理が働いたのであろう。金正恩は母親の墓を革命墓の中に造ったものの、今もって公開していないのもそうした心理の表れと思われる。

（注1）中華人民共和国の文化大革命を主導した江青、張春橋、姚文元、王洪文の四名のことを指す。文革四人組とも呼ばれる。なお、中国では四人帮（Sìrénbāng）と呼ばれる。

（注2）表記については本書三八ページを参照。

（注3）「偉大な先軍朝鮮の母」という名前のこの記録映画は、二〇〇九年に金正恩が後継者に内定した後、幹部に対してのみ上映されていたが、外部に流出した。しかし住民には公開されていない。

（注4）金日成に知られたくなかったためと思われる。

第2章

張成沢・金慶喜に支えられた初期金正恩体制

両側に張成沢、金慶喜　4・15金正恩銀河管弦楽団を観覧
（2013・4・16報道）

金正日総書記死亡後、金正恩は二〇一一年一二月三〇日に、手続きなしで「最高領導者」「最高司令官」に就任（憲法上最高司令官は国防委員長が兼任することになっているが手続きは無視）し、軍を中心に「現地指導（顔見世）」を行なっていた。

二〇一二年四月一一日には「朝鮮労働党第四回代表者会」で改定した党規約で「朝鮮労働党第一書記」に推戴された。また、同月一三日の「最高人民会議第一二期第五回会議では、憲法を修正して「国防委員会第一委員長」職を新たに設け、選挙ではなく推戴の方法でその職責についた。金正日が金日成を「永遠の国家主席」に祭り上げた例に倣って父親の金正日を「永遠の総書記」「永遠の国防委員長」とした。

この一連のセレモニーを後ろで支えていたのは、朝鮮労働党行政部長で国防委員会副委員長だった張成沢《チャン・ソンテク》と叔母で党軽工業部長の金慶喜《キム・ギョンヒ》であった。張成沢は、後見人として金正恩の「現地指導」プログラムを練り、その過程で露呈する金正恩のさまざまな弱点をフォローしていた。金正恩の頓珍漢な発言をカバーしなければならない苦しい場面もあったという。こうした張成沢の立ち位置は二〇一二年一月の労働新聞報道の「異変」として示された。

一節　張成沢のシナリオで動いていた金正恩

それは、金正恩が「朝鮮人民軍」第六七一大連合部隊の指揮部を視察したとの二〇一二年一月二二日の朝鮮中央通信と労働新聞の報道であった。随行員の中で張成沢の名前が最初にあげられていたのだ。労働新聞は、「朝鮮労働党中央委員会政治局候補委員であり国防委員会副委員長である張成沢同志、朝鮮人民軍大将である金明国同志、金元弘同志、朝鮮人民軍中将の李ドゥソン同志が同行した」と報道した。単に名前だけでなく「朝鮮労働党中央委員会政治局候補委員であり国防委員会副委員長である張成沢同志」と肩書まで書いたが、このようなことは異例の出来事であった。

金正日存命中なら、こうした報道は、労働新聞はもちろん中央党宣伝扇動部幹部全体が責任追及される大事故である。金正日存命中の北朝鮮では金正日唯一指導体制確立のため、親族などを徹底的に排除し、労働新聞などで張成沢の名前を出す場合は、随行員の中に入れるか最後に触れることを原則としていた。

この時の張成沢の職責は、国防委員会の副委員長ではあったが、政治局員候補にすぎず実質的権限は人民保安部と司法組織を担当する党中央の一行政部長という存在であった。そうした張成沢が、金正恩の軍部隊視察で将軍たちよりも先に名前を挙げられるのは、何らかの意図的措置でなければ有り得ないことである。過去の金正日の軍視察報道では張成沢の名前はいつも軍将軍の後で紹介されていた。

この報道は、ある意味で後見人張成沢の時代が始まったことをさりげなく知らせるものであったと考えられる。事実この報道があった頃、二〇一二年一月に金正恩は党の主な幹部の前で、張成沢を「誰よりも近い革命の同志」と紹介した。その後「張成沢は、金正恩に報告される主な文書を共有している」という話まで伝えられた。二〇一二年七月に軍総参謀長の李英鎬(リ・ヨンホ)が粛清されると「事実上、金正恩・張成沢共同政権」という声まで聞かれるようになっていた。

一、金正恩を第一書記に推戴

張成沢・金慶喜が見守る中で、金日成誕生一〇〇周年（二〇一二年四月一五日）行事では金正恩の華々しいデビューが演出された。その目玉として銀河三号ロケット（長距離弾道ミサイル）による「光明星三号一号機（人工衛星と主張）」の発射（四月一三日）を行なったが大失敗に終わり、金正恩体制にとっては不吉な幕開けとなった。この発射は、食糧援助の見返りとしてアメリカと結んだ長距離弾道ミサイル発射凍結合意（二月二九日）を破棄してまで強行していただけに金正恩のショックは隠せなかった。

また四月一〇日に外国メディアを打ち上げ施設へと招待し、「銀河三号」および管制室の自由な撮影を許可することで「開かれた指導者」の演出を行なった。しかし、発射当日にはメディアを遮断したためにその狙いも中途半端に終わった。

それでも金日成に似せた容姿と声で約二〇分にわたる演説を行なった。この四月一五日の「金正恩演説」は、父の金正日が大衆の前で一度も演説したことがなかったことや、「人民を再び飢えさせない」とする演説内容もあって、内外に一定の「サプライズ」を与えた。

金正日とは異なる「開放的スタイル」に北朝鮮の国民だけでなく外国のメディアもある種の期待を寄せた。しかしいくら金日成を真似た演説でも、内面から滲み出る風格はなかった。下を向いて原稿を読む「未熟さ」「幼さ」では、国民の「若さ」に対する不安をぬぐい去ることはできなかった。

「幼い指導者に絶大なる権力」というアンバランスは、（失敗した）長距離弾道ミサイル（ロケット）発射に対する国連安保理議長声明に対する「逆切れ」としてすぐさま現れた。

二〇一二年四月一八日、北朝鮮外務省は「長距離弾道ミサイル発射に関する制裁措置を盛り込んだ国連安全保障理事会議長声明」（四月一六日）を非難するとともに、「衛星打ち上げのためのロケット」発射を今後も継続し、米朝合意の制約も今後は受けない」との声明を出した。声明で北朝鮮は「米国が〝露骨な敵対行動〟をとったことで米朝合意は打ち砕かれ、北朝鮮がその制約を受けることもなくなった」と極めて強硬な態度を示した。ここから「大胆で強い指導者」を演出する強硬路線が始まる。

実質的な金正恩体制は、二〇一二年四月一一日の第四回朝鮮労働党代表者会から始まった。それまでの金正恩の肩書は、金正日死亡直後に付けた「朝鮮人民軍最高司令官」だけだったので、最高領導者としての党の肩書が急がれていた。

デビュー当時の金正恩

この代表者会では四つの議題①金正日総書記を朝鮮労働党総書記として永遠に戴き、総書記の革命的生涯と不滅の革命業績を末永く輝かすことについて、②朝鮮労働党規約の改正について、③金正日総書記の遺訓に基づき金正恩最高司令官を党の最高ポストに推戴することについて、④組織問題（人事）について、が討議された。また、党中央委員会政治局常務委員会委員を補選し、党中央委員会政治局委員、候補委員など党中央指導機関のメンバーを召還、補選した。

金正恩を第一書記に推戴したこの代表者会の人事は、張成沢の意向が強く反映されたものだった。張成沢には四〇数年にわたる権力中枢での幅広い人脈と実践経験だけではなく、ロイヤルファミリー金慶喜の夫として、また金正日から託された後見人の役割もあって、ある意味で自然の成り行きだったといえる。

その人事の目玉は崔龍海《チェ・リョンヘ》（六二）の抜擢として表れた。この時の人事で崔龍海は、朝鮮労働党政治局常務委員、中央軍事委員会副委員長、人民軍総政治局長の権限を手にし、人民軍次帥の称号まで与えられた。張成沢は崔龍海を前面に出して、彼を通じて党主導の先軍政治へと軌道修し軍をコントロールしようとしたのであろう。

党の指導部である政治局委員としては、新たに金正角《キム・ジョンガク》（七一）、張成沢（六六）、朴道春《パク・ドチュン》（六八）、玄哲海《ヒョン・チョルヘ》（七八）、金元弘《キム・ウォンホン》（六七）、李明秀《リ・ミョンス》（七八）が選ばれ、郭範基《クワク・ボムギ》（七三）、呉克烈《オ・グンヨル》（八一）、盧斗哲《ロ・ドゥチョル》（六二）、李炳三《リ・ビョンサム》（七七）、趙延浚《チョ・ヨンジュン》（七五）が政治局委員候補として選ばれた。政治局員の多くは張成沢と良好な関係であった人たちだ。しかしこの時、後に張成沢粛清のシナリオを書いたとされる組織指導部第一副部長の趙延浚が権力の中枢に顔を出し始めたことに注目する人はほとんどいなかった。

書記局では政治局委員の金慶喜（組織担当？　六六）、郭範基が党書記として選出された。金永春《キム・ヨンチュン》（七六）、郭範基、朴奉珠《パク・ポンジュ》（七三）が新たに党中央委員会部長に任命された。金永春は他の二人と異なり実質降格であった。

党中央軍事委員会では、金正恩が委員長となり、副委員長に崔龍海、委員として玄哲海、李明秀、金洛兼《キム・ラクキョム》が新たに補選された。そしてすでに人民保安部長を解任されていた（二〇一一年三月一六日）朱霜相《チュ・サンソン》（七九）と国家安全保衛部第一副部長であった禹東則《ウ・ドンチュク》（七〇）は解任された。

二、金正恩を国防委員会第一委員長に推戴

党代表者会に続いて四月一三日、最高人民会議第一二期第五回会議が平壌の万寿台議事堂で行なわれた。

会議では、五つの議題①社会主義憲法を修正、補充することについて、②金正恩最高司令官を朝鮮民主主義人民共和国の最高ポストに推戴することについて、③内閣の二〇一一年の活動状況と二〇一二年の課題について、④二〇一一年国家予算執行の決算と二〇一二年の国家予算について、⑤組織問題について、が討議された。

この会議では、金正日総書記を永遠の国防委員会委員長とし、金正恩最高司令官を国防委員会第一委員長に推戴した。修正された社会主義憲法では、国防委員会第一委員長の職制が独立した条項として新設された。国防委員会ではなく第一委員長に国家の最高指導者としての権限を与え、対内外活動を含む国家全般の活動を総指揮するように権力が集中された。

そして金正恩最高司令官の提議によって、国防委員会の委員に崔龍海、金元弘、李明秀の各代議員を補選した。金永南代議員が最高人民会議第一二期第五回会議で推戴、選出された国防委員会のメンバーを次のように発表した。

永遠の国防委員会委員長　故金正日総書記
国防委員会第一委員長　金正恩最高司令官
副委員長　金永春、李勇茂、張成沢、呉克烈
委員　朴道春、金正角、朱奎昌、白世鳳、崔龍海、金元弘

「国際婦女節」公演で金正恩に忠誠心を示す呉克烈一家（2012・3・8）

なお七日まで人民武力部長として紹介されていた金永春《キム・ヨンチュン》国防委員会副委員長の異動については言及がなかった。

この人事の中で、政治局員に昇格していた金元弘《キム・ウォンホン》と李明秀《リ・ミョンス》が、それぞれ国家安全保衛部（秘密警察）部長、人民保安部（日本の警察に近い治安機関）部長の任にあることが直後に分かった。二つの治安機関は金正恩体制を支える監視弾圧機関であるが、金元弘は軍の保衛司令官の出身で、二〇〇九年二月に金正恩の軍部掌握のために軍総政治局組織担当副局長に任命された人物だ。二〇〇九年四月一四日に人民軍大将に昇進し、二〇一〇年の第三回党代表者会では党中央軍事委員会委員にも任命されている。

金正日霊柩車の７人

金正日の葬儀パレードで「棺の七銃士」の一人でそれまで国家安全保衛部第一副部長であった禹東則《ウ・ドンチュク》の名前は国防委員からも消えていた。

党と軍の中心に崔龍海を据え、組織指導部の番犬である国家安全保衛部から禹東則を追いやり、そこに張成沢系の金元弘（後の張成沢粛清では主導的役割を果たす）を据え、自身の指揮下に李明秀を配置することで、張成沢の後見人としての「保身体制」は構築されたかに見えた。

張成沢は自身が直接掌握する国防委員会では崔龍海を委員にとどめる一方、党行政部長として司法・治安機関を掌握し、権力中枢から一歩下がったところで全般をコントロールする仕組みを作り上げた。

この時点で、党政治局常務委員、中央軍事委員会副委員長、総参謀長で次帥であった李英鎬《リ・ヨンホ》（七〇）の居場所はなくなっていたと言える。

朝鮮労働党中央委員会は、二〇一二年七月一五日の日曜日に政治局会議（常務委員、委員、候補委員参加）を開き、李英鎬を、「身辺問題（病気）」で中央委員会政治局常務委員会委員、政治局員、中央軍事委員会副委員長などのすべての職務から解任（粛清）するとして翌一六日に即発表すると同時に玄永哲《ヒョン・ヨンチョル》大将（六三、二〇一五年四月処刑）を次帥に昇格させ総参謀長に任命した。

翌一七日には党中央委員会、党中央軍事委員会、国防委員会、最高人民会議常任委員会の連名で金正恩に共和国元帥（人民軍元帥より上位）の軍事称号を授与して北朝鮮の首領が身につける肩書きと称号のすべてを与えるセレモニーを完結させた。

この年の八月、張成沢は五〇数人の大型代表団を引き連れ中国を訪問し、元首級の歓待を受け胡錦濤主席や温家宝首相とも会談した。

崔龍海

張成沢は、二〇一二年一一月四日には党政治局拡大会議で新設が決まった「国家体育指導委員会」委員長にも就任した。そこにはほとんどの中枢幹部が網羅された。副委員長には盧斗哲《ロ・ドゥチョル》（六二）内閣副総理、崔富日《チェ・ブイル》（六八）副総参謀長、李英洙《リ・ヨンス》（六三）党勤労団体部長がそれぞれ任命され、金己男《キム・ギナム》（八三）、崔泰福《チェ・テボク》（八二）、朴道春《パク・トチュン》、金養建《キム・ヤンゴン》（七〇、二〇一五年一二月二九日七三歳で死亡）党書記など、党、武力機関、内閣、省、中央機関の幹部三二名が体育指導委員として名を連ねた。

こうして二〇一二年一二月一七日の金正日一周忌中央追悼大会報道では張成沢の序列は金慶喜書記の序列をも抜き去り、金正恩、金永南、崔英林、崔龍海、張成沢と五番目の序列となった。誰が見ても実質ナンバー2の位置を占めるに至ったのである。こうしたことから張成沢の後見人体制はこのまま当分続くと思われた。しかしそれは逆に金正恩の猜疑心を高めることにもなったのである。

金正日が亡くなった直後、金正恩が張成沢のシナリオで動いていたことは明らかだ。そうした情報は内部からももたらされていた。それはまた張成沢の罪名の中にも示されている。罪名で「張成沢は敬愛する元帥様のお側に仕えて現地指導にしばしば随行するようになったことを悪用し、元帥様の常なるお側役であることをいいことにして自身が革命の首脳部と肩を並べる特別な存在という事を内外に見せびらかせ、奴自身に対する（間違った）幻想をでっち上げようと謀った」と記されている。

三、大抜擢された崔龍海

崔龍海はいわゆる「抗日パルチザン第一世代」の中でも、金正日後継者推戴に関与した崔賢《チェ・ヒョン》元人民武力部長（一九八二年死亡）の次男だ。金正恩後継体制が公式化された二〇一〇年九月二八日の第三回朝鮮労働党代表者会で、党中央委員会書記、党政治局候補委員、党中央軍事委員などの要職のほか、人民軍「大将」称号を授与され、金正恩体制の核心人物として急浮上した。

軍部での経歴がほとんど無い崔龍海が、人民軍「大将」称号授与からわずか一年七ヶ月で「次帥」に昇進したことは、朝鮮人民軍の歴史上、前例のない超スピード昇進である。

崔龍海の次帥への昇進と総政治局長への就任は、軍における党の領導力を強化するためと解釈できるが、それを後押ししたのは張成沢であったと考えられる。

崔龍海は核心権力層の子弟が入学できる万景台革命学院を卒業後、金日成総合大学政治経済学部を卒業した。一九八六年、三六歳で労働党の核心的な外郭組織である「金日成社会主義労働青年同盟（社労青）」の委員長に就任し、一九九八年までの一二年間にわたり大組織を率いた。一九九三年には最高栄誉である「共和国英雄」称号を得ている。

その後も金日成社会主義青年同盟第一書記（一九九六年）、黄海北道党責任書記（二〇〇六年）など党組織事業分野に従事。二〇〇八年、金正日の健康状態が悪化してからは、李英鎬《リ・ヨンホ》党中央軍事委副委員長とともに金正恩への後継作業を指揮する中心人物として浮上した。

父親の崔賢に続き金親子の権力世襲作業の先頭に立ち、権力の頂点にいたものの、一九九〇年代中盤の大飢饉のさなか、平壌市内の遊技場で青年同盟の「外貨稼ぎ企業所」などが稼いだ外貨を用い、派手な宴会を連日行なったかどで軍保衛司令部に摘発され、平壌市上下水道管理所党書記に左遷された過去を持つ。

当時、北朝鮮の軍は「われわれは飢えで苦しい中でも祖国の守護に命を掛けているのに、崔龍海のような青年同盟の奴らは、くだらない仕事に夢中になっている」と激怒したと伝えられている。父親の崔賢が金正日後継作業で功を立てた人物でなかったら、九〇年代、食糧難の責任をかぶせられ、スパイにされた徐寛熙《ソ・グァンヒ》農業担当書記の「深化組事件（一九九七年に金正日が引き起こした大粛清事件）」の中心人物だった、蔡文徳《チェ・ムンドク》平壌市社会安全部（現在の人民保安部）局長のように銃殺される運命だったと平壌出身の脱北者らは言う。

五年後の二〇〇三年八月、張成沢の助けもあって崔龍海は党総務部副部長に復帰したが、しかし翌年の二〇〇四年に、張成沢が「分派行為（派閥作り）」で降格された際、側近らとともに崔龍海も権力の一線から外れることとなった。二〇〇六年に張成沢が党第一副部長に復帰し二〇〇七年に党行政部長に就任する過程で崔龍海も二〇〇六年四月、再び黄海北道党責任書記に復帰した。

このように崔龍海は張成沢と密接な関係があったために、張成沢を裏切ってその粛清に加担したにもかかわらず、その後の地位は安定していない。党中央政治局常務委員と総政治局長の地位をはく奪されたり復帰したり金正恩のエレベーター人事に振り回され、最近やっと党書記に定着したように見えた矢先、二〇一五年一一月七日の李乙雪人民軍元帥の葬儀名簿では名前を外され告別式にも参加出来なかった。この点については一部で「革命化学習」のため労働現場に送られ思想点検を受けている程度なので、復帰の可能性はあるとの主張がなされていた。事実、二〇一五年一二月二九日に死去した金養建葬儀委員には従来の序列で名前を連ね地位に変動がないとの見方が強まった。

その後の金正恩現地指導には姿を見せていなかったが、二〇一六年一月二〇日、金正恩の青年運動史跡館現地指導に同行し姿を見せた。金正恩の現地指導に同行したのは二〇一五年一〇月一九日に報じられた牡丹峰楽団の公演観覧以来三ヶ月ぶりとなる。

対中外交のパイプ役であった金養建の後釜を担うと見られるが、その結果によっては再び沈む可能性もある。崔龍海のように地位が安定しない幹部は朝鮮労働党の歴史上きわめて珍しい。

二節　張成沢の勢力拡大と組織指導部との対立

金正日生存時の二〇〇七年、金正日は後継体制を準備するため、党組織指導部の権力集中を緩和させ、政治監察組織、国家安全保衛部（秘密警察）を除く司法権限を持つ党行政部を、組織指導部から切り離して張成沢に与えた。しかし中央党幹部を管理する「本部党」責任書記には張成沢の監視を続けさせた。この時から、張成沢の行政部と組織指導部の対立が始まる。

張成沢は、金正恩を最高指導者に据える一連の儀式の過程で、ロイヤルファミリーの一員としての立場と「後見人」の立場を利用して自己の勢力を拡大していった。そうすることで金正日時代の金英柱（金正日の叔父）のような運命（金正日に後継者の座を奪われ両江道の山奥に追放）を避けようとしたのである。

金日成時代、誰もが組織指導部長職にあった金英柱が金日成の後を継ぐと考えていた。政務に忙しい金日成に代わって金正日の面倒を見ていたのは金英柱だった。しかし金正日が後継者として登場する中で、政敵として完全に足をすくわれた。

血はつながっていないとは言え、こうした金英柱の立場と金正恩と義理の叔父・甥の関係にあった張成沢の立場が似ていたために、張成沢は自身の境遇を金英柱に重ねて細心の注意を払い、前面に出ることを避けていた。部下たちにも「どこに行っても金正恩万歳だけを叫び、間違っても張成沢万歳を叫ぶな。もしも叫んだやつがいたら殺す」とまで言っていたという。だが、いつの間にか序列五位にまで上がり実質ナンバー2を誇示する姿を見せてしまっていた。金正恩体制を作り上げる過程で、自身のシナリオ通り進んだことへの過信が油断と奢りをもたらしたのかもしれない。

張成沢

一、張成沢、人民保安部を強化

金正恩は二〇一二年二月、金正日時代に粛清された国家機関の幹部らの粛清の是非を捜査機関に再調査させた。その結果、少なくとも六人について「粛清の理由が見当たらない」として処分を取り消していたとの情報が毎日新聞からもたらされた（毎日新聞二〇一二年五月二日　北朝鮮問題取材班）。

この報道によると、処分の取り消しを受けた中での最重要人物は、金正日存命中にスパイ罪で告発され銃殺刑が確定した人民保安部の第一副局長であったという。この副局長は金正日の死後、上司（当時の人民保安部を管理していたのは党行政部長の張成沢）に反省文を提出し、自らのスパイ容疑を改めて否定したという。この報告を受けた金正恩が人民保安部に再調査を命じたが、人民保安部から「過激な忠誠心から罪のない人民を摘発したりしたが、スパイ行為をした形跡はない」との報告を受けた。その結果、銃殺刑は破棄されて副局長の名誉は回復されたとのことだ。同様に「再教育」や「地方送り」などの処分を受けた十数人について、金正恩が再調査を命じ、少なくとも五人の処分が撤回されたという。

毎日新聞の取材に応じた当時の朝鮮労働党に近い関係者は「〝恐怖〟をちらつかせながら統治してきた将軍様（金総書記）とは違い、金大将（金第一書記）は〝慈愛〟を掲げた統治を進めているため、党幹部らの人気も高まっている」と言っていたという。そして金総書記存命中〝恐怖〟をちらつかせた張本人については、金総書記の意向を受けた李済鋼《リ・ジェガン》党組織指導部第一副部長（二〇一〇年六月死亡）だったと指摘したとのことだ。

さらに李済鋼と関係の深かった党幹部は「李済鋼氏の死後、執務室から大量の決裁書が見つかり、その大半が〝銃殺〟などの重い処分だった。部下から〝再教育相当〟と報告されても、それには耳を貸さなかった」と指摘し、「（北）朝鮮全土で最近、李済鋼批判が巻き起こっている。ただ粛清は李済鋼の独自の判断ではなく、将軍様に責任が及ばないようにした結果だと思う」と証言している。

この事件とこの報道の裏には、党行政部指揮下の人民保安部強化を狙う張成沢が存在していたように思える。それは張成沢粛清・処刑の罪名の中に「張成沢は党の唯一領導を拒否する重大事件を発生させて追い出された側近たちとゴマすりどもを、巧みな方法で奴がいる部署と傘下諸部門に吸収し、前科者、経歴に問題がある者、不平不満を持つ者どもを系統的に自分の周りに糾合し、その上に神聖不可侵の存在として君臨したのである」と記されているからだ。

どちらにせよ張成沢が後見人としての役割を果たしていた時期に、人民保安部組織が強化され、その傘下の内務軍の武装が強化されていたことは確かなようである。

二、司法検察・公安機関の全国大会を招集

二〇一二年の末になって党行政部指導下の司法検察・公安機関の全国大会が開催された。これは金正恩唯一支配体制構築に向けた、社会統制システムに対する総体的整備とされていたが、同時に張成沢の地盤固めでもあったと推察される。体制に不満を持つ勢力への統制強化を謳いながら、組織指導部に対抗して行政部支配下の司法・公安機関の掌握と拡大強化を狙ったものであろう。事実内部からの情報では、張成沢粛清後、この部門への検閲が最も厳しかったと報告されている。

金正恩は三〇年ぶりに召集された全国司法検察機関幹部による大会（二〇一二年一一月二六日）に送った書簡で「党の政治的保衛隊、人民民主主義独裁の権威ある武器」と司法検察機関の地位を規定し、「非社会主義現象の危険性」を強調。「刀を隠し持ち、時期を待ち構えている者」に対する厳重な処罰を指示した。

金正恩は、一三年ぶりに開催された人民保安部傘下の「全国分駐所長会議（一一月二三日）」に送った祝辞でも、金日成・金正日・金正淑の銅像と革命戦跡地・史跡地などに対する警備保安対策を徹底し、労働党と首領の権威を護衛するよう指示した。

司法検察大会でも分駐所長大会でも金正恩は、「騒動、動乱を起こすため悪辣に策動する不純な敵対分子、刀を隠し持ち時期を待ち構える者をことごとく捜し出し、容赦なく踏み潰さなければならない」と指示した（デイリーＮＫ二〇一二年一一月二七日）。

張成沢は党行政部を党組織指導部のように全国組織に体系化するだけでなく人民保安部の中の武力である内務軍も二〇万人と大幅に拡大した。それは党組織指導部を牽制するには番犬役の国家安全保衛部を牽制し

金正恩と李英鎬

なければならなかったからだ。張成沢はクーデター防止名目で党行政部の力を強化していたのである。

二〇一一年に国家安全保衛部副部長の柳敬《リュ・ギョン》をスパイ容疑で内務軍に逮捕させ銃殺したのも、国家安全保衛部第一副部長であった禹東則《ウ・ドンチュク》をリストラしたのもそうした狙いの一環であったと思える。

事実この時期に、国家安全保衛部指揮部の空席に乗じて人民保安部内務軍の検閲・捜査権は強化され、その過程で張成沢の勢力拡大に対抗しようとした軍総参謀長の李英鎬も解任されるに至っている。解任のキッカケは、張成沢によって軍の利権が犯されたことに反撥した李英鎬が、私的な集まりで「わが国に張の性を持った首領がもう一人いるのか?」と不満を漏らしたからだという。これが首領の唯一指導に背いたと断罪されたのだ。この時期金正恩は、張成沢の報告をそのまま受け入れていたと考えられる。

このくだりは張成沢の罪名の中で「奴は部署と傘下部門の機構を大々的に拡大しながら国の全般的事業を掌握し、省や中央諸機関に深く網を張り巡らせるべく策動し、奴がいた部署を誰一人としても侵すことができぬ〝小王国〟に仕立て上げた」「敬愛する元帥様(金正恩)が朝鮮人民内務軍の軍部隊に送ってくださった親筆書簡を(中略)しぶしぶと日陰の片隅に建立するように無理強いするという妄動に出た」「人民保安機関を担当した人物も政変に参与する私(張成沢)の側近として利用して見ようと思った。これ以外の何人かも利用できると思ったと告白した」などと記されている。

三、藤本健二を活用して拉致問題を動かそうとしていた張成沢

いま振り返ってみると、藤本健二を北朝鮮に呼びせたのも張成沢のシナリオだったと推察される。拉致問題解決の突破口を開き、日本との外交関係改善で資金を得ようとした張成沢が、金正恩を動かして実現した可能性が高い。

金正恩体制のアキレス腱は、経済の破綻による食糧難、エネルギー難、外貨難にある。金正恩体制発足直後、北朝鮮が農業生産拡大を狙い二〇一二年「六・二八経済措置」を発表しているが、これも経済再生なくして金正恩体制の未来が描けないということがわかっていたからだと思われる。

この財源を自国通貨に求めるとしても、通貨発行に見合ったモノと金が担保されなければ、二〇〇二年の「七・一措置」時のように再びハイパーインフレが起こる。経済改革は結局外貨がカギを握るのである。そのために張成沢は二〇一二年八月一三日に中国を訪問し、胡錦濤主席と温家宝首相に会い、「経済特区」へのテコ入れと「大規模借款」の要請を行なった。

その一方で張成沢は「拉致問題」を利用した対日接近を図り、日本からの資金獲得を金正恩に進言したと思われる。張成沢は、「拉致問題」の完全解決は難しいとしても、日本人妻及び残留日本人や日本人遺骨問題などを絡ませれば外貨獲得につなげられると判断したに違いない。

核兵器とミサイルの開発をすすめて米・韓・日を脅しても、振り向いてくれなければ一銭の金にもならない。むしろ北朝鮮の財政を圧迫し経済再生を阻害する要因となるだけだ。少なくとも金正日の傍で六カ国協議の成り行きを見ていた張成沢はそう思っていたはずだ。

そこで張成沢は、煩雑で回りくどい外交交渉よりも、直線的でスピードアップが狙える藤本健二に目を付

けたのだろう。そうでなければ藤本健二の「裏切り」を許し、金正恩との破格の対面を演出するわけがない。当時の張成沢は金正恩に進言出来る力があった。そのことは藤本健二が自宅近くのコンビニで在日の商社マンで旧知の人物から金正恩の招待状を手渡されたと言っていたことからも推察できる。この商社マンこそ日本で張成沢の外貨稼ぎを手助けしていた人物といわれている。

藤本氏は二〇一二年六月一六日に、北朝鮮のエージェントから身の安全を保障するという保証書を見せられたが、その保証書は張成沢の指揮下にあった人民保安部からのものであった。金正恩のサインがなかったため回答を保留したところ、その後再び接触してきたエージェントは「二〇〇一年の約束を果たそう」という金正恩と藤本健二だけが知る「秘密」を伝えた。これで間違いなく金正恩からの招待だと確信した藤本氏は訪朝を決意したという。しかし彼は、念には念を入れ昔の上司であった秘書室長の金チャンソンが北京にまで出迎えてくれるよう求めた。これも、北朝鮮側に受け入れられた。訪朝に当たって藤本健二が出した条件を北朝鮮側はすべて受け入れたということだが、この時点での北朝鮮における張成沢と金正恩の関係が垣間見える。

藤本健二は、平壌到着翌日の七月二二日に第八宴会場で「歓迎宴」に出席したが、この歓迎宴には、金正恩の夫人や妹だけでなく、金正日の第四夫人といわれている金オクや張成沢などロイヤルファミリーと、秘書室長の金チャンソン、元スイス大使で金正日の金庫番であった当時労働党副部長の李スヨン（仮名李チョル。現外相）、宣伝扇動部副部長の李ジェイルなどの側近幹部が出席した。藤本健二の席は、金正恩の正面で左隣には張成沢が座った。

この一件は、この時点までは張成沢が金正恩を動かしていたという具体的事例の一つとなる。「歓迎宴」の顔ぶれの中に外貨調達要員の李スヨンがいたこともそれを示している。

この構想は藤本健二がはしゃぎすぎたことと、日本政府がそれを活用できなかったために結局挫折した。

三節　核実験強行で亀裂深まる

「光明星―三号二号機」発射成功で金正恩の張成沢離れが始まる。この背景には組織指導部の巻き返しがあったと考えられる。

金正恩は「金正日の遺訓」を掲げて「権力継承の正統性」を誇示し、修正された朝鮮労働党規約では先軍政治を「社会主義の基本政治方式」と規定するとともに、改定憲法では北朝鮮を「核保有国」と明記した。二〇一二年一二月一二日の「光明星―三号二号機」発射成功で金正恩は興奮しこの路線に拍車をかけた。

この挑発に対して国連安全保障理事会は、制裁強化決議二〇八七号を採択（二〇一三年一月二二日）した。決議での資産凍結対象は、前年四月と一二月のミサイル発射を企画した「朝鮮宇宙空間技術委員会」やミサイル輸出主要企業の金融決済などを担う「東方銀行」など六団体とされ、個人での資産凍結と海外渡航禁止の対象としては、同技術委員会衛星制御センター長を務めるペク・チャンホら四人が追加された。

この直後、北朝鮮は外務省声明（一月二三日）、国防委員会声明（二四日）、祖国平和統一委員会声明（二五日）を相次いで発表し、米国と国連安保理を強く非難するとともに、韓国には制裁に同調しないよう脅迫した。また名指しこそしなかったが中国、ロシアに対しても米国追随を非難した。

そして一月二六日には「国家安全および対外部門幹部協議会」を開き「国家的な重大措置を決心」と表明、異例にも会議の模様を写真公開した。しかし報道では、「重大措置」や金第一書記の指示についての具体的な内容は明らかにしなかった。

ただ同日、協議会開催に合わせて発表した労動新聞「政論」では「核実験は民心の要求で他の選択の余地はない」と核実験強行の意志を明確にしたことから、第三回核実験などの新たな強硬策に対する措置が取られたことが推察された。

この協議会には崔龍海軍総政治局長、玄永哲軍総参謀長、金元弘国家安全保衛部長、朴道春軍需担当書記、金永日国際部担当書記、ホン・スンム党副部長、金桂寛外務省第一次官ら七名が出席したが、張成沢は国家の国防問題を指導する「国防委員会副委員長」であったにもかかわらず出席しなかった。

一、張成沢と組織指導部との対立

「国家安全および対外部門幹部協議会」に張成沢が参加していなかったことは、この時点で張成沢と金正恩の間で何らかの意見相違があったことが考えられる。

その後、金正恩の指示に従って北朝鮮は二〇一三年二月一二日午前一一時五七分ごろ、咸鏡北道吉州郡豊渓里付近で核実験を実施した。韓国、日本、米国をはじめとした世界の地震探知施設は、マグニチュード四・九～五・二と推定される核実験によると見られる地震波を観測した。

午後三時朝鮮中央通信は、臨時ニュースで核実験の成功を伝え「以前とは異なり爆発力が大きく、小型化、軽量化された原子爆弾を使用し、高い水準で、安全で完璧に進められた今回の核実験は、周囲の生態系環境にいかなる否定的影響も与えなかった」と報じた。

この核実験成功で「自信（過信）」を深めた金正恩は、三月から実施される米韓合同軍事演習「キー・リゾルフ」「フォールイーグル」に対抗して、「停戦協定を白紙化する」（三月一一日）と宣言（金英徹偵察総局長が発表）し、核の先制攻撃でワシントンまで火の海にするという「狂ったような戦争瀬戸際政策」を展開した。

この戦争瀬戸際政策は、中国に金正恩政権の「危うさ」を感じさせ、中国の金正恩離れの端緒となった。また外貨稼ぎを任され、中国との関係悪化を望んでいなかった張成沢と金正恩との意見対立を増幅させたに違いない。金正恩の張成沢粛清作業は、この時から具体化したと推察される。

張成沢は、外貨稼ぎをはじめとした経済利権に深く根をおろしていたために、金慶喜の軽工業部門を含めた経済部門の発展で金正恩体制の安定を模索していた。しかし党組職指導部は金正日の遺訓を大義名分にして核武装路線に固執し金正恩を煽った。

この対立は、二〇一三年に第三回核実験が成功したことで組織指導部路線の勝利となった。過激な金正恩が組織指導部の路線を支持したからである。そして張成沢に利権を侵害されていた軍がそこに加勢した。こうして「経済建設と核武力建設の並進路線」（二〇一三年三月三一日党中央委員会総会）が採択されたのである。張成沢に対する組織指導部の追撃はここから始まる。張成沢の盟友とみられていた崔龍海（当時軍総政治局長）は軍の突き上げを食らい反張成沢の側に回った。

張成沢は経済難の解消を急ぐことが金正恩体制維持に不可欠と判断し、経済支援を求めなければならない中国からの反発を招く核実験には慎重な姿勢だった。しかし総政治局長だった崔龍海は、二〇一二年一二月の事実上の長距離弾道ミサイル発射の成功で勢いづく軍強硬派に同調し核実験を支持した。また路線の対立から軍強硬派の前で張成沢を批判することもあったという。

張成沢は軍を統制する目的で崔龍海を総政治局長に据えたのだが、力不足の崔龍海は結局軍強硬派（反張成沢派）に引きずられる形となった。張成沢が自分の腹心と思っていた崔龍海による「予想外の抵抗」は、張成沢にとって大きな誤算だったと思われる。ここから張成沢粛清の第一歩が踏み出されたと見てよいだろう。その後ろでは金正恩を動かす組織指導部の力が動いていた。

二、張成沢粛清の準備「党の唯一的領導体系確立の一〇大原則」の発表

北朝鮮は二〇一三年六月ごろ「党の唯一的領導体系確立の一〇大原則」を発表した（付録に全文）。この「一〇大原則」は、一九七四年に発表された金日成・金正日時代の「党の唯一思想体系確立の一〇大原則」に基づき、金正恩の指導を絶対化するためのものである。

「旧一〇大原則」での「党の唯一思想体系」という用語の意味は、金日成の思想を絶対化しその指導を無条件、絶対的なものとして受け入れよというものであった。そしてそこに金正日の「後継者論」を付け加えることで金正日を絶対化しその唯一的指導も確保した。

しかしこの段階では「三代目世襲」は考慮されていなかった。そのために金正恩と金日成・金正日を結びつける「戒律」が必要となった。わかりやすく言えば、金正恩が鹿を馬だと言えばすべての人はその通りに言えという「戒律」が必要だったということだ。この「戒律」はもちろん党の規約や憲法の上に君臨する。

またこの「戒律」は、団結の中心を金正恩一人に限定し、彼を絶対化する。

旧一〇大原則で定めた絶対的指導者が存在しない条件のもとで、故人を領導の中心とすることができないために、唯一的思想に基づく団結の中心を新たに明記する必要があった。金日成の思想に基づいたとしても、金正恩以外の人物を尊敬したり崇拝してはいけないという戒めだ。北朝鮮式に言うと「個別的幹部と首領を区別し、個別的幹部に幻想を抱くな」ということである。

ただこの「一〇大原則」では金正恩を固有名詞ではなく「領導者」としのみ表記し、そして金正恩の「領導」を党の「領導」と表現している。この点は旧一〇大原則にない特徴といえば特徴である。

従って「党の唯一思想体系確立の一〇大原則」の表現では、金日成・金正日の権威や遺訓が党の権威と政

策に結びつけられ、「金日成同志の唯一的領導のもとに」となっていた部分を「党の唯一的領導のもとに」と改め（第九項目）、「無条件性の原則」（第五項）も「偉大な金日成同志と金正日同志の遺訓、党の路線と方針貫徹で無条件性の原則を徹底して守らなければならない」と書き換えられた。党への言及は、それだけでなく金日成・金正日の権威擁護と党の権威擁護を並列して結び付け（第三項）るなど、いたるところで金日成・金正日の権威と党を結び付け強調している。

新「一〇大原則」でもう一つ注目されるのは「共産主義」との用語がなくなった（第七項）ことである。これは従来から叫ばれてきた「ウリ式社会主義」の実現、すなわち「全社会の金日成・金正日主義化」（第一項）が「共産主義」に代わって朝鮮労働党の最高綱領となったことを意味する。これで金正恩の北朝鮮は無階級社会をめざす古典的社会主義・共産主義から名実共に決別した。

この「党の唯一的領導体系確立の一〇大原則」の発表後、張成沢排除の動きが強まった。二〇一三年八月に入って張成沢の金正恩随行は目立って減少していった。北朝鮮内部でそのことが話題になったほどである。筆者にもそのような情報が入っていた。それだけではなく張成沢の身辺異変を指摘する情報まで流れ出た。

このことを裏付けるように張成沢処刑後、韓国の情報筋から「二〇一二年九月に入って趙延浚（注：趙延浚組織指導部第一副部長）などと金正恩ファミリーがその具体的策を協議した」との情報が出てきた。

この情報について韓国中央日報は、「金正恩は二〇一三年九月、最側近の一人である趙延浚の建議により張成沢とその派閥に対する権力奪取と粛清に着手した。韓国政府関係者も〝北朝鮮建国記念日の九月九日午後、金慶喜（党書記）と夫・張成沢をはずしたまま家族会議を開いた〟として〝金正恩はこの席に趙延浚を異例に呼んで、今後の権力安定案などについて議論したようだ〟と話した。それと共に〝趙延浚が粛清事態に介入したということは、北中チャンネルを通じて北朝鮮の保衛部関係者から確認した内容〟としながら

〝会議には金正恩の兄・正哲《ジョンチョル》と妹・汝貞《ヨジョン》も参加したそうだ〟と報道した（中央日報日本語版二〇一三年一二月一二日）。

三、張成沢の人物評と足跡

張成沢は性格が開放的で頭の回転が速く、アコーディオンの名手としても知られ、歌もうまかった。酒にも強く「遊び人」と言われていた。ある人は女好きだったとも言っている。

韓国に亡命した黄長燁は、張成沢のことを北朝鮮で屈指のキレ者と評価していた。他人に責任転嫁しないことから多くの幹部から信望を得ていた。一部では人気がなかったなどとの情報を流すジャーナリストもいるが、張成沢とともに仕事をした人からはそうした話は聞こえてこない。

朝鮮労働党三九号室で外貨稼ぎを担当していた脱北者のキム・グァンジンは「一緒に仕事をしたが非常に有能だった」としながら「愉快で部下に優しく勤勉で面倒見がよかった」と述懐している。

北朝鮮の高位職にいて張成沢とともに仕事をしたパク・ピョンヨプも張成沢について次のように証言している。

「張成沢の性格は、穏やかで快活明朗だ。闊達《かったつ》で楽天的な彼の性格は、金慶喜を魅了させた大きな要因でもあった。そうした一方、万事に強い集中力で全面的、積極的に対処した。

対人関係では、飾らないし謙虚だったし礼節をわきまえかつ大衆的だった。包容力を持ち相手に対しても理解する心を持っていると評価され好評だった。読書量の多さでは定評があり、卓球、バレーボール、サッカーなどさまざまな運動を楽しんでいた。その中でも卓球はレベルが高く、大学時代は、サッカー選手でもあった。バイオリン、ギター、アコーデオンなどさまざまな楽器もこなし、麺、冷麺などを好むことで知られている。趣味は多面的で万能的才覚の持ち主だった」（「張成沢事件の隠された話」、九〇ページ、チョン・チャンヒョン著、韓国ソニン出版）。

こうした張成沢に金日成総合大学政治経済学部同級生の金慶喜が惚れるのは自然の成り行きだったと思われる。

張成沢は金慶喜との関係を問題視され一時元山経済大学に転学させられていた。元山経済大学でも、特権意識は表に出さず、同大学に在籍していたある在日商工人の息子とも仲良くなり、その縁で後に在日ラインも築いたとされている。

張成沢が元山経済大学卒業班で卒業準備に励んでいた一九六八年の秋、金日成は江原道現地指導の機会を利用して張成沢を面談している。その時の金日成の張成沢評は「会ってみたら、非常にしっかりとした聡明で人間味のある前途が有望なやつだ」とのことだったという（前掲書八九ページ）。

また一九九七年に、金正日から核爆弾一発分の外貨稼ぎを命じられてイタリアに来た時も、毎晩やけ酒をあおりながら、北朝鮮国民が餓死していくありさまに胸を痛め「このままではだめなのに」と嘆く常識的感覚も持っていたという。

一方金正日に忠誠を誓っていたことからその指示で多くの人を処刑したり強制収容所に送り込んだことも事実である。一九九四年末から一九九五年にかけての「第六軍団反乱事件」では、金英春と共にその鎮圧過程で多くの軍人を処刑した。また一九九七年の「深化組事件」では徐寛熙《ソ・グァンヒ》元農業担当書記をはじめ多くの幹部とその関係者を処刑または強制収容所送りとした。

そこには張成沢の金正日に対する大きな借りが関係している。張成沢の出身成分がよくないとして金慶喜との結婚に猛烈に反対していた金日成をなだめてくれたのは金正日だったし、その後も義理の弟として何かと目にかけてくれたのも金正日だったからだ。実妹の悲しみを拭いたい想いや金正日自身の張成沢への期待などから、張成沢はモスクワ留学を終えた後一九七二年に金慶喜と結婚して金正日の側近となった。

その後、一九七八年から二年間、降仙《ガンソン》製鉄所で思想化教育を受けた。その理由が一時金慶喜との夫婦仲が悪くなったことに金正日が激怒したからとされているが真相は定かでない。

(1) 張成沢の足跡

金日成体制下では、党組織指導部外交部担当指導員を皮切りに、一九八二年には党青少年事業部副部長、一九八五年に党青少年事業部第一副部長、一九八八年に党青少年事業部部長、一九八九年に青年および三大革命小組部長に就任し三大革命赤旗獲得運動を推進するなど、金正日の側近としてキャリアを積んだ。

金日成が死去し金正日体制が発足した後は、一九九五年に朝鮮労働党中央委員会組織指導部第一副部長(行政担当)に就任し、一九九七年から二〇〇〇年まで社会安全部(現人民保安部)内の秘密警察組織「深化組」を指揮、二万五千人にも及ぶ大規模な粛清を行なった(深化組事件)。

二〇〇二年には経済視察団の一員として訪韓し、その実力者ぶりを見せつけることになる。この時、黄長燁から「改革開放に関する密書」を受け取ったとするデマ情報をまことしやかに流したTという日本人学者がいたが、これは真っ赤な嘘である。渡そうとしたことは事実だが成功しなかった。

二〇〇四年、党幹部子女の結婚が華美であったことや、そこに張成沢に近い人たちが集まったために「分派行為」と疑われ、再び「革命化教育」を受けることになる。その後二〇〇六年一月二九日の朝鮮中央通信の報道などで二〇〇五年一二月に復権していたことが判明する。復帰後の職責は首都建設部第一副部長だった。

二〇〇七年には、人民保安部、中央検察所、中央裁判所などの公安部門を統括する党行政部が復活し党行政部長に就任した。そこには組織指導部の肥大化を抑えようとした金正日の思惑が絡んでいた。

金正日が二〇〇八年八月に脳卒中で倒れた時、一時党と政府をコントロールしたのは張成沢だったとの情報もある。また後継者問題でも金正日の思いを汲み金正恩を支持したとされる。

二〇一〇年九月二八日、第三回党代表者会をうけて開催された中央委員会総会で政治局員候補に昇進した。同時に金正恩も党中央軍事委員会副委員長に推挙され、これにより金正恩の後継者としての地位が公式化された。

二〇一一年一二月一七日に金正日が死亡し、葬儀委員会の名簿には一九位に名を連ね（金慶喜は一四位）当面は妻の金慶喜とともに後見人として金正恩体制を支えると見られていた。しかし二年後の二〇一三年一二月一二日に金正恩によって「反逆罪」で処刑された。処刑後、遺体は火炎放射機で跡形もなく焼き尽くされたという。享年六七歳。

(2) 主な家族関係と経歴

家族関係

- 妻は金日成の長女で金正日の妹である金慶喜（六七）。
- 長女張クムソンは二〇〇六年九月にフランス留学中に自殺。
- 長兄は張成禹《チャン・ソンウ》次帥（元第三軍団長で二〇〇九年八月に死亡）
- 次兄は張成吉《チャン・ソンギル》元中将（韓国の少将に該当、軍団政治委員で二〇〇六年七月に死亡）

・義理の兄（姉の夫）は全英鎮《ジョン・ヨンジン》元キューバ大使
・甥の張勇哲は元マレーシア大使
全英鎮と張勇哲の家族は、張成沢処刑後、金正恩によってすべて処刑された。
・黄長燁とは姻戚関係だった。黄長燁の長男と張成沢の姪（姉の娘）が結婚していたが黄長燁の亡命で離縁させられた。

経歴

一九四六年一月二二日に咸鏡北道清津市で出生（一時韓国資料で江原道とされたがその後訂正）。朝鮮労働党政治局委員、党中央委員、党行政部長、党中央軍事委員、国防委副委員長、北朝鮮軍大将、国家体育委員会委員長、最高人民会議代議員の肩書きを持っていた。

一九六九年　モスクワ大学留学
一九七二年　金慶喜と結婚
一九七八年　張成沢主導で建設した体育館が開館前日の火災で全焼。私生活問題などもからみ降仙製鋼所に左遷された（～一九八〇年）
一九八二年一〇月　朝鮮労働党青少年事業部副部長
一九八五年七月　朝鮮労働党青少年事業部第一副部長
一九八六年一一月　最高人民会議第八期代議員
一九八八年一二月　朝鮮労働党青少年事業部部長

この頃、崔龍海は金日成社会主義労働青年同盟の委員長（一九八六～一九九八）

一九八九年六月　朝鮮労働党中央委員候補

七月　朝鮮労働党青年及び三大革命小組部部長

第一三回世界青年学生平和友好祭を指揮する。この功績で「労力英雄」称号を授与される

一九九〇年四月　最高人民会議第九期代議員

一九九二年四月　「金日成勲章」を授与される

一二月　朝鮮労働党中央委員

一九九四年七月　金日成国家葬儀委員会委員

一九九五年二月　呉振宇国家葬儀委員会委員

一九九五年一一月　朝鮮労働党組織指導部第一副部長

一九九八年九月　最高人民会議第一〇期代議員

一九九九年九月　李鐘玉国家葬儀委員会委員

二〇〇二年　経済視察団の一員として訪韓し、ソウルと慶州・済州などを回った

二〇〇三年九月　最高人民会議第一一期代議員

二〇〇四年　派閥形成の疑いで職務を解かれる

党幹部子女の結婚式に出席したある幹部の運転手が飲酒運転事故を起こし、事故の経緯を調査する過程で、結婚式が派手に行なわれたこと、崔龍洙《チェ・ヨンス》人民保安相ら幹部が張成沢勢力に加わっていたことが明らかになり、金正日総書記の怒りを買った

二〇〇六年一月　朝鮮労働党勤労団体及び首都建設部副部長に復帰
二〇〇七年一二月　朝鮮労働党行政部長就任。人民保安部、司法関係を指導
二〇〇八年一〇月　朴成哲国家葬儀委員会委員
二〇〇九年四月　最高人民会議第一二期代議員、国防委員会委員
二〇一〇年四月　洪成南国家葬儀委員会委員
二〇一〇年六月　金仲麟国家葬儀委員会委員
二〇一〇年六月　国防委員会副委員長
二〇一〇年九月　第三回朝鮮労働党代表者会で政治局候補委員、党軍事委員会委員
人民軍大将（推定）
二〇一〇年一一月　趙明禄国家葬儀委員会委員
二〇一一年一二月　金正日国家葬儀委員会委員、名簿序列一九位
二〇一二年四月　第四回朝鮮労働党代表者会で政治局委員に昇格
二〇一二年一一月　朝鮮労働党政治局拡大会議（四日）で設置が決まった国家体育指導委員会委員長に就任
二〇一二年一二月　金正日一周忌行事で序列五位に上昇
二〇一三年一二月　韓国から失脚説流れる（三日）
二〇一三年一二月　「国家転覆陰謀行為」により死刑判決を受け、即日処刑（一二日）

第3章
後見人体制の破壊と金正恩親政

北朝鮮は二〇一三年一二月一二日に特別軍事裁判を開き、張成沢《チャン・ソンテク》に対して、刑法第六〇条に基づく死刑判決を下し直ちに刑を執行した。それも逮捕される姿を内外に映像で公開し生き恥をさらさせただけでなく、言葉で言い表せない最も残虐な方法で処刑した。その一族は子供に至るまで全員処刑された。このような残虐な粛清・処刑の歴史は、金日成時代はもちろん金正日時代にもなかった。この点で金正恩は父と祖父を超えたのは間違いない。

この粛清準備は二〇一三年後半から組織指導部主導のもとに国家保衛部が中心となって本格的に進められた。最終決定は二〇一三年一一月二九日に金正恩が白頭山の麓《ふもと》三池淵《サムジョン》視察時に側近幹部と行なったのではないかとの一部情報もあった。

その時の随行幹部は、金元弘《キム・ウォンホン》国家安全保衛部長、金養建《キム・ヤンゴン》党統一戦線部長、韓光相《ハン・グァンサン》財政部長、朴泰成《パク・テソン》（組織指導部副部長・現平安南道党責任書記）、黄炳誓組織指導部副部長（現党政治局常務委員兼軍総政治局長）、金炳浩《キム・ビョンホ》宣伝扇動部副部長（現統一戦線部副部長）、洪ヨンチョル機械工業部（現軍需工業部）副部長、馬園春財政経理部副部長（二〇一四年一一月に地方追放。二〇一五年一〇月復帰）の八人だった（労働新聞の発表序列のまま）。

しかし事態の推移を振り返ってみると決断はもっと前になされていたと見るのが妥当だ。最近韓国に亡命した北朝鮮高位幹部の情報によっても、張成沢は党行政部第一副部長の李龍河《リ・リョンハ》と副部長の張秀吉《チャン・スギル》が処刑される前に逮捕されていたことが明らかにされている。そして張成沢処刑も金慶喜の反対を押し切って金正恩が独断で決定したという。

一節　表面化した金正恩と張成沢の対立

北朝鮮内部情報によると、金正恩と張成沢の衝突が表面化したキッカケは、二〇一三年初頭のある幹部の処遇から始まり、八月ごろに黄海北道の海に面したある場所の管轄権問題で党行政部と人民武力部が対立したことから表面化したという。その場所の引き渡しを求めて軍の首脳が金正恩の命令書を持って行政部に行ったのだが、張成沢の部下（行政部副部長）たちが、張成沢の許可がなければ引き渡せないと突っぱねたとのことだ。これは間違いなく六月に発表された「党の唯一的領導体系」に違反した行為だった。

この顛末を韓国の中央日報は、米国の有力紙ニューヨークタイムズの報道（二〇一三年一二月二四日付一面記事）を引用して次のように伝えた。

「金正恩の指示で張成沢が管轄している水産基地に軍人が出動した。軍人は基地の管轄権を渡すよう張成沢側に要求した。だが、張成沢の部下は張成沢の許可がなくては絶対に渡せないと突っぱねた。この過程で双方の間で銃撃戦まで起きた。だが、北朝鮮軍の立場では交戦の結果はみじめだった。管轄権を接収しに行った兵士らはやせており、まともに訓練も受けていない状態だった。張成沢の部下の相手ではなかった。この事実の報告を受けた金正恩は張成沢が将来自身の統治権

張成沢処刑

を脅かしかねないと感じた。金正恩はさらに多くの兵士を送り、ついに張成沢（の部下たち）を屈服させた。そして張成沢の核心側近二人を公開処刑した。張成沢処刑事件の発端はこのようにして始まった」。

公開処刑された張成沢の腹心二人（朝鮮労働党行政部李龍河第一部部長と張秀吉副部長）について、「小銃でなく対空機関銃で処刑された」と指摘している。

張成沢事件と関連したこの報道は、ラジオ・フリー・アジア（RFA）の報道とも一脈通じる。

韓国中央日報は「RFAは〝当時張成沢側の人たちの訓練が行き届き、防御隊の軍人一五〇人を簡単に制圧し二人を即死させた〟と伝え、〝この事件は崔龍海軍総政治局長を通じ金正恩に報告され、激怒した金正恩が国家安全保衛部と軍保衛司令部を使い張成沢に対する内査に入った〟と明らかにした」と報じた（中央日報日本語版二〇一三年一二月二六日）。

銃撃戦があったかどうかはさておき、この報道の「張成沢の部下たちが金正恩の命令書を無視した」という部分は筆者が内部から得た情報とも一致する。

背景に行政部五四部をめぐる利権争い

二〇一三年一二月二三日、南在俊《ナム・ジェジュン》当時の韓国国家情報院長は、国会情報委員会の非公開会議で金正恩と張成沢の衝突について「張成沢が利権に介入することで他機関の不満が高まったし、（これと関連した）不正報告が金正恩になされ張成沢に対する不信があった」「（張成沢は）党行政部傘下五四部を中心に最も重要な事業の利権に介入したが、主にこれは石炭に関連したこと」と明らかにした。

ここで言及された五四部がどの様な機関だったのか。また同部責任者で公開処刑された張秀吉元党行政部副部長はいかなる人物だったのかについて元統一戦線部出身の張真成《チャン・ジンソン》氏がインターネットニュース「ニューフォーカス」（二〇一三年一二月二三日付）で興味深い分析を明らかにした。その内容は次のようなものである。

「五四部は人民軍総政治局の外貨稼ぎ会社だった。対外名を〝勝利貿易会社〟と偽装して一九九六年に新設された。それまで軍では食糧配給の自力解決のために旅団単位まで外貨稼ぎ会社や基地を運営することが許されていた。しかし六軍団事件（一九九四年末）が起きて、金正日は各軍部隊の外貨稼ぎ権限を全部回収して統廃合するように命令した。各軍団はもちろん総参謀部内の局（後方総局だけは除外）単位の外貨稼ぎも全部なくすように命令した。その結果軍には外貨稼ぎ会社として五三部と五四部だけが残ることになった。

五三部は、人民武力部装備局傘下の武器販売会社だったが、北朝鮮軍の代表的外貨稼ぎ会社であった梅峰《メボン》総会社と統合し再編された。五四部は、この梅峰総会社の重要な課を引き継ぎ、金正日の軍政治資金調達名目で新設され、比較的規模を大きくしてスタートした。西平壌駅前に本社を置き、倉庫はそこから三〇分の距離にある兄弟山《ヒョンジェ》区域西浦洞に作られた。

五四部は北朝鮮内の主な金鉱、炭鉱、鉱山、漁場の独占権を一気に手中に収めた。その結果党三八号室に次ぐ北朝鮮内で二番目に大きい外貨稼ぎ会社となった。短期間に外貨稼ぎの独占権限を獲得できた理由は、単に軍総政治局傘下会社だったからだけではない。五四部は別名〝李乙雪《リ・ウルソル》（二〇一五年一一月七日死去）会社〟といわれるくらい、輸出、財務、担当課長は李乙雪人民軍元帥の親戚で構成されていた。輸入担当課長である李ヨンランの場合、党組織指導部軍担当第一部部長だった李容哲《リ・ヨンチョル》の長女だった。

このように北朝鮮軍首脳の家族会社であったので、内閣では二万ドルが用意できず、金正日の特命で建設した黄海道《ファンヘド》ジェニョンガン発電所に必要なタービン一台も買ってこられない状態だったが、五四部は一ヶ月の通常取引が二〇〇〇万ドルを大きく越えるほど規模が大きかった（二〇〇三年基準）。

中国に秘密で台湾との経済協力を推進した「朝鮮—台湾親善協会」（平壌市万景台区域八コル洞）の対外権限も五四部が持っていた。五四部は二〇〇二年から金正日の軍政治資金だけでなく護衛資金にまで範囲を拡大して金正日の私生活に必要な特閣（別荘）設備と生活用品をはじめとするぜいたく品輸入まで取り扱う外貨稼ぎ一号特権を持つようになった。

では、五四部の張秀吉《チャン・スギル》部長は果たしてどんな人物であったのか。張秀吉は一九四三年三月一五日生まれだ。彼の故郷は咸鏡北道会寧市チャンテ里だ。彼の経歴で目につくのは、再婚した後妻との年齢差が二六歳も離れているということだ。朝鮮人民軍協奏団で舞踊俳優であった張秀吉の妻・崔淑《チェ・スク》は一九六九年生まれだ。張秀吉は本妻との間で息子二人、後妻との間で娘が一人いた。

張秀吉は外貨稼ぎで生まれながらのやり手だと評判だった人物だ。彼が伝説的な人物となった理由は、出身成分が良くなかったにもかかわらず五四部部長という地位にまで上がったためだ。張秀吉は、最初、李鐘玉《リ・ジョンオク》副主席の長男と共に骨董品商売から始めた。彼の故郷が咸鏡北道会寧市チャンテ里だったので誰より早く朝・中密貿易に目をつけることができたのだ。

張秀吉は出身成分がよくなかったために総政治局五四部部長だったにも関わらず軍人事から排除され民間人として残っていなければならなかった。外貨稼ぎ会社の社長は、お金を少し持っていたり、外国との取り引き権を持っている場合が多い。党組織指導部の人事範囲から排除されている上位機関所属会社の社長などの場合、臨時職の扱いとなり出身成分の上昇は認められなかった。

彼の部下はみな軍服を着ており、実績をあげると階級も上がったが、張秀吉は商売人という枠組みから抜け出すことができず、身分に対する不満が強かった。張秀吉は最初の外貨稼ぎを護衛司令部所属の青岩山《チョンアンサン》貿易会社から始めた。その縁で李乙雪一族と一緒になって五四部も作ることができた。中国商人の中で〝信頼するに値する人物〟と噂になり、対人関係も円満で五四部の対外名である〝勝利貿易会社〟のオーナーとして利益につながる契約を数えきれないほどもたらした。

金正恩政権になった後、張秀吉は常に軍内での身分に不満をもっていたので、張成沢に接近するようになった。また、張成沢は軍の外貨稼ぎを縮小させる目的で彼を自分の部下にしてしまった。張秀吉が張成沢の行政部に移る準備をしていたのは二〇一二年初め、趙明禄死亡により北朝鮮軍総政治局局長が空席のときだった。

そのため、軍の首脳であった李英鎬総参謀長は、張秀吉の人事移動だけでなく、張秀吉が五四部で推進した中国との契約まで全部持って行こうとする張成沢と対立するほかなかった。張秀吉を追いかけて契約を党行政部に移そうとする中国会社が増えたため、張秀吉個人の問題は党行政部と軍部との組織的な対立にまで波及するほかはなかった。

こうして金慶喜の経済部署と内閣に軍の外貨稼ぎ独占権を移す過程での対立で、結局、李英鎬は粛清されてしまった。張成沢と金慶喜の強力な推薦により崔龍海が軍総政治局長に任命され、ついに張成沢の権力基盤は完全に補完されたようだった。

しかし、軍服を着てみたところ民間人出身の崔龍海は党組織指導部と軍部の見えない威嚇に包囲されている自身の境遇を皮膚で感じることになり、結局、党組織指導部の側に立ち、張成沢に対して五四部権限の総政治局への返還を主張せざるをえなくなった。

だが張成沢は崔龍海を自分の腹心としか考えていなかったためにそれを無視した。自尊心を傷つけられた崔龍海は、人事権と党生活指導の権限で軍を掌握している党組織指導部の意向に便乗して国家保衛部金元弘部長と共に張成沢処刑を綿密に主導することになった」

細部の具体的状況はさておき、張成沢粛清への流れはこのようなものであったと思われる。

張成沢系列であった崔龍海と金元弘の裏切りがなかったら、また駐中大使の池在龍による張成沢と中国側との内密のやり取りの暴露という裏切りがなかったら、張成沢があれほどやすやすと粛清されなかったはずだ。当時の張成沢は、潤沢な資金で内務軍二〇万を擁していたのである。そこには金正恩と組織指導部の繋がりを甘く見た張成沢の過信と奢りがあったのは確かだ。

二節　白頭の血統・叔母の金慶喜まで排除

張成沢処刑の判決文（付録資料）で指摘された彼の罪名は、大きく分けると⑴金正恩体制転覆陰謀と反党分派行為、⑵金正恩第一書記への不服従と不敬、⑶内閣を無力化して、経済事業に与えた打撃と、外貨の無駄遣い、⑷賭博や女性関係をはじめとした不正・腐敗などである。

この罪名で筆者がせいぜいありうると考えるのは、⑵の金正恩第一書記への不服従と不敬と⑷の賭博や女性関係をはじめとした不正・腐敗ぐらいだ。⑴の金正恩体制転覆陰謀と反党分派行為については、張成沢の立場から見てできることではない。金氏王朝を張氏王朝に変えるなど北朝鮮では不可能ということぐらいは誰でも分かっていることだ。それを実行する覚悟があったならば、張成沢には金正日の死後金正恩を抹殺する機会はいくらでもあった。

金正恩は、⑶の罪名を張成沢におし被せ、二年間の失政をリセットし、首領独裁体制の立て直しを計ろうとしたようだ。その一方で金正恩は張成沢粛清後の北朝鮮政権が安定化しているかのように思わせるさまざまな手を打った。

一、粛清の歴史を塗り替えた金正恩

張成沢の粛清・処刑は、朝鮮労働党の粛清史を塗り替えた。過去の金日成、金正日時代の粛清・処刑を顧みると、二〇一二年七月の李英鎬のケースのように、静かに粛清し政治犯収容所や僻地へ追放するのが一般的な高位職に対する粛清方式だった。もちろん処刑することもあったが、粛清（解任）後の数ヶ月、あるいは数年後に処刑するのが一般的だった。

朝鮮戦争後にスパイとして処刑された朴憲永《パク・ホンヨン》も粛清の三年後に処刑された。金日成の政敵だった朴金喆《パク・クムチョル》、李孝淳《イ・ヒョスン》、金昌奉《キム・チャンボン》、崔昌益《チェ・チャンイク》、朴昌玉《パク・チャンオク》など金日成が粛清した人物の多くも政治犯収容所に送られていた。金正日時代に高級幹部を公開処刑したのは、一九九七年に金正日の農業失政の身代りにされスパイとして処刑された農業担当書記の徐寛熙《ソ・グァンヒ》と二〇〇九年一一月のデノミ失敗で処刑された労働党財政計画部長だった朴南基《パク・ナムギ》ぐらいである。

これは、高級幹部や側近に恐怖を与えることが目的ではなく、一九九〇年年代中盤の大飢饉事態と二〇〇九年のデノミの失敗による「民の怒り」をなだめる側面が大きかった。

だが金正恩の粛清は、これまでの粛清の枠から完全にはみ出た異常なものである。金正恩がいかなる大義名分を持ち出しても、義理の叔父をさらし者にして残虐な方法で殺害した罪や実の叔母を排除した汚名から逃れることは出来ない。彼には生涯を通じて義理の叔父殺し、叔母排除の汚名が付きまとうことになった。父親の金正日すら犯さなかった親族殺しの犯罪に手を染めたということは、それだけ金正恩の能力に欠陥があり、その体制が脆弱であるとの証左である。経済的破綻だけでなく道徳的正当性までも失った金正恩政権の将来は明るくない。

張成沢・金慶喜の庇護から決別し、自分の好みの政治スタイルで独自の政治に足を踏み入れようとしているが、その後の推移を見ていると結局思うようにはいってはいない。保護壁がなくなり張成沢に向かっていた不満を直接受けるようになっている。その結果、張成沢の残党狩りと不満分子狩りを同時に進めなければならなくなり、恐怖政治のスパイラルにはまり込んでいる

張成沢処刑後の一二月一四日、金正恩は平静を装うための初の公式活動として、平壌郊外の軍設計事務所を現地指導した。一五日には自身が力を入れる馬息嶺スキー場の建設現場も訪問した。関連報道ではいずれも金正恩が笑っている様子の写真が配信された。一六日には「八月二五日水産業所」を訪れ、一七日には金正日の二周忌追悼大会がもたれたが、首脳人事にはすぐさま手をつけなかったために大きな変動はなかった。

二、叔母の金慶喜排除で薄れる「白頭の血統」

しかし大きな変化が一つあった。二〇一三年一二月一三日の金国泰《キム・グッテ》葬儀名簿では序列六位で名を連ね政治的立場に異常がなかったと思われた金慶喜だが、金正日二周忌追悼大会では姿も名前もなかった。張成沢の残忍な処刑によって金正恩との間で何らかの溝ができたと思われる。

金慶喜としては張成沢除去までは仕方なく承認したと思われるが、まさかあそこまで残忍な処刑で葬り去るとは考えていなかったのだろう。別居状態にあったとはいえ夫婦としても政治経済的利害でも張成沢との

関係があったからだ。特に兄の金正日が死亡した後、夫に頼る姿があちこちで見られ、夫婦仲も回復していたという。

夫となる人物が万古の逆族となって処刑までされたのでは、表舞台から姿を消さざるを得なかったと思われるが、金慶喜の消息ではいま一つ謎が残る。党中央政治局員であった金国泰の葬儀以降政治舞台から名前が消え、最高人民会議第一三期の代議員にも選ばれなかったことである。病に伏せていても政治的肩書を取り上げないのが北朝鮮の習わしだ。

この点については、何かと不満をぶつけてくる金慶喜を危険に思い、金正恩が葬ったとの情報がある。「葬った」のが肉体的存在をも含めてのことなのかどうかは分からない。しかし政治的には間違いなく抹殺された状態だ。金正恩は張成沢を極悪人として処刑しただけではなく、白頭の血統の嫡流で父の金正日があれほど可愛がった妹で自身の叔母である金慶喜までも排除した。金正日が生きていたならば絶対にあり得ないことである。韓国国家情報院の最近の情報では金慶喜は「平壌市内で持病の治療を受けているが、健康状態に問題はない」とのことだ（朝鮮日報日本語版二〇一五年一〇月二一日）が、そうであれば政治的に抹殺されたのは間違いないことになる。

金慶喜

金正日の死後、金慶喜は張成沢と共に金正恩の後見人として役割を果しながら、主に軽工業部門を担当してきた。この軽工業部門の傘下には、さまざまなサービス企業体が網羅されていた。例えば中国資本との合弁で作られた「光復通り商業センター」や高級鉄板焼きで有名な「ヘダンファ（はまなす）館」などがそれである。

金正恩政権となって以降、平壌市内に姿を現した飲食店などは、軽工業部傘下の「人民奉仕総局」が管理していたのだが、外国資本との合弁が多いために張成沢人脈とも重なっていた。粛清された「人民奉仕総局」の責任者朴明仙《パク・ミョンソン》も金慶喜の指揮下にあったが張成沢人脈でもあった。第一三期最高人民会議で「軽工業省」が廃止されたのもこうした金慶喜と張成沢の利害の繋がりのためであったと推察される。一方党軽工業部は存在を維持しているものの中身は空っぽだという。

金慶喜は金正日の長男である金正男との関係も取りざたされてきた。金正男《キム・ジョンナム》は金正日と成恵琳の間で生まれた。金正男は、金正日による略奪婚の結果生まれた子供であったために、その存在は金日成には知らされず、いわゆる「日陰者」として育てられた。その過程で金慶喜が深く関わったことはいうまでもない。また成恵琳が高ヨンヒとの葛藤の中で精神的疾患を患うようになってからは金正男に対する金慶喜の愛情が深まったとも言われている。

そうしたことから、金慶喜は金正恩が後継者となり金正男が遠ざけられる中でも、金正男に対する資金供給を行なうためにシンガポールなどで金正男と会っていたとの情報もある。こうしたことが今回の張成沢粛清がらみで問題となった可能性は否定できない。

金慶喜の穴を埋めるようにして登場したのが金正恩の妹与正《ヨジョン》だ。朝鮮労働党の党中央副部長として金正恩を支えている。しかし、金正恩も与正も厳密な意味では「白頭の血統」とは言いがたい。それは、金正日の子供ではあるが、正室の子供ではなく、母方の血筋が革命家でないからだ。母方の祖父は日本軍に協力した経歴と密航ビジネスを行なっていた経歴を持つ在日朝鮮人であり、叔母の金ヨンスクはすでに米国に亡命している。

金慶喜の退場は、白頭の血統で政権の正統性を宣伝してきた北朝鮮にとって大きなダメージであるばかりか政権基盤の弱体化にもつながる。

金正恩は、「自分色」を出すために権力のバックボーンである「白頭の血統」まで色褪せさせたばかりか、自身が依って立つ政治的基盤である抗日パルチザンの血脈にまで手をつけはじめている。崔龍海のエレベーター人事と二〇一五年末に入っての「地方への下放」(革命化教育)情報がまさにそれである。

このことと関連してか、二〇一五年一一月二日付労働新聞は、「死んでも革命の信念を捨てるな」との編集局論説で、「信念は一度持ったからといって永遠ではなく、自然に遺伝するものでもない」と言い切った。パルチザン家系といえども容赦しないとのシグナルなのであろうか。

「白頭の血統」とパルチザン伝統が色褪せれば北朝鮮の首領独裁権力の正統性は維持できない。彼はそれを知ってか知らずか、意のままに動く幹部で周辺を固めようとしている。そのために妹金与正まで党副部長として登場させた。いま金正恩が向かっているのは伝統的権力の破壊だと言える。

三節　張成沢の根跡を跡形もなく消せ

金正恩の恐怖政治は、張成沢処刑後それを諫める人もいなくなり拡大の一路をたどった。内部からの情報によると、張成沢派に対する粛清の調査対象者は一二万人にのぼるという。

一、無慈悲に処刑された張成沢の家族とその人脈

張成沢粛清の直後には張成沢の家族はもちろん、姉と夫の全英鎮《チョン・ヨンジン》駐キューバ大使家族、おいの張勇哲《チャン・ヨンチョル》駐マレーシア大使家族も処刑された。それればかりではない。いずれも故人である張成沢の二人の兄(張ソンウ人

民軍次帥、張ソンギル人民軍中将）の息子や娘、孫に至るまで直系親族は全員処刑された。親族らの処刑の時期は確認されていないが、張成沢が処刑された二〇一三年一二月一二日直後と推定される。

金正恩は、粛清の効果をあげるために、二〇一四年二月に思想分野の大会を開き「党の唯一的領導体系確立の一〇大原則」の徹底と熾烈な思想点検を行なった。

朝鮮中央通信は二〇一四年二月一〇日、朝鮮労働党の「第八回思想イルクン（活動家）大会」が二月下旬に平壌で開催されると報じた。二四日に大会がもたれたが、同大会が開かれるのは金正日時代の二〇〇四年二月以来である。

同通信は「全党と社会を金日成・金正日主義化することで党の思想事業に重要な意義を与え、政治思想攻勢により先軍朝鮮の繁栄期を切り開くための闘争に総決起させる目的」で大会を行なうとした。張成沢側近勢力の排除や金正恩唯一体制強化が目的であったことは言うまでもない。

この思想統制強化の中で、文景徳《ムン・ギョンドク》平壌市責任書記をはじめ、盧成実《ロ・ソンシル》女性同盟委員長（二〇〇八年三月に委員長に選出）、リム・ナムス前石炭工業相、朴明仙《パク・ミョンソン》人民奉仕総局長（女性、副総理級）、人民保安部政治局副局長朴サンホン、建設建材大学の学長、二重労力英雄の錦城学院（英才教育を行なって少年宮殿に人材を送るところ）院長などが粛清され、高級鉄板焼きで日本のテレビ局が大々的に宣伝したヘダンファ（はまなす）館の社長は収容所に送られ死亡し、妻の副社長・韓明姫は銃殺された。そのほか、内務軍楽団は解散させられ、モランボン楽団のバイオリニスト一名も新たに粛清された。

また少し遅れて金永日《キム・ヨンイル》党国際部長も姿を消した。金永日は抗日パルチザン時代金日成の伝令兵であった全《チョン》ムンソブの婿である。

二〇一三年四月に石炭工業相への就任が判明していた李永用《リ・ヨンヨン》が、二〇一四年に入ってムン・ミョンハクに交代したことが、一月五日朝鮮中央通信の報道で判明した。地方の炭鉱に関連した行事で、ムン・ミョンハクは石炭工業相の肩書で紹介された。一月二日には金属工業相の交代も判明している。一連の交代について、韓国では張成沢周辺の粛清と関連しているとの見方が出ている（産経新聞二〇一四年一月五日共同）。

北朝鮮の有名俳優四〇人あまりも張成沢の側近に分類され、咸鏡北道清津市《ハムギョンブクド・チョンジンシ》の二五号政治犯収容所に収監されているとラジオ・フリー・アジア（ＲＦＡ）が、複数の北朝鮮消息筋の言葉を引用して二〇一四年二月一二日付で報じた。「複数の消息筋は、朝鮮芸術映画撮影所や平壌曲芸団、万寿台《マンスデ》芸術団所属の俳優らが先月一七日、二台の大型護送車に載せられ、収容所に収監されたという話を聞いた」と伝えた。

彼らの中には、イ・イクスンなど北朝鮮の最高俳優らも含まれているという。イ・イクスンは、北朝鮮の映画史上最高傑作といわれている「民族と運命」シリーズで、韓国の朴正熙《パク・チョンヒ》元大統領を射殺した元中央情報部長の金載圭《キム・ジェギュ》役を演じ、俳優の最高名誉ともいえる人民俳優の称号を受けた。彼は二〇一二年二月、北朝鮮が初めて制定した金正日《キム・ジョンイル》賞を受賞したこともある。彼は、張成沢一味に女優らを紹介したという罪で連れて行かれたという。

その他、党行政部、人民保安部、人民保安部内務軍、検察・裁判所、外貨稼ぎ部門、平壌市と羅先特区など張成沢が掌握していた部門でどれほどの人数が処刑されたかは定かでないが、その数は半端ではないと思われる

また張成沢と関係した軍官の処刑・粛清と降格移動、軍部隊の交代も大々的に行なわれた。

デイリーＮＫの内部消息筋が伝える所によると、張成沢と関連している平安南道メンサンのゲリラ部隊である五七〇軍部隊が全員交代させられ部隊長は処刑され、部隊の軍人たちも処罰されるか転属させられたという。

また、「張成沢処刑以後、平安北道八軍団所属の一線部隊大佐、上佐級部隊長たちの入れ替えが大々的に行なわれている」とし、「張成沢と係わる人物たちだけでなく年配の部隊長たちも交代させられている」と伝えた。そして、第五軍団も部隊長が金正恩に忠誠を誓う若い人物に大挙入れ替えられた」「最近の冬季訓練で連合訓練を実施することができない理由も部隊長たちの大幅交代と関連がある」と説明した（デイリーNK二〇一四年二月四日）。

二、張成沢グループの根絶やし作戦

元北朝鮮外交官で韓国国家安保戦略研究院の玄成日《ヒョン・ソンイル》首席研究委員は二〇一四年一二月一日、金正恩が二〇一四年八月に、「張成沢の残滓を清算する」という「張成沢グループの根絶やし作戦」を組織指導部に命じたと明らかにした。これを受けて組織指導部の番犬である国家安全保衛部などが動員され、二〇一四年一〇月に中央や地方組織の党幹部だけでも約一〇人が殺害されたという。組織指導部でも張成沢の影響を受けていた副部長などが処刑され、宣伝扇動部幹部らを合わると約二〇人が九月に銃殺されるなどしたと明らかにした。また、横領や韓国ドラマを視聴したなどの理由で幹部の処刑が行なわれた。

二〇一五年に入っての北朝鮮内部からの情報でも、張成沢粛清の余波は終わるどころかますます拡大している。そのため国家保衛部は総動員体制で摘発にあたっているという。金正恩は、処刑した幹部の幼い子供まですべて殺すように指示しているらしい。その理由は成人した後自分に反抗する可能性があるからだという。

一方、追跡対象者の逃亡と情報の流出を防ぐために中朝国境の警備が徹底的に強化されている。

アジアプレスは「張氏系列とみなされた人たちの地方追放も続いているようだ。行政職員である取材協力者が調べたところ、張派とみなされた人たち約三〇〇〇人が、平壌などから両江道に追放されてきたという。都市の恵山《ヘサン》や国境近くなどではなく、山間僻地の白岩郡《ペクアム》などに分散配置された」と報道した。

中朝関係者らによると、二〇一三年一二月の張氏処刑以降、首都平壌地域に加え、中朝国境の街、恵山《ヘサン》や茂山《ムサン》、経済特区の羅先《ラソン》に軍査察部隊や秘密警察が派遣され、貿易業者や中国人向けのホテル・カジノ従業員、脱北者の家族らが逮捕・拘束されたほか、計三〇〇〇人以上が山間部に追放されたという。背景に「中国のイヌ狩りを無慈悲に進めよ」という金正恩名の指示があったとされる。「中国のイヌ」とは、金正日時代から秘密警察内で使われてきた中国への内通者を指す隠語だ（産経新聞二〇一四年一月二七日）。

この粛清騒動はこれからも続くだろう。金正恩としては、二〇一六年五月の朝鮮労働党第七回大会までに決着をつけようとしているが、思い通りにいくかどうかは分からない。

三、始まった恐怖政治のスパイラル

金正恩が処刑した張成沢は、金正日の側近中の側近であり、金正日が可愛がっていた妹金慶喜の夫だった。また一方で牽制しながらも他方では「やはり張成沢がいなければだめだ」とその存在を認めていた。そうした人物を父が死んでわずか二年で処刑するのは、民族的伝統から見れば「親不孝」そのものである。

いま北朝鮮では、「父金正日の遺訓を口にしつつも、父親の側近であった張成沢まであのようにいとも簡単に殺すのだからわれわれを殺すぐらいはわけもないだろう」とする話が北朝鮮権力層の中に広がっている。金正恩は自身の絶対化を急ぐあまり、張成沢・金慶喜という保護壁を壊すことで権力維持のバランスを失ってしまった。

金日成と金正日が、統治期間中に気を使ったことは「恐怖」と「包容」のバランスだった。俗に言う「アメとムチのバランス」だ。恐怖があまりにも弱いと、権力を狙う人物が多くなり、恐怖が大きすぎると、側近さえ距離感を感じ民心が離反する。

このバランスを崩した金正恩は、「人民愛」を宣伝しているが、さほど効果を上げられないでいる。この粛清政治にどこで区切りをつけるかが注目されるが、金正恩の能力では恐怖でしか統治できないと思われる。しかし恐怖では幹部たちから真実の報告を受けられない。むしろ保身がはびこり虚偽報告が多発する。そしてそれは新たな粛清を呼び込む。

金正恩の恐怖政治は、彼の過激で性急な性格と猜疑心からきているが、根本的原因は、年齢が若く未熟で権力基盤が弱いことにある。少しでもスキを見せたり、少しでも弱く見られれば権力基盤が崩れるのではないかとの不安にさいなまれているのだ。この不安が疑心暗鬼を呼び、殺さなくてもよい張成沢を殺し、多くの罪のない幹部を殺してしまった。そればかりか唯一の白頭の血統である叔母の金慶喜まで政治的に抹殺してしまった。

北朝鮮ではもう彼の暴走を止められる人はいない。ただ暗礁に乗り上げない幸運を祈るしかなくなった。今北朝鮮の権力層は、先行きの不安と恐怖政治の不安に耐えるのに精いっぱいのエネルギーを費やしている。

こうした状況について韓国の朝鮮日報は二〇一五年七月二日、次のように報じた。

「北朝鮮で金正恩《キム・ジョンウン》第一書記による恐怖政治が続いている影響で、身の危険を感じた朝鮮労働党、北朝鮮政府、朝鮮人民軍などの幹部らによる脱北や亡命が相次いでいることが一日までに分かった。北朝鮮の内部事情に詳しい消息筋は一日「北朝鮮から中国や東南アジアなど海外に派遣されていた幹部や、外貨稼ぎの担当者など十数人が先日亡命した」と伝えた。その中の一部はすでに韓国国内におり、また一部は第三国に身を隠しているという。

まず金正恩氏の裏金管理を担当する朝鮮労働党第三九号室の中堅幹部が、今年一月に香港に派遣された際、家族と共に亡命を申請し、すでに韓国に入国していることが分かった。この人物は「金正恩氏が権力を掌握してからこの方、対空機関銃など重火器を使った処刑が相次ぎ、その残忍さに耐えられなくなって恐怖を感じていた」「北朝鮮にいる幹部たちは監視が厳しいため脱出は難しいが、海外にいれば亡命が可能だ」と証言しているという。

また別の複数の消息筋によると、朝鮮人民軍のある高級将校も先日北朝鮮を脱出し、第三国で身を隠しているという。この高級将校は二〇〇〇年と〇七年の南北首脳会談にも関係するなど、北朝鮮では非常に高い地位にある人物のようだ。別のある消息筋は「この将校が北朝鮮を脱出した事実はすでに米国も把握しているらしい」とも伝えた。

昨年はロシア極東地域で金正恩氏の海外の裏金管理を担当していた朝鮮大聖銀行の幹部が、数百万ドル（数億円）の大金を持って第三国に亡命したという。さらにこれとは別に、韓国の情報機関である国家情報院に相当する北朝鮮・国家安全保衛部の幹部も昨年北朝鮮を脱出し、すでに韓国国内にいることが分かった。国家情報院は今年二月、金正恩氏が「みんな逃げ出し、ついに保衛部まで逃げ出した」と語っていた事実を国会に報告している」（朝鮮日報日本語版二〇一五年七月二日）

韓国放送局ＭＢＣ（文化放送）も二〇一五年七月二日、「北朝鮮慈江道《チャガンド》の江界《カンゲ》微生物研究所所属の研究員Ｌ（四七）が先月六日にフィンランドへ亡命したと韓国の北朝鮮人権団体が明らかにした」と報じた（中央日報日本語版二〇一五年七月三日)。

このように金正恩体制は張成沢の粛清で屋台骨が揺らぎ、その後の「気まぐれ粛清」で権力中枢の動揺を誘っている。

四節　暗殺を恐れる金正恩

金正恩体制の四年間で「アメとムチ」のムチ一辺倒になることによって警護は金正日時代に比べても数段と強化された。金正恩は、「開かれた指導者」「親しみのある指導者」の演出と「暗殺からの警護」を両立させるために金正日時代をしのぐ警護体制を敷かざるをえなくなった。

警護部隊を悩ませているのは、警護が空にも及ぶことになったことだ。新しさと「自分流」の演出に余念がない金正恩は、金正恩専用機をロシアから購入し、狭い北朝鮮の空を飛びまわり、それを内外に誇示している。乗用車で移動しても一～二時間しかかからない距離を「空からの視察」を名目に、はしゃいで飛行しているのだ。飛行準備時間を考えると乗用車での移動の方が早いと思われるのだが。

金正日時代は飛行機を使わなかったので警護は二次元(平面)が基本であった。しかし金正恩時代になって警護が三次元(立体)となったために、警護範囲が数倍に増え警護費用も跳ね上がった。飛行機での移動が伝えられると、対空部隊は二四時間前から戦闘態勢に入らなければならない。また飛行ルートとなる地域でもこれまで通りの警備をしなければならない。

それればかりではない「人民愛」を標榜する金正恩は、視察地などで事前に決められていない「住民」との接触を行ない「サプライズ」を演出しようとする。そうしたことで突然住民が押し寄せてくることもあった。

金正恩専用機で軍視察（労働新聞 2015 年 3 月 9 日）

警護陣はたまったものではない、それで何かの事故でもあれば即「銃殺」が待ち構えているからだ。

張成沢処刑後、金正恩の身辺警備は一段と強化された。北朝鮮を往来する在日関係者の話によると、金正恩周辺の警備は以前に比べ三倍ほど強化されたという。平壌ではホテルは勿論あらゆる施設に盗聴・盗撮装置が設置され、街中も人々が集まるポイントには盗聴・盗撮装置が張りめぐらされているという。特に携帯電話に対する統制は強化され、盗聴可能な機種との変更が義務付けられている。

二〇一五年北朝鮮の建国記念日に北に行き、現地の親族と会った在日朝鮮人が親族に携帯電話を使わせてくれと言っても絶対に使わせてくれなかったという。当局に盗聴されていることが分かっているためだ。携帯電話を貸した相手が日本の感覚で電話してそれが口実となり拘束されることを恐れたのだろう。

軍事パレードなどに参加するために招待された人たちに対する検閲も厳しくなった。外国から招待された人などは不満を爆発させている。移動する前のホテルでのチェック、集合場所でのチェック、バスに乗る時のチェック、バスを降りて会場に向かう時のチェック、会場に入る前のチェック、チェックのオンパレードだからだ。朝鮮労働党七〇周年の時などは、このたび重なるチェックで時間を取られパレードが始まっても入場できない人たちが多数いたという。

また情報の外部流出には異常なほど神経を尖らせており、脱北者には容赦のない処罰が課せられている。場合によっては射殺してもかまわないと指示されているという。そうしたこともありこのところ韓国に脱北する人たちが急減している。韓国統一部によると、二〇一五年は脱北者一二七七人が韓国に入国した。月平均一〇六人程度が第三国などを経て韓国に入ったという。北朝鮮で金正恩体制が本格的に始動する前の二〇一一年（二七〇六人）に比べ五二・八％減少した。

一、金正恩の官邸などに装甲車一〇〇台配備

北朝鮮当局は二〇一二年に金正恩が権力を継承した後、金正恩の官邸や別荘をはじめとする専用施設三〇カ所の警備を強化したらしい。装甲車一〇〇台を配備し、特別列車専用駅（一号駅）周辺の警護兵力を大幅に増強していたことが明らかになった。北朝鮮の内部事情に詳しい消息筋は「北朝鮮内部で突発的な事態が発生する可能性に対し、金第一書記の不安は相当大きい」と語った。それは映像で露出度を高め、開放的で親しみのある姿を演出するために金正日時代より身辺リスクが増大したことと関係している。

この消息筋によると、金第一書記は最近「私の警護を保障する事業に最大の注意を払え」と「一号行事（金第一書記参加行事）秘密厳守の指示」を出した。これを受け、一号行事会場周辺には自動小銃や手りゅう弾で重武装した警護兵力と共に、重火器が入った黒く長いかばんを持つ私服護衛要員が配置されている。しかしこうした姿は北朝鮮の映像には一切出てこない。

一号行事会場周辺では人や車の通行を制限し、通行人たちの時計やたばこも押収する。携帯電話はもちろん使用できない。実際、二〇一二年七月二六日に金正恩が戦勝節（朝鮮戦争休戦協定締結日）五九周年記念の牡丹峰楽団公演を観覧した際、午後一時から六時まで、平壌市内の全ての携帯電話が不通になった。

また、朝鮮人民軍保衛司令部はこのほど、傘下の保衛大学（四年制）に三〜六ヶ月間の速成監視要員養成課程を新設した。外交消息筋は「金第一書記の軍部掌握に対する反発が大きく、監視人員の拡充が急務になったため」としている。

中国公安（警察）が使っているヘルメットや防弾チョッキ、道路遮断幕、催涙弾といったデモ鎮圧用装備も緊急導入するなど、住民の集団行動を念頭に置いた措置も続いているとのことだ（朝鮮日報日本語版二〇一二年一二月六日）。

二、金正恩が「直属親衛隊」を設置

金正恩が、反乱分子を監視する金正恩直属の「親衛隊」を新たに設置する指示を出したとの情報がある。咸鏡北道《ハムギョンブクト》のデイリーNK内部情報筋によると、「親衛隊」は軍隊内の防諜組織である「保衛司令部」の傘下となっているが、内実は「金正恩直属部隊」であり、二〇一四年年末から組織化が始まり二〇一五年二月に完了したという。

設置された親衛隊の任務は、金正恩とその一家を警護する「護衛司令部」と似ている。護衛司令部は、人民武力部（軍隊）、国家安全保衛部（秘密警察）、人民保安部（警察）などが起こした反乱を制圧できる秘密任務を持っている。つまり、「護衛司令部」と「保衛司令部」の役割を統合させた組織のようだ。

新しい親衛隊設置の狙いは高位級幹部への「恐怖政治」が狙いだと韓国情報筋は指摘している。「張成沢氏の処刑後、北朝鮮の高級幹部に対する監視や反乱謀議への調査を強化し、いつでも処罰されうるという恐怖心を植え付けようとしている」（内部情報筋）。

また、情報筋は、護衛司令部の役割と似ている「親衛隊」が、保衛司令部の傘下に置かれた背景には、情報政治と独裁を統合させる意図があり、その裏には金正恩の「反乱分子への不安」があるという。「すでに反乱分子への監視は、国家安全保衛部、保衛司令部、総政治局が、二重三重で行なっている。それに加えて新しい親衛隊を設置したことは、金正恩氏が忠誠分子に対してすら不信感を持っている証拠ともいえる（内部情報筋）」（デイリーNK二〇一五年〇四月二二日）。

三、金正恩暗殺未遂報道と内部かく乱情報

北朝鮮の金正恩第一書記に暗殺者の影が迫っていたとの暗殺未遂情報も出始めている。これまで表面化した代表的事例は内部からの情報と併せ四例だ。

①第一の暗殺未遂事件

第一の事件は韓国紙「東亜日報」（二〇一四年一一月四日）が報道した。発生は二〇一二年一一月三日だった。報道によると、金正恩の現地視察当日の朝、平壌市内の野外スケート場など三カ所の建設現場周辺で、外国製機関銃が隠されているのが発見さたという。

金正恩の日程は北朝鮮の最高機密だ。特に監視の厳しい平壌に機関銃が持ち込まれていたことから、「事件の背後には大物がいる」と判断され、一番有力な容疑者として叔父の張成沢が注目された。結局、実行犯は捕まらなかった。

東亜日報報道の約一ヶ月後、脱北者組織である「NK知識人連帯」は内部情報としてこの「続報」を報じた。それによると、この暗殺未遂事件で金正恩氏の厳重であるはずの警備の失態が大問題となったのだ。その結果、金正恩書記室の行事担当部員一人と党組織指導部副部長の計二人が死刑に処されたという。さらに書記室、護衛総局行事課、組織指導部行事課の交代人事があったという。

②第二の暗殺未遂事件

第二の事件は、二〇一三年五月、平壌の女性交通警察官が英雄称号を受けた事件だ。いろいろ噂が流れたが、金正恩の車に大型車が突っ込もうとした事件をこの女性警察官が防いだというものだ。

このとき北朝鮮の公式メディアは女性交通警察官（二三）について「革命の首脳部（金正恩）を決死の覚悟で守った英雄」と称賛し、北朝鮮で最高の栄誉とされる「共和国英雄」称号を授与されているが、これが暗殺未遂だったというのだ。

そのほか二〇一四年夏、金正恩と一族の警護を担当している護衛総局の車が銃撃を受けて一人が死亡する事件があったとの情報もある。これは米自由アジア放送（RFA）が伝えている。

③二〇一三年七月の釘板事件

二〇一三年七月の停戦協定六〇周年記念行事準備過程で、金日成・金正日の張りぼて像を運搬する車両のタイヤの前に釘を打ちつけむき出しにした板が置いてあった事件だ。これはどこにも報道されていない内部からの情報である。すんでのところで銅像が倒れ破壊されるところであった。この事件も犯人を突き止められないでいる。金格植の総参謀長時代だったので、彼は責任を問われ、その直後の八月に総参謀長を解任された。就任からわずか三ヶ月での解任であった。

④金正恩の視察控えた飛行場で爆発物発見か

米自由アジア放送（RFA）は二〇一五年一二月四日、北朝鮮内部消息筋の話として「一〇月初めに金正恩第一書記が訪問しようとしていた元山《ウォンサン》の葛麻《カルマ》飛行場で爆発物が見つかり、現地指導が電撃キャンセルされた」と報道した。

二〇一五年、金正恩暗殺未遂事件は、これ以外にもあったと思われるが、われわれの耳に届いているのはごくわずかだ。護衛部隊以外に事件に接するのが難しいからだ。

恐怖政治は、結局ブーメランのようにそれを行なう統治者への報復として戻ってくる。そしてまた恐怖政治の強化へと繋がり政権は崩壊へと進む。これがこれまでの歴史が示した帰結である。

第4章
金正恩首領独裁を支える組織指導部

金正恩が張成沢を粛清・処刑出来たのも、多くの幹部を恐怖に陥れて従わせているのも、朝鮮労働党組織指導部の強力な権力が背景にある。組織指導部は金正日時代に再編強化され北朝鮮権力の中心となったが、金正恩時代になって前面に姿を見せ始めた。後見人体制を破壊したいま、金正恩体制はこの組織指導部が支えているといっても過言ではない。

一節　金正日が残した最大の遺産――組織指導部

金正恩が父金正日から受け継いだ首領独裁維持のための二大遺産は、対外的には「核とミサイル」、対内的には中央党「組織指導部」といえる。この組織指導部権力こそ、金正日が築いた首領独裁システムの中核であり既得権守旧勢力の牙城である。金正恩の指示の下で、国家保衛部と軍を動かして後見人体制を破壊したのも組織指導部であった。

一、金正日によって改編強化された組織指導部

今日の組織指導部は金日成時代の組織指導部を単純に継承したものではない。それは金日成から権力をもぎ取っていった金正日の作品である。金正日は一人独裁体制（首領独裁）を一層強固にするために金日成から受け継いだ組織指導部を大々的に改編強化し、党の中の党、権力の奥の院に作り上げた。この遺産があったからこそ金正恩は張成沢を粛清し、軍の人事を思うがまま取り仕切りその体制を維持してきた。

金正日の後継者内定を控えた一九七二年一二月の最高人民会議第五期会議では、主席制を核心とする憲法改訂と国家機構改編が断行された。

それ以前の北朝鮮の権力構造は、旧ソ連体制を真似て、党総書記（総書記制は一九六六年の党代表者会以降）が内閣首相を兼任し、最高人民会議議長が名目上の国家元首となるシステムであった。主席制の新設で金日成は党と国家の名実共の最高位を占めるようになる。

国家機構の改編とともに、党においても、政策的指導機能だけを持っていた中央党書記局に、幹部問題、人事問題と対内問題などを決める権限が付与されるなど一連の改編作業も行なわれた。このような措置は、金日成が主席として国政に専念できるようにし、金正日が組職・宣伝書記として党を完全掌握するための布石だった。

一九七四年、金正日は後継者に内定されると直ちに党組職体系と党生活指導、幹部事業、検閲事業、宣伝扇動事業など党の全般的な事業体系と党機構の改編と整備に取りかかった。それまでの北朝鮮では労動党の指導的役割は、党生活指導と党政策指導であった。党生活指導は組織生活指導と思想生活指導に細分化されていたが、組織指導部は前者を、宣伝扇動部は後者を担当し、その他の部署は各部門に対する政策指導を担当していた。

金正日は、組織指導部と宣伝扇動部の関係を医師と薬剤師の関係に例えながら（これは金日成がいつも言っていたこと）、組職指導部が党の欠陥と原因を分析判断し、これに基づいて宣伝扇動部がそれを是正するための思想教育をしなければならないと指摘した。

後継者としての金正日の職位が、党組織及び宣伝扇動書記というのは、党の核心機能である党生活指導権をすべて掌握するということを意味する。金正日の直轄部署となった組職指導部と宣伝扇動部は、以後金正日後継体制下で北朝鮮の核心権力機構に急成長することになる。

二、組織指導部と宣伝扇動部で核心権力形成

金正日は、それまで別々の書記が担当していた組織指導部と宣伝扇動部を一人で担当することによって、この二つの部署を党の核心部署に作りあげた。

金正日はまず、組織指導部の基本機能である党員と勤労者の組職生活に対する指導を強化するために、組職指導部の党生活指導課を拡大改編してその役割を高めた。そして党生活指導課は、中央党生活指導課、人民武力部門党生活指導課、司法検察部門党生活指導課、在外機関党生活指導課などに細分化され権限も強化された。

党生活指導課は、月単位で行なわれていた「生活総括制度」を「日及び週生活総括制度」に切り替え、党員と勤労者に対する組織的統制を強化して、幹部と党員たちが、公私の生活で提起されるすべての問題を党組織に基づいて処理する強い規律を確立した。

また金正日は、組織指導部内に検閲課を新設して、社会各分野での唯一思想体系と唯一指導体制確立状況を検閲できる全権を付与した。

これ以降、検閲課も検閲分野ごとに○○検閲課、○○検閲課など、いくつかの課に細分化された。当時の中央党には、すでに検閲委員会という専門部署があったが、金正日は組織指導部の権限を強化するために、検閲委員会は党内部の思想点検や反党行為、無規律行為などを調査処理するようにし、組織指導部の検閲課は、党機関を除いた国家機関と社会のあらゆる分野を対象として検閲するようにした。だが金正日の党権掌握強化過程で、組織指導部検閲課の権限は党内にまで拡大し、検閲委員会の機能は、組織指導部検閲課が調査した問題を形式的に追認する形式的部署となった。

金正日はまた、組織指導部に新たに通報課を設置して、すべての部門と単位での唯一指導体系に係わる諸問題をすべて自分に報告させ処理する体制を樹立した。通報課の新設で金正日は、二重の報告ラインを確保することになる。すなわち、一方では組織指導部の党生活指導課を通じて党員と住民たちの日常活動を定期的に報告させ、他方では通報課の直接報告体系を通じて住民たちの中の特異事項を直ちに報告する仕組みを作りあげたのである。これら党内の報告ライン以外にも国家保衛部と三大革命小組など幾多のラインを通じて金正日は社会全般のすべての動向を掌握した。

三、組織指導部強化の中心は人事権

金正日の党権掌握以前まで、幹部事業すなわち人事問題は、全面的に幹部部の所管だった。それだけでなく、党内各部署と政府の多くの機関は、幹部部の指導下で自部門の人事に対する裁量権も保有していた。また金正日が後継者となる以前までは、他の社会主義国家と同じく、人事権者の専横と独断を阻むための制度、すなわち党、政治局と書記局の人事合意制度が存在した。幹部部の提出した人事問題は、書記局の合意を経て政治局の最終合意をもって決定されていたのである。

金正日は、自身の権力確立のために人事権をすべて自身が掌握できるシステムへと改編した。金正日はまず、各部署が持っていた人事裁量権を組織指導部と幹部部に集中させて書記局がこれを統括指導するようにした。このために組織指導部に幹部課を新設して幹部部が担当していた人事の中で、党書記局の合意を必要とする党幹部と国家及び政府機関の局長級以上の幹部に対する人事業務を組織指導部幹部課に移管させた。

そして幹部部には、中・下位職行政幹部と公務員たちの人事、大学卒業生たちの社会配置人事だけ担当するようにして、高位層の人事は組織指導部幹部課が、中・下位の人事は幹部部が分担する二元化体系を作り上げた。それと共にこの二つの部署が作成した人事案の中で、書記局の合意が必要な人事は自分（金正日）に提出させ裁可を受けさせるようにした。これは書記局の人事合意機能を金正日個人の決裁システムに転換させたということだ。

こうして金正日は、一九七八年頃から党政治局候補委員と党書記・部長に対する独自推薦権を行使するようになった。政治局委員など最高位級の人事推薦に対してだけは金日成と相談するなどしたが、その他の大部分の人事権は完全に掌握した。これは金正日の唯一指導に合致するように人事・権力構造を改編したことを意味する。

人事制度の改編とともに金正日は、幹部選抜と任命、昇進、解任などに対する基準と合意及び批准手続き、幹部養成体系などに関する指針と規定、これらを盛った幹部事業指導書を作成して全党に下達し、幹部の人事裁量権を厳格に制限した。これは金正日以外の何人《なんぴと》も人事権を行使できないようにしたということである。

このように金正日は中央と高位層の人事問題は徹底的に自分に集中させて処理するようにしたが、地方と下部党組織の人事権はワンランク上の党機関に委譲させ、党委員会と書記局の集団的合意を必ず経るように制度化した。これは自分の管轄範囲ではない地方と下部の人事問題については、個別的幹部たちが独断的に処理できないようにしようとした策であった。

こうして金正日は、組織指導部を党員と住民に対する思想教養と偶像化宣伝、党政策の浸透と経済煽動、各種政治行事を担当する核心部署に作りあげた。この過程で組織指導部と宣伝扇動部の連携が強まり両部署は権力核心部署に急成長したが、一方で重工業部門と軽工業部門、貿易、財政部門のような経済政策的指導部署は、むしろ機能が縮小もしくは統廃合されたのである。

二節　組織指導部の絶大な権力

組織指導部は、金日成の死後一九九〇年代後半から二〇〇〇年代初頭にかけて一層強化された。金正日時代を通じて、組織指導部は四〜五名の第一副部長と一〇余名の副部長、二五〇〇余名の職員からなる巨大組織となった。

金正日は組織指導部を総括する部長職を兼任する一方、各分野に担当第一副部長を据えて北朝鮮の権力を掌握した。第一副部長たちは本部党担当、党生活指導担当、検閲担当、人事担当、などと分かれていたが、一九九〇年代に軍事担当と行政（司法、検察）担当が追加された。このうち本部党担当の第一副部長が最も強い権力を持つ。中央の書記たちを管理する本部党（責任書記は党生活担当第一副部長が兼任）が中心となり党・軍・政府を掌握している。

一、権力の中の権力「本部党」

「本部党」とは中央党本部内で働く幹部党員の党生活を監視・統制する組織である。正確には「本部党委員会」と言われているが、その中には、幹部の組織生活を指導する課、思想生活を指導する課、秘密情報を取り扱う課などがあり、幹部たちは生活のあらゆる場面をさまざまな角度から監視・統制される。中央党は北朝鮮全域の党生活を指導し、本部党は中央党内の幹部の党生活を指導するのである。

もちろんここには、金正日や金正恩のような「首領」は含まれない。北朝鮮の「首領論」では、人民大衆と一体となっているのが首領であるとされているからである。従って首領は「個別幹部」ではないから組織・思想生活の統制から除外されるというのがその理屈である。

本部党の責任書記は金正日からの信任が最も厚い人物が務めることになり、他のいかなる部署の追随も許さない。張成沢はこの本部党から絶えずけん制されていた。二〇〇〇年初期から二〇一〇年六月までは李済剛《リ・ジェガン》（二〇一〇年六月交通事故で死亡）が本部党を担当し、高ヨンヒとも連携していた。

本部党担当者を含めて金正日時代に第一副部長に起用された人物としては、キム・チグ、リ・グァンピル、李済剛《リ・ジェガン》、李容徹《リ・ヨンチョル》、リ・チャンソン、文成戍《ムン・ソンスル》、徐允錫《ソ・ユンソク》、ヨム・キスン、ユン・スングァン、張成沢《チャン・ソンテク》、ヒョン・チョルグ、朴正順（二〇一一年一月病死）、金京玉《キム・ギョンオク》たちがいる。

このうちリ・グァンピル、ヨム・キスン、ヒョン・チョルグたちは、一九六〇年代から組織指導部で働き、金正日と親交を深め、金正日の唯一指導体系確立での一等功臣と言われる人たちだ。

キム・チグ、徐允錫《ソ・ユンソク》は金正日の後継者決定以後一九七〇年代中盤以降に起用された人物だが、徐允錫《ソ・ユンソク》は平安南道責任書記を最後に粛清された。粛清の先頭に立ったために政敵を作りすぎたからだ。キム・チグもまた「粛清の鬼才」と言われ多くの政敵を作ったが一九八〇年代の中頃飲酒運転で死去した。ユン・スングァンもまた一九九〇年代初に官僚主義などの罪名で解任された。

本部党の責任書記を兼任した第一副部長としては、リ・グァンピル、リ・チャンソン、文成戍《ムン・ソンスル》、李済剛たちを挙げることができる。このうち文成戍《ムン・ソンスル》は政敵を多く作ったことで朝鮮戦争当時の経歴が暴かれ、一九九七年の「深化組事件」の過程で処刑されたと言われている（玄成日著（注1）『北朝鮮の国家戦略とパワーエリート』より）。

二、組織指導部の五つの権限

組織指導部は北朝鮮の党と軍と政府を統制する巨大な権限を持っているが、その権限は大きく分けて五つある。

一番目は人事権だ。組織指導部幹部課は中央機関の局長級以上の幹部人事を担当し、軍総政治局長も事実上党組織指導部の検証と同意なしには任命できない。

幹部課は▽一、二課（中央）▽三課（地方）▽四課（軍）▽五課（護衛司令部）▽六課（国家安全保衛部）▽七課（人民保安部）▽八課（司法府）▽九課（内閣）▽一一課（対南工作部署）などに分かれ、核心的権力の全ての人事を取り仕切っている。

二番目は生活指導権限だ。北朝鮮では全党員、勤労者が生活総括（自己・相互批判）を毎週行なうが、それを統括する生活指導課も党組織指導部の中にある。軍担当の生活指導課（一三課）の力は絶大で、そこでは軍総参謀長も批判できる権限をもつ。

三番目は解任、粛清の検閲権だ。中央と地方、さらに各分野で担当を分け、恐怖政治を実行している。特に検閲四課は高級幹部だけを専門的に管理・監視する〝目付〟である。

四番目は、政策を承認する権限だ。提議書を批准するという権限は「金正日唯一指導体制」そのものを意味していた。

最後の五番目は、最高指導者警護の権限だ。首領の私生活に必要な物資の調達から公私の警護に至るまで全て独占している。

三、組織指導部と軍の主従関係について
（元人民軍大佐崔ジュファル氏に対する元統一戦線部要員張真晟《チャン・ジンソン》のインタビューから）

北朝鮮では全く分からなかった権力序列を韓国に来てはじめて知った（皮肉をこめて）。北朝鮮にはナンバー2も、ナンバー3もいない。存在することができない。あえてナンバー2と呼ぶなら最高人民会議常任委員長である金永南ということになるだろう。その次は内閣総理である。

北朝鮮外では、しきりに北朝鮮権力序列を問題にするが北朝鮮の幹部たちや住民は、そのような認識自体がない。なぜならば外部でいうナンバー2、ナンバー3に誰を座らすかということだが、それは組織指導部が行なっているからだ。組織指導部を離れては現在の金正恩体制も存在することができない。組織指導部が中央機関局長級以上の人事とともに党生活指導との名目で北朝鮮のすべての党員たちを監視管理するからだ。

将軍たちを掌握する組織指導部の講習について

金正日の指示によって、一九九一年から北朝鮮軍すべての将軍たちを対象とする党講習システムが作られた。その党講習を組織する部署が組織指導部一三課だ。党講習所に登録された軍の将軍たちは半月の間、自分の職務の引き継ぎをしておいて、中央党組織指導部庁舎内に入って合宿しながら思想学習、思想検討を受けるが、人事までそこで行なわれることもある。

それで党の講習を行なう時には、一番後に組織指導部軍担当一三課の軍担当副部長と幹部担当副部長が一緒に参加する。将軍たちにとっては、この二人が世の中で一番恐ろしい顔である。なぜならば講習期間に作られた報告書が、党講習が終わり次第金正日に直接報告されるからだ。

一年に一回ずつ講習が行なわれるが、北朝鮮は将領（将軍と佐官級）が多いので一回当り二〇人ずつ行なう。このシステムを定着させるため、一九九一年に総政治局組織部の中に党講習部署が新設された。平壌市サドン区域ソンシン洞に党講習所がある。参加対象は連隊長、政治委員、総参謀部副部長以上の幹部たちだ。連隊長の中でも、党組織指導部人事除外対象である後方部隊連隊長は除かれ戦闘部隊連隊長以上が参加する。

党講習所では四人一組となって部屋を決め共同合宿するようになっている。食事供給は最高だ。まず総政治局組織部指導員がきて、評価書と人事書類を持ってそれをめくりながら何が間違ったのか反省しなさいと言う。総政治局組織部の上には組職指導部があるから恐い存在だ。党講習は一回に二〇人で構成されるのだが、講習が終わる頃にその二〇人の中で一番罪が多い人を対象にして思想闘争会議を行なう。その時には党組織指導部軍人事担当「幹部四課」が会議の主席団に座る。

このようにして総政治局、総参謀部幹部たちはもちろん軍団長、師団長、前線軍団連隊長たちが順番に党の講習を受ける。

組職指導部が軍を掌握する仕組み

一九九二年一二月のことだ。金正日が最高司令官に推戴された後、彼は将軍たちの前で「総政治局は組織指導部が人民武力部に派遣する組織指導部の一つの課だ」と言った。

実際にその時から総政治局副局長以上の幹部たちと総参謀部局長級以上幹部たちには、金正日の指示で党組織指導部身分証が与えられた。組織指導部身分証というのは金正日の信任を示す特権なので万能身分証だという。

組織指導部党生活指導課一三課事務室が総政治局長事務室の隣にある。そこでは毎日一三課指導員二人ずつが常駐しながら報告書を総合して、当時は金京玉副部長を通じて金正日に報告されていた。

印象深いことが一九九三年にあった。平壌駐在のイラン回教革命親衛隊代表がイラン軍隊節に玉流館で宴会を主催し軍の幹部たちが参加した。主賓に人民武力部副部長だった大将の金ゴンジン、空軍及び防空司令官・趙明録総政治局宣伝担当副局長、朴在京、その外将軍たちまで合わせ総勢七人が参加した。回教（＝イスラム教）だからその宴会ではお酒を飲まなかった。

ところがイラン代表が演説しながら「朝鮮革命の最高指導者である金日成、金正日同志の長寿と御健康を祈りますと述べ、続けて今日宴会に主賓で参加された金ゴンジン、趙明録、朴在京同志の健康を祈ります」と挨拶を行なった。代表が演説するのに途中で拍手する訳にも行かず、最後の人々の名前がすべて読み上げられた後、健康を祈るとした時に拍手をしたのだが、これが問題になったのだ。

その席に参加した総政治局所属人民武力部護衛司令部課長が、金日成、金正日の長寿と健康を祈る時には拍手をせず、金ゴンジン、趙明録、朴在京の健康を祈るとした後で拍手をしたと、自分のラインを通じて金正日に直接報告したのである。

金正日は激怒した。そして今すぐ組織指導部が検閲しろとの命令が下った。一三課が一週間の間、対外事業局にきて調査を行なった。その結果を持って思想闘争会議を行なった。

金京玉第一副部長に会った印象

人民武力部二号庁舎に会議室があるのだが、参席者たちはもちろん対外事業局、外交中堅幹部たちもすべて参加した。

主席団に崔光（当時の人民武力部長）が座って、会議の司会は金元弘（現国家安全保衛部部長）が行なった。その頃金元弘は将領級大佐だった。将領級大佐とは機構上の地位では大佐だが組織パワーは一等級高い少将という意味で北朝鮮軍部にだけある優待称号である。金元弘は総政治局組織部副部長だったが、軍内の護衛司令部、裁判部、検察局司法担当副部長でもあった。そして金京玉が座った。私（崔ジュファル）が金京玉副部長に会ったとき、彼は組織指導部軍事担当副部長をしていた。

宴会参席者たちである金ゴンジン、趙明録、朴在京が演壇に出てきて泣きながら自己批判を行なった。金京玉は黙ったまま座っていた。多分彼も宴会雰囲気を充分に理解していて、ただ金正日の指示があったからと形式的に思想闘争会議を主導する風であった。

金ゴンジン、趙明録、朴在京の部下たちが立ち上がって声を荒だてて批判した。金正日の指示で進められる思想闘争なので、雰囲気が最高で厳粛でなければならず、あらかじめ準備して批判したのではなかったかと思われる。

金京玉は終わりまで何も言わなかった。代わりに李容哲《リ・ヨンチォル》が警告を込めた形で会議を締めた。その会議雰囲気や自己批判、相互批判のいきさつを総合して金慶玉が金正日に報告した。多分その宴会がイランではない国内機関主催の宴会だったなら、参席者全員の首が飛んでいたはずだ。

総政治局と人民軍党委員会との関係

人民軍党委員会と言うのは、一言でいって北朝鮮の軍人党員たちの党委員会と言う意味だ。軍の最高権力者がその任を引き受ける。金正日の死亡以後は、総参謀長の李英鎬が人民軍党責任書記を兼職した。あの時は趙明録死亡で総政治局局長が空席だったからだ。

人民軍党責任書記に誰がつくかによって軍の権力地位が決まる。総政治局の任務は人民軍党委員会で討議決定されたことを行政的に円滑に進めることだ。朝鮮労動党組織指導部は人民軍党委員会を統制し指導する。だから金正日が総政治局は人民軍の中にある党組織指導部所属の一つの課のようなものだと言ったのだ。それゆえ北朝鮮軍の将軍たちが一番怖がる検閲が組織指導部の検閲だ。師団以下の部隊の検閲は中央党機関が行なう。師団以上の軍団、それ以上は組織指導部が検閲する。その時は総政治局、総参謀部などいかなる幹部でも即座に解任することができる。そうした会議には党中央委員会軍事部も同席する。

党中央委員会軍事部は常時軍を監視管理する部署だ。党組織指導部の検閲は思想検閲だけではなく軍行政検閲も含まれているので軍事部が同行するのだ。

組織指導部と国家安全保衛部の関係

拉致問題再調査のための「日朝ストックホルム合意」が二〇一四年五月二九日に日朝で同時発表された。その合意に基づき、北朝鮮側が特別の権限を付与された特別調査委員会を立ち上げた時点で、日本側は北朝鮮当局者の入国禁止など人的往来の規制、一〇万円超の現金持ち出しの届け出義務、人道目的の北朝鮮籍船の入港禁止といった制裁措置を解除することや、人道的見地から適切な時期に北朝鮮に対する人道支援の実施を検討することなどを受け入れた。

この時に特別調査委員会を主管する北朝鮮の機関として「国家安全保衛部」という名前が日本の茶の間でも知られるようになった。多くの北朝鮮専門家は、絶大な権限を持つ「国家安全保衛部」が前面に出てきたのだから北朝鮮の拉致問題解決姿勢は本物だと大騒ぎした。この背景には、二〇〇二年九月の日朝首脳会談実現の根回しをした当時の外務省アジア大洋州局長であった田中均氏のカウンターパートナーが国家保衛部副部長の柳敬《リュ・ギョン》であったとされたことがある。

しかし、それが事実であったとしても個別的ラインでの動きであって、国家保衛部が機関として日朝首脳会談をお膳立てしたものではない。北朝鮮における国家保衛部の位置づけがよく理解できていなかったために過大評価する誤解が生まれたのである。

元統一戦線部要員で脱北者の張真晟《チャン・ジンソン》氏は、この点について次のように述べている。


「北朝鮮の特別調査委員会の構成を見て、私は目を疑った。日本人拉致事件の主犯は対南（対韓国）工作部署なのに、国内政治監察組織の国家安全保衛部副部長が委員長として登場したからだ。

きちんとした調査委にするなら、保衛部も一般人を監視する人民保安部も最初から外すべきなのだ。なぜなら、拉致を行ない、今でも被害者を直接管理している朝鮮労働党対南工作部署は、保衛部や人民保安部の管轄領域の外にある特殊機関だからだ。

閉鎖社会である北朝鮮では、労働党の課長以上の幹部と対南工作部署の要員を別途、蒼光保衛部と蒼光保安部が監視、管理している。『蒼光』とは中央党庁舎と幹部社宅が密集する平壌市内の通りの名前で、蒼光保衛部と蒼光保安部は、労働党の最高権力を握る組織指導部の直属である」（産経新聞二〇一四年七月五日）

張真晟氏が指摘したとおり、国家安全保衛部は国内政治監察組織で表の人民保安部と表裏の関係にある。もちろん、人民保安部と異なりその監察は秘密裏に行なわれている。また政治犯を収容する管理所の管理業務も行なっている。捜査権限は高位幹部にも及ぶが、その場合は上級幹部観察組織が動くことになる。朝鮮

金元弘

労働党の中央党幹部を組織指導部の「本部党」が掌握するのと同じ論理である。

しかし、拉致を実行した対南工作部門（韓国情報機関によると、北朝鮮でテロや拉致を担当する特殊機関としては五機関の存在があるという。朝鮮労働党傘下の「作戦部」「対外連絡部」「三五号室」「統一戦線部」の四機関と人民武力部に所属する「偵察局」だ。しかし二〇〇九年に「作戦部」「三五号室」「偵察局」は統合され偵察総局となった）やその他の特殊機関に対する監察権限はない。軍を含めた全組織に対する監察権限を持っているのは組織指導部である。国家安全保衛部も国防委員会の直属機関となっているが、組織指導部の指揮下にあり、幹部要員は軍の将軍たちと同じように組織指導部から定期的に検閲を受ける。そういった意味で国家安全保衛部は、組織指導部の「番犬」と言える。張成沢を直接処刑したのは国家安全保衛部であるが、それを指揮したのは組織指導部だ。もちろんこの組織指導部を動かしているのは金正恩である。

国家安全保衛部の特殊な役割について、その要員であった脱北者の尹大日《ユン・デイル》は次のように述べている。

「北朝鮮の国家安全保衛部は、他の国の情報機関とは違い、北朝鮮唯一の情報機関でありながらも海外の諜報収集とか、対南（対韓国）工作よりも、北の世襲体制を保護することを最重要の任務としていることである」（尹大日著『北朝鮮・国家安全保衛部』文藝春秋）

しかし、社会主義圏の崩壊などその後の国内外情勢の変化、特には韓国と中国の国交正常化や脱北者の急増などで、世襲体制を守る業務が国外にまで及ぶようになった。韓国の情報をはじめ海外情報も収集し、時にはスパイを潜入させることもできるようになった。

一九八七年に部長の李鎮洙《リ・ジンス》が死亡した後は、部長は任命されず国家安全保衛部長職は永らく空席だった。金正日の直接指揮のもとで実務は国家安全保衛部第一副部長の禹東測（二〇一二年粛清）が取り仕切っていた。金正恩体制になって二〇一二年四月に金元弘が部長に就任し現在に至っている。

＊金元弘《キム・ウォンホン》（一九四五年〜）

国家安全保衛部長、朝鮮労働党中央委員会政治局員、同党中央軍事委員会委員、国防委員会委員、朝鮮人民軍大将。第一〇、一一、一二、一三期最高人民会議代議員。

黄海北道出身。金日成政治軍事大学卒業（年度未詳）。二〇〇〇年代に入って朝鮮人民軍保衛司令部司令官を務めた後、二〇〇九年四月に人民軍大将となり、二〇一〇年九月二八日の朝鮮労働党第三回代表者会で党中央軍事委員会委員、党中央委員になる。二〇一一年に人民軍総政治局副局長（組織担当）。二〇一二年四月一一日の第四回党代表者会で党中央政治局員に選出され国家安全保衛部長に就任。同年四月一三日に開催された最高人民会議で国防委員会委員に選出。

三節　組織指導部への依存高める金正恩

組織指導部第一副部長のうち金正恩と因縁の深いのが李済剛《リ・ジェガン》（二〇一〇年死去）と李容徹《リ・ヨンチョル》（二〇一〇年死去）だった。この二人と高ヨンヒとの関係を抜きにして現在の金正恩体制を語ることはできない。李済剛は本部党と党生活を担当し、李容徹は軍を担当していた。

現在李済剛の後を継いでいるのが組織指導部第一副部長の趙延浚《チョウ・ヨンジュン》であり、李容徹の後を継いだのが政治局常務委員と軍総政治局長を兼任する黄炳誓であった。

金正恩は、張成沢粛清過程はもちろん粛清後も組織指導部に対する依存を一層高めている。初期の金正恩体制が、金正恩と張成沢・金慶喜体制であったとすれば、現在の金正恩体制は、金正恩・組織指導部体制と言えるだろう。

この金正恩と組織指導部の関係は、金正恩が最高権力者となった後に始まったものではない。二〇〇〇年前後からの母高ヨンヒと組織指導部主流との関係を引き継いだものである。

一、高ヨンヒと李済剛、李容徹の関係

李済剛は一九七三年に党組織指導部に指導員として入り、一九八二年に党組織指導部副部長兼金正日書記室書記に抜擢され、二〇〇二年からは党組織指導部第一副部長（党生活担当）に就任した。死亡する二〇一〇年まで一貫して高位幹部に目を光らせてきた人物だ。本部党の責任書記も兼任していた。そうしたことから金正日の指示で張成沢の行動にも目を光らせていたので張成沢との関係は緊張関係にあった。

二〇〇一年以降は高ヨンヒとの関係を深めた。この過程で高ヨンヒを「平壌のオモニ」と偶像化し、その子供を後継者へと押し上げる動きを強めた。

また軍作戦局長出身で調査部（三五号室）から組織指導部入りして軍担当の組織指導部第一副部長となった李容徹も金正恩の軍人脈構築で役割を果たしたと言われている。したがって李容徹も張成沢と対立関係にあったと言われている。

ところが李容徹第一副部長（軍事担当）は二〇一〇年四月二六日に心筋梗塞で死去した。享年八一歳であった。後を追うように李済剛も二〇一〇年六月二日に八〇歳で平壌—元山《ウォンサン》高速道路で交通事故死した。

組織指導部の軍担当第一副部長と党生活担当の第一副部長が共に金正恩が後継者となる第三回朝鮮労働党代表者会直前に亡くなったことから、張成沢行政部長との間の権力闘争で謀殺されたのではないかとの噂も流れた。

この噂が流れたころ、奇しくも組織指導部の番犬と言われる国家安全保衛部の重鎮が次々と粛清・処刑されていた。国家安全保衛部第一副部長の柳敬《リュ・ギョン》が二〇一一年一月、スパイ容疑で処刑され、二〇一二年には同部第一副部長の禹東則《ウ・ドンチュク》も職を解かれた。粛清されたとも自殺に追い込まれたとも言われているが、いずれの事件にも司法・警察を握る張成沢の関与が疑われた。そしてその後張成沢に近いと言われてきたクセ者の金元弘《キム・ウォンホン》が国家安全保衛部部長に就任することになる。

権力の均衡が崩れた瞬間、張成沢と宿敵関係にあった組織指導部主流の幹部たちが粛清を意識し既得権の死守に動くのは自然の成り行きだった。組織指導部の重鎮二人を失った党組織指導部は、張成沢打倒を狙って、総参謀長の李英鎬を失った軍部と〝野合〟していった。その中心人物が、趙延浚《チョウ・ヨンジュン》であり黄炳誓で、そこに加勢したのが金元弘だった。

二、金正恩を支えるために表に出てきた組織指導部

金正日時代の組織指導部は、権力の奥の院として表に出ることはなかった。しかしいま、金正恩体制の脆弱さを支えるために表舞台に出てきている。二〇一六年一月の錦繍山太陽宮殿参拝で第一副部長の趙延浚が最前列にいたが、これは金正日時代では考えられないことである。

現在の組織指導部は、高ヨンヒに近かった李済剛と李容徹の流れを汲む勢力が主導権を握っている。また組織指導部出身が軍と主要地方組織も牛耳っている。

張成沢粛清後、その腹心の一人だった党の書記で平壌の党責任書記・文景徳も粛清されたが、その後任には組織指導部下部組織である軍総政治局・組織副局長出身の金寿吉《キム・スギル》が務めている。組織部副部長だった朴泰成《パク・テソン》も平安南道の責任書記に任命された。こうしてみると現在の金正恩体制は、ある意味で組織指導部体制と言える。

李済剛の下で長年組織指導部副部長を務め、李済剛亡き後、組織指導部第一副部長となったのが趙延浚だ。この趙延浚が張成沢粛清の作戦を指揮したとも言われている。

一方李容徹亡き後の軍担当の第一副部長は、金正恩第一書記が大将称号を得た時に同じく大将となった金京玉《キム・ギョンオク》だ。この金京玉の下で軍担当の副部長にいたのが現在朝鮮労働党常務委員兼人民軍総政治局長の黄炳誓である。

金京玉は、現在病気がちと言われているので、黄炳誓が抜けた後、いまこの部署を実際仕切っている人物は明らかではないが、最近金正恩随行が目につく趙甬元《チョ・ヨンウォン》副部長ではないかとみられている。

張成沢粛清後、組織指導部は、公安・司法部門を統括していた行政部を吸収し、第七課にその業務をゆだねた。しかし、七課は行政実務だけを担当し、実権は党生活担当第一副部長の趙延浚が握っている。趙延浚はこの七課だけでなく、張成沢が牛耳っていた外貨稼ぎラインも最近掌握したようだ。

金正日は組織指導部の肥大化を恐れ、組織指導部から公安・司法・行政の指導権限を分離して行政部を独立させ、それを張成沢に任せることでお互いをけん制させてきたが、行政部が組織指導部に吸収されたことで、今や組織指導部をけん制する勢力はなくなったと言える。

趙延浚組織指導部第１副部長

三、第一副部長趙延浚による張成沢粛清建議説

張成沢に対する電撃的な粛清過程で、組織指導部第一副部長趙延浚《チョ・ヨンジュン》（七八）が、金正恩の核心策士の役割を果たしたという主張がある。

二〇一三年一二月一一日、韓国政府高位当局者によれば、金正恩第一書記は二〇一三年九月、最側近の一人である趙延俊の建議により、張成沢とその派閥に対する権力奪取と粛清に着手したという。この関係者は「北朝鮮政権樹立日の行事が開かれた九月九日午後、金慶喜と夫の張成沢をはずしたまま家族会議を開いた」として「金正恩はこの席に趙延俊を異例に呼んで、今後の権力安定案などについて議論したようだ」と語った。それと共に「趙延浚が粛清事態に介入したということは、朝中チャンネルを通じて北朝鮮の保衛部関係者から確認した内容」としながら「会議には金正恩の兄・正哲《ジョンチョル》と妹・汝貞《ヨジョン》（与正）も参加したそうだ」と明らかにした。

この席で趙延浚は、金正恩に「イジョク・イゲ（二敵二開、二つの敵と二つの開放）」概念を提示したと（韓国）政府当局者は説明した。「米帝と南朝鮮」という敵のほかに、内部にも標的をもう一つ作らなければならないという話であった。この時、張成沢の反党行為や腐敗などに対する内密調査ファイルが提示され、張成沢に対する党組織指導部と国家安全保衛部の隠密作業が始まった。韓国政府当局者は「秋に入って張成沢の公開活動の回数が減り、勢いがそがれた雰囲気が感じられたのは、こうした動きと関連があると見られる」と話した。

「二つの開放」は、経済特区など外部に対する開放と共に住民の旅行・統制緩和などを意味する。金正恩は粛清に突入した二〇一三年一一月二一日、各道の外資誘致と経済開発を推進するための一三の経済開発区の設置を発表した。

組織指導部は、金日成総合大学出身が多数を占める北朝鮮の最高のエリート集団だ。彼らはこれからライバル勢力の登場を多分受け入れないだろう。このまま行けば、金正恩は組織指導部に操縦されるかも知れない（中央日報日本語版二〇一三年一二月一二日）。

趙延浚とはいかなる人物か

では、党生活担当の組織指導部第一副部長の趙延浚《チョ・ヨンジュン》とはいかなる人物なのか。

趙延浚は咸鏡北道高原郡《ハムギョンブクド・コウォングン》出身で金日成総合大学を卒業した後、指導員・課長などを歴任した朝鮮労働党のエリート官僚だ。金正恩体制がスタートした二〇一二年一月に朝鮮労働党の核心部署である組織指導部第一副部長に就任した。三ヶ月後、党政治局候補委員に上がり、表舞台に登場した。

趙延俊の名前が表に出てきたのは、金正恩が権力を継承した後である。二〇一一年一二月に金正日が死亡した時の葬儀委員名簿にはその名前は載っていなかった。彼は金正日時代に党生活担当の組織指導部第一副部長だった李済剛《リ・ジェガン》（二〇一〇年六月二日交通事故で死亡、享年八〇）の下で長い間副部長を務めていた。

李済剛が張成沢とライバル関係にあったことは有名だ。李済剛は高ヨンヒと近く彼女を「平壌のオモニ」と偶像化するのに力を注いだ人物と言われている。そうしたことから金正恩の後継作業でも役割を果たした最側近であったと思われる。李済剛の死後、その部下であった趙延浚が、金正恩体制を支えるために張成沢の監視を続け、張成沢粛清・処刑のシナリオを作り上げたとしても何の不思議もない。

趙延浚は、李英鎬を除去する時には張成沢を、張成沢をとり除く時は崔龍海を利用したと言われている。張成沢亡き後は党と軍に根を持たない崔龍海の力をそぐことはたやすいことであった。

趙延浚も長い間、高ヨンヒの意を汲み張成沢を監視してきた。そのため高家の執事のように金正恩を支え、軍を担当していた黄炳誓（党政治局常務委員で軍総政治局長）とは近い関係であった。

黄炳誓のスピード出世の裏には趙延浚の力が作用しているのは言うまでもない。高齢となった趙延浚は、まだ六〇代の黄炳誓を金正恩の最側近に据えることで組織指導部の既得権を侵さない金正恩体制を作り上げようとしているのであろう。

北朝鮮内部の消息筋によれば、いま趙延浚は各種主要非公開会議を主宰して国家政策まで関与しているという。金正恩は彼が上げた書類には反対せず署名するらしい。後継構図から遠かった自分を王にまで押しあげてくれた人を信じるのは自然なことだ。また恐怖を感じていた張成沢勢力を取り除いてくれた一等功臣を無視するわけにはいかない。

趙延浚をはじめとした組織指導部第一副部長たちは、金正恩唯一体制の守護者を自任しているが事実上は最大の受恵者である。張成沢が握っていた権力と経済的利権もいまは組職指導部に吸収された。二〇一四年一〇月には、一時黄炳誓よりもはるかに序列が上だった崔龍海と金養建を黄炳誓の付添い人にして韓国に行かせるまでになっている。

崔龍海は張成沢粛清に加わった自分の行動を後悔しているはずだ。彼は舞台がこのように回るとは考えもしなかっただろう。

「三池淵グループ」(注2)として張成沢粛清の陰謀を一緒に企んだ国家保衛部長金元弘も今は組織指導部に押され黄炳誓の後塵を拝している。

四節　金正恩を支えるパワーエリート

張成沢粛清過程で金正恩体制を支えるパワーエリートの構成は、組織指導部の変化とともに大きく変化した。粛清が続く限りこれからも変化は続くだろう。二〇一六年二月末段階での北朝鮮パワーエリートを見れば次のようになる。

第一グループ（元老）

まず、金日成時代からこれまで三代にわたって「首領」を戴いてきた元老たちである。党では、**金永南**《キム・ヨンナム》（党常務委員、最高人民会議常任委員長）、**金己南**《キム・ギナム》（政治局委員、宣伝扇動担当書記）、**崔泰福**《チェ・テボク》（政治局委員、教育科学担当書記、最高人民会議議長）、**楊亨燮**《ヤン・ヒョンソプ》（政治局委員、最高人民会議副委員長）、名誉副委員長の**崔永林**などで、軍では**李勇茂**《リ・ヨンム》（政治局委員、国防委員会副委員長）、**呉克烈**《オ・グンヨル》（政治局候補委員、国防委員会副委員長、二〇一五年二月に政治局員に昇格?）、**金英春**《キム・ヨンチュン》（党政治局委、党軍事部長、党軍事委員会委、人民軍次帥）などがこのグループに属する。彼らは過去の半世紀「首領体制」を奉じて「忠誠心が検証された」保守的人物で元老待遇に満足している人たちである。

第二グループ（党と政府及び軍の執行部）

黄炳誓（党政治局常務委員、党軍事委員会副委員長、国防委員会副委員長、軍総政治局長）、**崔龍海**《チェ・リョンヘ》（党書記）、**朴奉珠**《パク・ボンジュ》（内閣総理）、**姜錫柱**《カン・ソクチュ》（政治局委員、国際担当書記）、**金元弘**《キム・ウォノン》（政治局委員、国家安全保衛部長）、**金英徹**《キム・ヨンチョル》（党書記、統一戦線部部長、大将）、**郭範基**《クァク・ボムギ》（政治局委員、書記、党計画財政部長）、**呉秀容**《オ・スヨン》（政治局委員、書記、計画財政部長）、**金平海**《キム・ピョンヘ》（政治局候補委員、書記、幹部部長）、**盧斗哲**《ロ・ドゥチョル》（政治局候補委員、内閣副総理兼国家計画委員長）、**趙延浚**（政治局候補委、組織指導部第一副部長）、**金京玉**（組織指導部第一副部長、軍担当）、**崔輝**《チェ・ヒ》（宣伝扇動部第一副部長）、**李炳哲**（軍需工業部副部長）、**趙甬元**《チョウ・ヨンウォン》（組織指導部副部長）など金正日時代に忠誠心と専門性及び実務能力を認められて登用された人たちである。

軍では**朴永植**《パク・ヨンシク》（人民武力部長）、**廉哲成**《リョム・チョルソン》（軍総政治局宣伝副局長）、**尹東絃**《ユン・ドンヒョン》（人民武力部副部長、陸軍上将）、**キム・ヒョンリョン**、**尹正麟**《ユン・ジョンリン》（党軍事委員会委、首都司令官）、**金洛兼**《キム・ラクギョム》（党軍事委、ロケット軍司令官、上将）、**呉琴鉄**《オ・グムチョル》（副総参謀長、上将）などが金正恩を支えている。

この人たちは現在各分野で金正恩体制を支え、現在において対内外政策全般を推進している最も核心的人物だと見ることができる。

金正恩登場とともに浮上した側近たち

趙延浚（政治局候補委、組織指導部第一副部長）、**黄炳誓**（軍総政治局長、次帥）、**金洛兼**《キム・ラクギョム》（党軍事委、ロケット軍司令官、上将）、**崔富日**（人民保安部長、アパート崩落事故で叱責されたが地位はそのまま）、**趙慶喆**（護衛司令官、大将）、**徐鴻賛**《ソ・ホンチャン》（人民武力部第一副部長）、**朴ジョンチョン**（副総参謀長、陸軍上将）、**崔輝**（宣伝扇動部第一副部長）、**趙甬元**《チョウ・ヨンウォン》（組織指導部副部長）、**李日煥**《リ・イルファン》（党勤労団体部長）、**李炳哲**《リ・ビョンチョル》（党副部長、党軍事委、大将）、**韓光相**《ハン・グァンサン》（党財政経

金与正

理部長）、**金与正**《キム・ヨジョン》（党副部長、金正恩の妹）などだ。

地方組織では**朴泰成**《パク・テソン》（平安南道責任書記）、**金寿吉**《キム・スギル》（平壌市責任書記）、など金正日時代には頭角を現さなかったが、金正恩時代に入って急浮上した人物たちだ。これらの人物は大部分二〇一五年一一月七日に亡くなった人民軍元帥李乙雪の葬儀名簿に載せられている。

しかしこのパワーエリートたちは、わずかに残った元老級を除けばそのほとんどが大衆運動の中で鍛えられた党人派の政治家ではない。大衆運動経験の少ない官僚出身者ばかりである。幼い金正恩と保身を旨とするこうした官僚出身エリート層が政治を牛耳った時、いかなる結果がもたらされるかは説明するまでもない。古今東西の歴史、特には王朝国家の歴史からも分かるように、そこからは弾力性のない硬直した抑圧政治が生み出されることになる。

（注1）朝鮮労働党組織指導部の内幕を始めて内外に明らかにした人物は、北朝鮮外交官出身で現在は韓国の国家安保戦略研究所で責任研究委員を務めている玄成日《ヒョン・ソンイル》博士である。著書『北朝鮮の国家戦略とパワーエリート』ではその強化過程が詳しく記されている。第四章の一節と二節では玄研究員の研究成果を多く活用させていただいた。

（注2）「三池淵グループ」とは、張成沢粛清直前の二〇一三年一一月二九日、金正恩第一書記が、最北端の白頭山地域を訪問したときの随行者を指しているが、この時随行したのは、金元弘国家安全保衛部長、金養建党統一戦線部長、韓光相財政部長、朴泰成副部長、黄炳誓組織指導部副部長、金炳浩宣伝扇動部副部長、洪ヨンチョル機械工業部副部長たちだ（職責は当時のまま）。

第5章
先軍政治の継承と否定

組織指導部に支えられた金正恩は、核武装路線を中心とした「先軍政治」を継承し、組織指導部の人事権に基づいて軍を支配している。

軍歴もない幼い金正恩が将軍たちの地位を上げ下げし、時には自分に不満を持ったとして人民武力部長だった玄永哲《ヒョン・ヨンチョル》を虫けらのように殺し、総参謀長の李永吉《リ・ヨンギル》を処刑できるのも、軍に対する組織指導部支配を背景としたものである。

「先軍政治」を継承し、核武装路線を前面に掲げる金正恩は、最高司令官となった直後の二〇一二年新年早々から軍事指導者としてのプロパガンダを始めた。「偉大な軍事の天才」として偶像化されている金正恩が最も好む軍事指導者誇示の方法は、身に危険を伴わないで権威誇示ができる軍部隊や軍事演習の視察であり軍事パレードなどのデモンストレーションだ。

一節　実戦を知らない「軍事の天才」金正恩

二〇一二年一月一日、金正恩は朝鮮戦争（一九五〇―五三年）当時にソウルに初めて進入した第一〇五タンク師団を最初に訪問した。前年一二月三〇日に北朝鮮軍最高司令官に推戴された後、最初の単独公式活動だった。戦車部隊の視察から始めた金正恩は、自らの活動を紹介する特別番組を放映させ、軍事での優秀さを誇示した。

朝鮮中央テレビは、正午から「白頭の先軍偉業を継承され」と題する五〇分間の記録映像を放映した。金正恩が二〇〇九年に後継者に内定してからの活動記録である。その後も繰り返し放映されたが、この記録映像の五分の四は、軍関係が占めていた。

「敵が（わが方のミサイルを）迎撃すれば、本当に戦争をする覚悟をしていた」「そのための陸海空軍の指揮をとっていた」二〇〇九年四月五日、北朝鮮が事実上の長距離弾道ミサイルを発射した際、金正日とともに管制指揮所を視察した金正恩の言葉だという。この弾道ミサイル（ロケット）は日本を飛び越えることになっていたために、当時の日本の防衛相は落下に備えて迎撃指令を出していた。これに対して、北朝鮮は「迎撃するなら軍事報復をする」と脅していた。

記録映画通りだとすると、この北朝鮮当局の警告は金正恩の指示に基づいてのことになる。北朝鮮はミサイルではなく人工衛星「光明星二号」と発表していたが、それは国連決議で禁じられているものだった。なのにそれを迎撃すれば直ちに「戦争」などという最も強硬な手段に結び付けるという発想は危険極まりない。もちろんこの発言は対内用と思われるが、それにしても過激だ。正常な軍人であればとても考えられない発言といえる。どう見ても軍事オタクとしか考えられない。

「尊敬する金正恩大将同志の偉大性教養資料」

北朝鮮では二〇〇九年に金正恩を後継者に内定した後、彼を軍事の天才として宣伝してきた。二〇〇九年に金正恩偶像化のために作られた「尊敬する金正恩大将同志の偉大性教養資料」では次のように書かれている。

> 尊敬する金正恩大将同志は多彩多能で、現代軍事科学と技術に精通する天才でいらっしゃる。
>
> 尊敬する金正恩大将同志は、戦術単位で作戦戦闘を組織指揮をするのに非常に有利で、砲兵が点による火力打撃の正確性を保証するうえで大きな役割を果たせ、立体感がありだれが見ても地形が容易に理

解できる正確度の高い新しい地図を作り出された。

尊敬する金正恩大将同志は砲兵にも非常に明るい方だ。

尊敬する金正恩大将同志は、金日成軍事総合大学で学び始められた時、砲兵から勉強された。尊敬する金正恩大将同志が作戦地図に反映した砲兵利用計画を見れば百戦老将も頭を下げる。

尊敬する金正恩大将同志は、何発もの銃弾を一つの穴に通過させる非凡な射撃術をお持ちだ。

尊敬する金正恩大将同志は、豊かな想像力と高い科学技術を基礎にした、着想が新しく、実用価値が非常に高い創案品も少なからず作り出された。

このたびの「光明星二号」の発射も、敬愛なる将軍様とともに直接現地で観察され、この世で初めての太陽節慶祝祝砲夜会「強盛大国の花火」も、尊敬する金正恩大将同志が直接、組織指揮されたものだ。

尊敬する金正恩大将同志は、これ以外にも、政治と経済、文化をはじめ、革命と建設のあらゆる分野に対する知識と特出した実力、非常な組織的手腕をお持ちだ（二〇〇九年「尊敬する金正恩大将同志の偉大性教養資料」より）。


しかし、金正恩が実戦を指揮したという話も、野戦訓練で歩腹訓練をしたという話もどこにも出てこない。せいぜい軍事地図を作ったとか射撃術がうまかったとかタンクの操縦がうまかったという所詮軍事オタクたぐいの話ばかりだ。射撃術を自慢するのであれば戦闘経験のないオリンピック選手にも優れた人たちはいる。剛胆で強い指導者を演出するために行なった戦争挑発ですら成功したものはない。延坪島砲撃を指揮したことが「偉大な業績」と宣伝されているが、不意打ちを食らわし民間人二名を殺害して国際社会から非難を浴びたにすぎない。特に二〇一三年三月に米韓に仕掛けた「核戦争脅迫」は、米国が見せた最新兵器の前に怖気づき、以後そのような無謀な挑発ができなくなってしまった。二〇一五年八月四日の「地雷挑発」も、韓米の断固たる対応の前で「遺憾」表明をせざるをえなくなった。

それだから「偉大な軍事の天才」金正恩が最も好む軍事指導者誇示のスタイルは、敵から攻撃を受けないで最高司令官の姿を見せつけられる軍事デモンストレーションとなるのである。そのために潜水艦発射弾道ミサイル（SLBM）のような敵に見せてはいけない「新型武器」の開発プロセスまで公開し開発陣を困らせている。

軍事の天才を宣伝する金正恩は、幹部に与える自動車番号も金正日時代の「二一六」から「七二七」に変えた。七二七は朝鮮戦争が停戦となった七月二七日から取った数字である。

二節　継承した核武装と特殊部隊強化路線

金正恩体制が正式に発足した二〇一二年以降、北朝鮮は「核保有国」としての立場を既成事実化する動きをさらに露骨化させた。二〇一三年二月に続き二〇一六年一月六日にも核実験を行ない、同年二月七日には「光明星四号」を発射し長距離弾道ミサイル技術を高め、国際社会だけでなく盟友の中国からも強い非難を受けた。核の脅迫で「平和」を人質に取る金正日路線の継承だ。また特殊部隊の増強も行ない、無人飛行機などを飛ばし韓国を威嚇し続けている。これも金正日路線の継承と言える。

一、核武装路線の法制化

北朝鮮は二〇一三年元旦の金正恩の新年の辞を通じ、経済強国建設を強調したものの、二月一二日には三回目の核実験を行ない、三月三一日には朝鮮労働党中央委員会総会を開催し「経済建設と核武力建設を並進する」という総路線（以下「並進路線」）を採択した。同総会はこの路線を「自衛的核武力を強化して発展させ、国の防衛力を鉄壁に強化しつつ、経済建設にさらに大きな力を入れて社会主義強盛国家を建設するための最も革命的で人民的な路線」と説明し、金日成が一九六〇年代に打ち出した経済建設と国防建設を並進させる路線の延長線上にあると位置付けている。

また、同総会において北朝鮮は三回目の核実験を強行した理由について、「国の自主権と安全を守るための実際的な対応措置の一環」であったと表明して核開発を正当化した。さらに、この「並進路線の真の優越性」は、「国防費を追加的に増やさなくても戦争抑止力と防衛力の効果を決定的に高め、経済建設と人民生活向上に力を集中できるようにするところにある」として、核兵器開発の継続が経済発展のためであるとする新たな詭弁を弄した。

他方、対外的にはこの「並進路線」で核武装を続けることについて、先軍を掲げる北朝鮮の核兵器は米国のドルと交換するための商品ではなく、北朝鮮の武装解除を目的とした対話の場や交渉の俎上に載せて論議する政治的駆け引きや経済的取引の対象ではないと釘をさし、北朝鮮の核武力は、地球上に帝国主義が存在し、核の脅威が存在する限り絶対に放棄できない民族の生命であり、統一朝鮮の宝であると主張した。

この「並進路線」が表明されて以降、北朝鮮は「核保有国」としての立場を既成事実化する動きをさらに強めた。

まず、同年四月一日には、最高人民会議法令として、「自衛的核保有国の地位を一層強化することに関する法」を採択した。同法の第四条では核兵器が朝鮮人民軍最高司令官である金正恩国防委員会第一委員長の命令によって使用されることが示されている。そして、第五条では核兵器の先行不使用の原則が盛り込まれている。さらに、第七条と第八条では核兵器と核物質に関する安全管理を規定した。すなわちこの法令は、北朝鮮が初めて明文化した核ドクトリンとみなすことができる。しかし、北朝鮮が実際にどのレベルの核兵器を所有しているかは分からない。二〇一六年一月の核実験も「水爆実験」と宣伝しているが、米国や韓国をはじめとした関係国は懐疑的だ。

北朝鮮の核能力については、三回目の核実験後、北朝鮮が核抑止力の「多種化」を行なったと主張し始めたことから、高濃縮ウランが使用された可能性も議論された。しかし、包括的核実験禁止条約機関準備委員会によれば、その実験後には放射性キセノンは検出されたものの、北朝鮮が高濃縮ウランを使用したかどうかは検証できなかった。

また、核弾頭の小型化・軽量化についても、北朝鮮が同実験で「小型化・軽量化された原子爆弾」を使用したと主張しているため、技術開発が相当進展している可能性は否定できない。その進展の度合いについては、韓国国防部のように慎重な見方をしているところもある。しかし、北朝鮮が核兵器開発をやめる可能性は低く、今後も核による威嚇を先軍政治の基本に据えることは間違いない。「平和」を人質にしてこそ北朝鮮の外交が成り立つからだ。

北朝鮮は、国際的非難を避けるための装置も次々と準備している。例えばミサイル開発について最高人民会議は同年四月一日、「宇宙開発法」と国家宇宙開発局の設置に関する決定を採択し、宇宙開発を名目とした技術開発を正当化するための法的・制度的枠組みを整えた。そして、同局を「宇宙開発計画の作成と実行、宇宙開発事業に対する監督と統制を統一的に指導、管理する国家の指導機関」と位置付けた。

さらに核開発についても同じく四月一一日に最高人民会議常任委員会政令として原子力工業省の設置を決定し、「最先端科学技術の土台に確固として引き上げて核物質を増産して、製品の質を向上させ、自立的な核動力工業をさらに発展させる」と表明した。平和的利用を前面に出して軍事的利用の開発を進めようとしているのである。

こうした法的・制度的措置に加え、北朝鮮は四月二日に核施設の再稼働を表明した。北朝鮮の原子力総局の報道官は、同局は当面「まず現存の核施設の用途を並進路線に合せて調節し、変更していく」こととした。

金正恩はまた、非対称武力である特殊部隊とその武器体系を強化することにも力を入れている。これも金正日先軍政治の継承である。

二、特殊部隊とミサイル部隊の強化

金正恩は金正日の対韓国侵攻戦略を引き継ぎ、非対称戦力を活用した戦争準備に心血を注いでいる。新作戦計画で戦争開始から七日以内、遅くとも一五日以内に戦争を終わらせると定めたのが代表的な例だ。核兵器で米国の支援を牽制し、増援戦力が派遣される状況となったとしても朝鮮半島に到着する前に戦争を終わらせようという判断のためだ。このため戦争初期に核・ミサイルをはじめとした非対称武器(注1)を活用する方針を作戦計画に反映させた。核兵器を使用する場合、放射能に汚染した朝鮮半島に米軍が入りにくいうえ、韓国側指導者がさらなる被害を防ぐために降伏する可能性もあるという計算からだ。

金正恩執権後、従来八万人だった特殊戦の人員は二〇万人に増えた。特に前方予備師団を山岳歩兵旅団に改編し、特殊戦に参加させた。特殊部隊員を運ぶ低空侵入用航空機AN—2機に加え、最近はハンググライダーを動員した訓練もしているという。金正日時代にはほとんど見られなかった高空侵入落下訓練も昨年には一万二〇〇〇人が実施したりもした。老朽化で倉庫に入れておいたミグ15・ミグ17戦闘機も取り出して訓練し、墜落事故も発生した。韓国軍当局者は「最近、女性軍操縦士を養成するなど空軍兵力を一万人に増やし、昔の飛行機を活用している点からみて、有事の際は『神風』式の自殺特攻隊戦略もあるようだ」と述べた（中央日報日本語版二〇一五年一月八日）。

その戦闘形態としてはテロを含む特殊工作、生化学兵器、サイバー戦などがある。韓国国防省は二〇一五年一月六日、国防白書を発表し、北朝鮮のサイバー攻撃能力について、現在六〇〇〇人余りの要員がいると指摘した。韓国を心理的、物理的に麻痺させるため、軍事作戦を妨害したり、主要な国家基盤を攻撃したりするといったサイバー戦を行なっているとした。

北朝鮮特殊部隊輸送機 AN－2 コルトの同型機

北朝鮮は有事に際し、サイバー戦を仕掛け内部情報網を混乱させるとともに、無人機やAN―2低空浸透機などと組み合わせて韓国軍の前方、後方に同時に浸透させ、韓米両国軍と混在する状況を作り出し、空爆を困難にする戦略を持っている。

電力、鉄道、水道、通信など社会基盤施設に対するテロは、北朝鮮が狙う主なかく乱手段といえる。北朝鮮は誰の仕業か分からないようにテロを行ない、韓国社会に衝撃を与え、分裂を助長する可能性がある。ガス充てん所、油類貯蔵施設、化学薬品工場なども北朝鮮による主なテロ目標に挙げられる。

二五〇〇～五〇〇〇トンに達する化学兵器と一〇種類以上あると言われている生化学兵器も核兵器に劣らず脅威である。韓国軍当局は、北朝鮮が前方に配置したミサイルと長射程砲の砲弾の相当数は化学弾頭だと推定している。

韓国軍当局は、特攻部隊と予備軍で北朝鮮の特殊部隊に対処する計画だ。し

北朝鮮のICBM－KN08

かし、一九九六年に江陵で起きた潜水艦侵入事件で、乗組員や工作員ら二六人を掃討するのに、延べ一五万人の現役兵や予備軍が投入された経緯がある。韓国軍の特殊部隊は二万人余りの規模で、北朝鮮に比べ一〇分の一にすぎない。

また金正恩はコストがかからないロケット部隊にも力を入れている。

北朝鮮は二〇一三年二月の三度目の核実験に続き、二〇一四年は一八回のミサイル発射実験を行なった。さらに過去三年間、前方に計五五〇〇門の放射砲（ロケット砲）を配備した。正規軍が使用した放射砲は新型に入れ替え、旧型を予備軍である労農赤衛軍に移している。金正恩は砲兵部隊を不意に訪問し、秒時計を持って射撃までかかる時間を点検するほどだという。

北朝鮮が保有する長射程砲は、韓国の首都圏に対する最大の脅威だ。北朝鮮の長射程砲一一〇〇門余りのうち、二四〇ミリ放射砲（多連装ロケット）二五〇門余り、一七〇ミリ自走砲一〇〇門余りが直接首都圏を狙っている。これら長射程砲は一時間当たり最大で一万六〇〇〇発の砲弾を韓国の首都圏に浴びせ、一九〇平方キロメートルの面積を焦土化することが可能だ。この戦力強化のために北朝鮮は三〇〇ミリ放射砲の実戦配備も進めている。

韓米両軍は有事に際し、K－9自走砲、MLRS（多連装ロケット）、統合直接攻撃弾（JDAM）などで北朝鮮の長射程砲を開戦初日に無力化させる計画だ。しかし、長射程砲による奇襲から完全な無力化までには少なくとも数時間かかり、韓国側の被害は避けられない。

北朝鮮がSLBM（潜水艦発射弾道ミサイル）の開発を進めているのも奇襲攻撃を強化するためだ。北朝鮮がSLBMを持てば、他国が発射準備を把握することが難しくなり、日本などへの脅威も高まる。

三節　否定された金正日の軍統制方式

金正恩時代になって北朝鮮の軍主導勢力と軍に対する統制方法は変化した。

過去における金正日の統制方法は、終身職制と昇進などの恩恵措置などで軍の忠誠を維持し、序列と階級を重視した人事で軍の一体化をはかり、軍内部の縦割り統治による忠誠競争で軍の強化を図っていた。

これに対して金正恩の軍統制は、軍に対する党の統制、組織指導部の統制を強化し、金正日式統制である序列と慣例、終身職制を重視した方式を否定した。核兵器強化路線は金正日式を継承しながら軍統制方法においては金正日式を否定したのである。これは自身の権力誇示を強調しなければならない金正恩の権威不足と関係する。特に人事権の乱用による頻繁な軍首脳部の交代はそのことを顕著に示している。

一、金正日の軍統制方法

ではまず、金正日の軍統制方法から振り返って見よう。

金正日が軍最高司令官になった直後の一九九二年四月、彼は一挙に六四七名もの大規模な昇進人事を行なった。当時非公開の軍佐官級、尉官級の昇進まで考慮すると数万名に達する昇進措置だったと推察される。同時に軍予備役に対しても一階級特進させる措置を取った。

この大規模な昇進は、軍にとっては恩恵と言えたが、昇進に必要な費用負担を担う党の官僚や住民にとっては負担増を強いられるものであった。金正日は軍の崩壊を防ぐために、限られた資源を他の分野を犠牲にしてまで軍に投じたのである。

金正日は、こうした人事において、序列と前例を崩さなかった。バランスを重視して軍の統合と忠誠を引き出した。一九九七年、金正日は海軍司令官の金イルチョルを人民武力部長に任命するに際し、海軍司令官の地位が陸軍の軍団長の地位にしかならない前例を考慮して、人民武力部長の席が空席であったにもかかわらず、一年間は第一副部長の地位に留め、その後に人民武力部長に任命する慎重さを見せた。

また、当時の総政治局長に空軍司令官出身の趙明禄《チョ・ミョンロク》を、総参謀長には作戦局長出身の金英春《キム・ヨンチュン》を任命することで、三軍均衡体制を守った。

もちろん李乙雪《リ・ウルソル》人民軍元帥のように金正日の個人的好みで人事が行なわれたこともあったが、金正日の秩序重視、バランス重視、安定重視は、結果として軍の統合と忠誠強化に寄与したといえる。この背景には旧ソ連・東欧社会主義の崩壊と北朝鮮の経済危機による体制の不安があったことは言うまでもない。

金正日時代の高位幹部は、龍川駅の爆破事故（二〇〇四年）の責任を取って更迭された崔龍守《チェ・ヨンス》人民保安相を除いては、これといった更迭の事例はほとんどなかった。二〇〇九年以後、金正恩後継体制構築に合わせて金イルチョル人民武力部長や朱霜成《チュ・サンソン》人民保安部長などが粛清されたが、その前までは軍幹部に対する終身職制を維持することで忠誠と一体性を維持してきたといえる。朱霜成の粛清について言えば、純粋の軍人事ではなかった。金日成の生家の扉の一つが盗まれ、その調査の過程で彼の不正（賄賂など）が暴かれたことが原因であった。

金正日は「革命の先輩を礼遇することは革命家の崇高な道徳的義理である」と強調し、呉振宇《オ・ジヌ》人民武力部長がすでに一〜二年前から病気で人民武力部長職が務まらなかったにもかかわらず、死亡するまでその職に留まらせた。呉振宇が死亡すると、最年長の崔光《チェ・グァン》を人民武力部長に任命し、崔光もまた死亡するまでその職に留めた。

また趙明禄総政治局長の場合もそうだった。二〇〇三年に腎臓手術を行ない、すでに正常な業務を遂行できなかったにもかかわらず、二〇一一年に死亡するまで総政治局長職を維持させた。そして社会安全部長（現在の人民保安部長）の白鶴林《ペク・ハクリム》や、党軍事部長の李何日《リ・ハイル》などの元老級が第一線から退く時には当該分野の顧問として役割を果せるようにしたし、第一線から退いた金英春《キム・ヨンチュン》や李明秀《リ・ミョンス》、呉克烈《オ・グンリョル》も名誉職位を与えて地位を維持させた。

二、金正恩の軍統制方法

これに対して金正恩の軍統制方式は、肥大化した軍の力とその既得権を弱めることが必要とされた背景があるものの、まるで正反対である。

二〇一二年四月、金正恩は総政治局長任命において、後見人の張成沢と金慶喜の助言を受け入れ、生え抜きの職業軍人による人事を排し、生粋の党人である崔龍海《チェ・リョンへ》を任命した。崔龍海が抜擢されたのは、彼が金日成社会主義青年同盟（社労青）書記出身で、大部分の軍幹部が彼の保証で労働党員になったという点が考慮された点もあるが、より重要なのは、軍に対する党の統制回復を狙う張成沢の意向が反映していたことである。

金正日も生存時、労働党の権威強化が必要だと考えていたが、ここまで過度な党傾斜は考えていなかった。金正恩を後継者に公式化した二〇一〇年の第三回党代表者会に際して、張成沢、金慶喜、崔龍海などの党幹部たちに軍の階級を与え、金正恩の最悪時には「軍法」で統制できるようにしたのも金正恩の権力維持を考えてのことであったと思われる。

安定とバランス、年功序列を重視した金正日とは異なり、金正恩は、軍人事で階級章の付け替えとエレベーターのような降格・昇格人事を頻繁に行なっている。北朝鮮軍将官の階級は、少将―中将―上将―大将―次帥―元帥（元帥には人民軍元帥と共和国元帥があり金正恩は共和国元帥）となっているが、粛清・処刑された玄永哲前人民武力部長は、二〇一〇年九月に大将に昇格した後二〇一二年七月には粛清された李英鎬《リ・ヨンホ》（二〇一二年七月）に替わり総参謀長となり次帥となった。しかしその後大将に一階級降格されていた。

副総参謀長兼偵察総局長の金英徹（金養建死亡後、統一戦線部長に就任）は大将から中将に二段階（現在は大将に復帰）、崔富日人民保安部長（元作戦局長）は大将から上将に一階級降格され、その後アパート崩壊事故の責任を取らされて少将にまで降格させられた（その後回復）。こうした将官を数え上げればきりがない。

北朝鮮軍の「規律規定」では、軍における降格は懲戒の手段として規定されている。金正日時代にはほとんど見られなかった現象が、金正恩政権になって軍内部で頻繁に行なわれているのである。これは金正恩の気まぐれ的性格からきていると思われるが、自己顕示欲の強い金正恩が、権威不足を補うために使っている人事権乱用の手法と思われる。軍人事をいじりまくるこうしたやり方に対して、軍に対する順調な掌握とみる人たちもいるが、それはむしろ金正恩の人事構想が定まらず軍統制がスムーズでないと見ることの方が自然である。

二〇〇九年一月に金正恩が後継者に内定されて以降、人民武力部長は金イルチョル→金英春→金正覚→金格植→張正男→玄永哲→朴永植と移り変わり、軍に対する思想教育と人事を監督する総政治局長は趙明禄（金正覚第一副局長）→崔龍海（二〇一二年四月）→黄炳誓（二〇一四年四月）に、総参謀長は李英鎬→玄永哲→金格植→李永吉（二〇一六年二月粛清情報あり）→李明秀《リ・ミョンス》へ、総参謀本部作戦局長は金明国→崔富日→李永吉

↓辺仁善（二〇一四年一一月粛清）↓金春三《キム・チュンサム》（二〇一五年一月）↓イム・グァンイル（二〇一五年一一月）とわずか数ヶ月単位で交代した。金正恩は口を開ければ「戦争」を口にするが、軍の最高首脳部がこのように頻繁に交代していては、戦争どころではない。

このような金正恩による頻繁な北朝鮮軍首脳人事交代は、朝鮮戦争以来の北朝鮮軍における慣行よりも金正恩個人の好みや権威誇示が優先させられているところに原因がある。これは彼の力不足を人事権乱用で補おうとしていることを証明しているのだが、結果的には軍の威信低下をもたらし今後否定的影響を増大させる可能性が大きい。特に二〇一三年五月、五〇代の張正男《チャン・ジョンナム》第一軍団長を破格的に抜擢し人民武力部長に任命した人事（二〇一三年五月）は、過去に金正日が金イルチョルを武力部長に据える時に、一年間第一副部長に留めた後に任命したことと比べると大きな違いがあった。結局その張正男も二〇一四年五月に玄永哲（二〇一五年四月粛清処刑）と交代させられた。

北朝鮮軍首脳部人事のこうした交代の背景に対してはさまざまな解釈が可能であるが、金正恩の権威誇示欲と新しく軍の主導勢力になろうとする若手軍幹部の欲望、そして軍に対する党の統制を回復しようとする党幹部の利害関係一致がもたらした結果と見ることもできる。

三、金正恩式統制方法の問題点

こうした過程で金正恩政権の軍主導勢力には、変化する権力に便乗して若い新進幹部たちが登場しつつある。姜建《カン・グォン》総合軍官学校や金策《キム・チェク》政治軍官学校、そしてその他の兵種別軍事学校と金日成総合軍事大学を卒業した人たちが表舞台に出てきている。

彼らは、朝鮮戦争はもちろん、中東戦争、ベトナム戦争やアフリカ内戦に参加した経験のない戦争未経験

朴永植軍総政治局組織局長が人民武力部長に昇格（2015・6・15）

世代だ。新しい軍主導勢力が金正恩の「尊厳冒涜」に極めて敏感に反応する理由は、特別な経歴や成果もなく変化する権力に便乗し「忠誠」だけで昇進したことと関係している。

この金正恩式軍首脳世代交代で問題になるのはまず世代間ギャップである。

新しく登用された朴永植人民武力部長や李永吉前総参謀長（二〇一六年二月粛清）などは主に二〇〇〇年代中盤以降に昇進した人たちだ。従って金正日時代の軍主導勢力が一九九二年の昇進組であったことを考えると、一九九七年から二〇〇〇年時期の昇進組は金正恩時代の軍首脳人事から疎外されていると言える。この時期に該当する疎外された将官たちの金正恩に対する「忠誠度」は当然落ちるだろう。

次にこれまで行なってきた金正恩の軍首脳部交代人事が始まったばかりで終わりの段階ではないということも今後の不透明材料となる。軍幹部に対する十分な情報を持たない金正恩が、自分の好みに合わせて世代交代を急げば当然摩擦は起きる。今は身の危険を感じて我慢している軍幹部も不満を募らせていくに違いない。

また出世欲の強い若い軍幹部が、金正恩の世代交代方式に合わせて上層部に食い込もうとすることは十分に考えられる。そういったことから朴永植人民武力部長や新しく登用された総参謀長なども、過去のように

軍将軍に水泳訓練を強制する金正恩

一〇～二〇年の長期にわたってその地位を維持できる保証はない。少しでも失敗すると昇進を狙う同僚や二番手幹部からの非難や追及が待ち構えている。ここにも不安定化する要素がある。最近第二軍団長の金相竜《キム・サンリョン》が八月の地雷爆破事件で第二軍団長から第九軍団長に配置換えされたのも若手からの突き上げがあったからだと言われている。

四節　人事権で弄ばれる朝鮮人民軍

金正恩第一書記が執権した後、北朝鮮軍には人事の〝台風〟が起きた。二〇一一年一二月（金正日総書記死亡）以降の三年間、軍指揮部の総政治局長、総参謀長、人民武力部長は六ヶ月足らずで交代した。階級もゴム紐のようだった。韓国国防部の当局者は「最近、北の将星はメディアに登場するたびに、写真に出ている階級をよく見なければいけないほど、階級の浮き沈みが多い」とし「さらに一度に二、三階級降格するケースも少なくない」と話した。

二〇一四年に、陸・海・空軍の指揮官全員を対象に実施した射撃大会（三月）、水泳大会（七月）、飛行大会（一〇月）でも、基準に達しない指揮官は降格または交代させられた。北朝鮮軍の動向に詳しい韓国の当局者は「金正恩は〝腹が出た者は戦争ができない〟として指揮官の率先垂範を強調し、軍団長級の八〇%以上を相対的に若い五〇代に交代させた」と話した。延坪島《ヨンピョンド》砲撃戦を起こした第四軍団の李ソングク上将の場合、四〇代後半だ。新作戦計画に基づく戦争の準備をするなかで軍幹部の入れ替が強まったのだ。

一、軍人事の日替わりメニュー

金正日が死去した直後の二〇一一年一二月三〇日に最高司令官となった金正恩は、二〇一五年四月三〇日の玄永哲処刑を含めて四〇ヶ月間に五人の人民武力部長を代えた。人民武力部長の平均在任期間は八ヶ月だった。韓国国防部当局者は「陸・海・空軍があり、作戦や行政など複雑な構造になっている軍では、生涯軍服務をした人でも業務を把握するのに六ヶ月ほどかかる」とし「平均八ヶ月で交代したというのは、仕事ができ始める頃に代わるということだ」と語った。

北朝鮮の人民武力部は韓国の国防部に該当する北朝鮮の軍行政部署であり、金日成時代には、総参謀部（韓国の合同参謀本部に該当）を傘下に置いて強大な権限を持っていた。その後、金正日が執権し、人民武力部から総参謀部を切り離したために以前に比べると位置づけが弱まったが、しかし北朝鮮軍を象徴する存在であるので部長は最高指導者の側近が主に務めてきた。

だが金正恩はその軍の象徴を何度も交代させている。最初の犠牲者は金英春《キム・ヨンチュン》元人民武力部長だ。金英春は一九九四年末に金正日体制に反旗を翻してクーデターを謀議した〝第六軍団事件〟を張成沢とともに事前に制圧したことで金正日の寵愛を受けた。しかし金正恩は執権四ヶ月後に軍服を脱がせて党部長に送った。

金英春のバトンを受け継いだ金正覚《キム・ジョンガク》は人民武力部副部長として一〇年以上勤務したため長く留まると予想されていたが、七ヶ月も続かなかった。韓国哨戒艦「天安」爆沈事件（二〇一〇年）と延坪島《ヨンピョンド》砲撃戦を指揮し金正日の寵愛を受けた金格植《キム・ギョクシク》（二〇一五年五月死亡）が後を継いだ。しかし金格植も六ヶ月間の人民武力部長だった。

金正恩時代の人民武力部長のうち最も長く続いた張正男《チャン・ジョンナム》だ。しかし一一ヶ月後、上将（星三つ）に降格され、野戦部隊軍団長に移った。二〇一四年五月末ごろに人民武力部長になった玄永哲も二〇一五年四月末に粛清・処刑された。現在人民武力長の朴永植は、総政治局副局長上がりだがいつ交代となるかわからない。

このような人民武力部長の猫の目人事は、金日成・金正日時代とよく比較される。金日成は執権四六年間で交代させた人民武力部長は五人で平均在任期間は一〇年に近い。金正日時代も一七年間で三人だった。

二、人事いじりのために軍総政治局を強化

こうした人事いじりを強化するために金正恩は二〇一五年に入って軍に対する統帥権をいっそう強化する措置を取った。

二〇一五年二月二二日に約一〇ヶ月ぶりで中央軍事委員会拡大会議を開き、軍に対する金正恩の命令がより迅速に伝わるように軍の改編が行なわれた。

金正恩はこの会議で、人民軍の活動において現れた偏向について指摘し、朝鮮人民軍が恒常的にとらえていくべき戦略的路線と革命武力の強化発展のための課題と方途を明示したとされたが、具体的内容は明らかにされていない。

具体的内容は示されなかったが「偏向」については、総参謀部第一副部長兼作戦局長だった辺仁善《ピョン・インソン》などが粛清された経緯から見て、朝鮮人民軍と中国の関係であった可能性が高い。辺仁善は中国とのコネクションをもつある軍装備調達責任者の交代を金第一書記に命じられ、「対中関係が難しくなる」と諫言したことが

逆鱗に触れたと伝えられている。

金正恩は、自分の感情に合わないと逆上し、その上即興的判断を下すことが多い。これまでも気に入らない幹部に対しては、核心級幹部といえども些細なことを問題視し、いとも簡単に更迭している。崔龍海をはじめとして昇格と降格を繰り返す幹部が後を絶たない。

こうした気まぐれ人事を支えているのが組織指導部の軍出張所である総政治局だ。この軍改変でも総政治局とそこを牛耳る黄炳瑞人脈が中心となった。二〇一五年四月に人民武力部長だった玄永哲を、不満を漏らしたとして粛清・処刑したのもこうした流れから起きたものと推察される。軍幹部たちの間では面従腹背、ことなかれ主義が蔓延し始めている。

黄炳瑞が党と軍の実質序列ナンバー2に

またこの会議では「国家防衛事業全般に一大転換を起こすために重要な戦略的問題が討議され、組織問題が取り上げられた」とされる。ここで言う組織問題とは人事のことである。二一〇四年四月の拡大会議以降も、軍序列一体の総政治局長が崔龍海から黄炳瑞に代わるなど、軍首脳部の再編があった。

その後、黄炳瑞が党中央政治局常任委員に就任していたことが明らかとなった（二〇一五年四月九日、北朝鮮メディアが黄炳瑞を党中央委員会政治局常務委員として紹介）。これで二〇一四年一〇月以降党の常務委員に返り咲いた崔龍海が再び降格され黄炳瑞に追い越されたことが分かった。黄炳瑞を党の常務委員に据え、党と軍の風通しを良くすることが「軍の機構体系改編」の内容だったと思われる。金正恩の人事によって、金正日死亡時序列一二三位に過ぎなかった黄炳瑞が、たった三年で軍の序列二位（一位は金正恩）となっただけでなく、党の政治局常務委員の地位まで手にしたのである。

この決定に従って二〇一五年四月九日の最高人民会議では国防委員会も再編された。

張正男と辺仁善が党中央軍事委員会の軍事委員と国防委員会の国防委員を解任され、当時の人民武力部長玄永哲と李炳哲（空軍司令官から党副部長となった）が新たに国防委員に任命され、国防委員会の陣容は次のようになった。

国防委員会第一委員長　金正恩
副委員長　黄炳誓、李勇茂、呉克烈
委員　玄永哲（二〇一五年四月末粛清）、金春燮（前慈江道党責任書記、二〇一六年に交代した可能性あり）、金元弘　崔富日、李炳哲、趙春龍

朴道春《パク・ドチュン》国防委員は解任され、金春燮と入れ替わった。

しかしこうした人事で金第一書記の思惑通りに軍の組織再編が行なわれたとしても、緻密に準備した形跡が見られないために、新たな問題を発生させると予測されていたが、やはりその予測通り四月末には軍重鎮の玄永哲人民武力部長が粛清・処刑となり、二〇一六年二月には李永吉も粛清されたと言われている。

黄炳誓

黄炳誓主導で進められた崔龍海の降格

北朝鮮の朝鮮中央通信は二〇一四年四月二七日、労働党の中央軍事委員会拡大会議が開かれたと伝えた。中央軍事委は三月一七日にも開かれており、

一ヶ月半の間隔での開催は極めて異例だ。同通信は会議で「組織（人事）問題」が討議したと伝えた。朝鮮中央通信は同日の会議で、金正恩が軍内の「政治事業」を強調したと伝えた。金正恩が自身に対する忠誠度教育が足りないと言及したのだろう。軍内で政治的綱紀問題を担当しているのは崔龍海総政治局長だった。

崔龍海は二〇一四年三月一一日、最高人民会議の出席者と記念写真を撮影して以降、公の場から姿を消していた。四月一五日に平壌で開かれた「第一回飛行士大会」や二五日の朝鮮人民軍創建八二周年記念行事にも出席しなかった。軍内序列トップが軍の創建記念日に姿を見せなかったのは異常だ。

崔龍海が姿を見せない理由をめぐっては、病気説と失脚説がささやかれていたが、わかってみれば軍に対する政治事業を問題視された「降格」であった。その背景には、過去の張成沢との関係や、彼の粛清後に崔龍海に権力が集中し始めたことなどがあったと思われる。崔龍海に与えられていた党政治局常務委員、党中央軍事委員会副委員長、国防委員会副委員長、人民軍総政治局長の肩書からみると、権力基盤の固まっていない金正恩が警戒するのもうなずける。

また抗日パルチザンの「血統」を引くものであっても金正恩の一人独裁に障害となればいつでも除去するとの強いメッセージを送ることにもあったと考えられる。

崔龍海降格は、張成沢処刑を主導した労働党組織指導部と当時軍担当の第一副部長に昇格していた黄炳誓が進めたようだ。崔龍海の不適切な言動と行動を金正恩に報告し、金正恩の怒りを買ったのだろうとの観測も出ている。黄炳誓はこの後、大将、次帥と階級を上げ、軍総政治局長をはじめ、党軍事委員会副委員長、国防委員会副委員長、党常務委員と崔龍海の職責をすべて手にすることとなる。

朝鮮中央通信は二〇一四年四月二六日、金正恩が朝鮮人民軍第六八一軍部隊の砲撃・射撃演習を視察し、

「部隊の戦闘準備がよくできていない。部隊の党委員会が党の政治事業を実行できていない」と批判したと報じた。[注2] 軍部隊別に置かれる党委員会を管轄しているのが総政治局長だった崔龍海だ。この記事は、崔龍海降格のシグナルであったようだ。

崔龍海の動向は五月二日に行なわれた元山の松濤園《ソンドウォン》国際少年団野営所（キャンプ場）竣工式で明確となった。除幕と完工の辞を述べた際、党書記と紹介された。その序列は黄炳誓、金己男、崔泰福に次ぐものであった。この序列と軍服を脱いだ姿から人民軍総政治局長と政治局常務委員および党中央軍事委員会副委員長解任は確実視されていた。その後九月二五日の最高人民会議第一三期第二回会議で国防委員会副委員長を解任された。

だが崔龍海は二〇一四年一〇月になぜか再び党常務委員に復活した。しかし二〇一五年二月末、再び黄炳誓より下位で紹介され、三月九日には労働新聞が「国際女性の日」記念イベントを報じる中で、崔龍海を党政治局員兼書記局書記として報道、常務委員から再び降格させられていたことが判明した。そして結局二〇一五年一一月には革命化教育の憂き目に会っている。最近の国家情報院情報によると、崔竜海《チェ・リョンヘ》朝鮮労働党書記は、「白頭山英雄青年発電所」で起きた土砂崩れの責任を問われたと言われている。ところが二〇一五年一二月二九日の金養建葬儀委員名簿には名前が、金正恩、金永南、黄炳誓、朴奉珠、金己男に続く第六位で記載されていることが確認され、二〇一六年二月二日の党中央委員会と人民軍党委員会では金正恩のすぐ横に座っていた。だが今後の処遇がどうなるかは分からない。

黄炳誓の登場が意味するもの

北朝鮮の朝鮮中央通信は二〇一四年四月二八日、黄炳誓《ファン・ビョンソ》が党組織指導部第一副部長に、朝鮮人民軍次帥の

2014年5・1節の祝宴で挨拶する黄炳誓

称号が授与されたと報じた。また五・一節を祝う労働者の宴会での祝賀挨拶で人民軍総政治局長と紹介された。

黄炳誓は二〇一三年一二月、張成沢処刑を主導した一人といわれている。黄炳誓の出身地は明確でないが、もともとは韓国地域の出身だと伝えられている。年齢は一九四九年生まれの六六歳である。

黄炳誓は二〇一〇年九月の朝鮮労働党第三回代表者会で人民軍中将（韓国軍の少将に相当）、二〇一一年三月に上将（同中将に相当）へとスピード出世していたが、二〇一四年の四月一五日第一回飛行士大会で大将への昇進が確認されている。そしてその直後の中央軍事委員会拡大会議（四月二六日）では次帥に昇進した。

二〇一三年は金正恩の公開活動への随行頻度が崔龍海に次ぐ二位だったが、二〇一四年に入ってからは黄炳誓がトップとなった。黄炳誓はこの間、党においても組織指導部副部長から組織指導部第一副部長に昇進しすぐさま軍総政治局長となり、二〇一五年には党政治局常務委員にまで上り詰めた。二〇〇五年に党組織指導部副部長に就任した後、わずか一〇年で党と軍を束ねる地位を獲得した。

黄炳誓の登場は、白頭の血統色を薄めさせてでも、金正恩色を前面に出そうとする象徴的人事である。これで軍首脳は、金正日時代にはほとんど名前が知られていなかった黄炳誓、朴永植などで固められた。

崔龍海よりも軍に対する統制指導に長くかかわってきた黄炳誓であるから、今後軍内で金正恩絶対化を強力に推し進めるだろう。しかしこうした人事で金正恩政権が強固になる保証はない。

黄炳誓の超高速出世は、張成沢粛清で後見人体制から離脱した金正恩が、金正日離れを内外に示した人事でもある。この人事が吉と出るか凶と出るかは分からない。だが金正恩政治の四年間を振り返ると凶と出る可能性が高い。特定の人物が高速出世を果たすとき、その反対でその足を引っ張ろうとする力が作動するのは政治の常だからだ。張成沢の時もそうだった。正恩の母親高ヨンヒにかわいがられたという黄炳誓の登場は、金正恩政権の落日を示す悪しき「星」となるかもしれない。

(注1) 非対称戦力=相手が保有せず比較優位にある戦力。核兵器、生物化学兵器・弾道ミサイルなど大量殺傷が可能な武器を含め、潜水艦や特殊戦要員が該当する。戦車など通常武器の増強に比べ、少ない費用で大きな効果を期待でき、相手の弱点を攻撃できる。

(注2) 二六日の朝鮮中央通信によると、北朝鮮の金正恩第一書記は砲兵の射撃訓練を視察し、「反米対決戦を目前に控えた今、戦闘準備より重要なことはない」と強調、緊張感が足りないと部隊関係者を叱責した。視察日は不明。

金第一書記は、訓練で兵士が迅速に行動しなかったと指摘し「この部隊の指揮官の心は戦場から離れているようだ」と叱った。また、兵士がビジネスなど訓練以外の業務に動員されている実態を指摘し「生活改善のために副業もしなければならないが、常に戦闘準備を優先させなければならない」と訴えた(共同)。

第6章

金正恩のアキレス腱
経済再生

NASA が写した真っ暗な北朝鮮

これまで見てきたように、金正恩体制の最大の問題点は、金正恩の統治力不足を恐怖政治の強化で対処しているところにある。だが実際は、それによって幹部たちの「面従腹背」をもたらし、さらに統治力を弱めるという皮肉な「恐怖統治パラドックス」に陥っている。このジレンマから抜け出す道は、「経済の再生」とそれによる「人民生活の向上」以外にない。

金正恩が強調する「人民第一主義」は、経済再生があってこそ証明される。また金正恩の権威不足と業績不足は、民生の安定をもたらしてこそ克服できる。しかしこの壁は、祖父の金日成も父の金正日も超えられなかった未踏の壁だ

宇宙衛星が映し出す電気のない真黒な北朝鮮では、いくら平壌に高層アパートを建て、娯楽施設を作り、欧米式のレストランを作ってもそれは映画のセットのようなものにしかならない。電力生産を向上させ、街に明かりを灯し、インフラを整備し食糧難を克服してこそ金正恩体制は北朝鮮に根を下ろすことができる。

しかしこの問題の解決は簡単ではない。一つは財源・外貨の問題であり、もう一つは、経済活動の自由の問題がある。北朝鮮では「党の唯一思想と唯一的領導」によって人々の思考と行動は統制されており移動すら自由ではない。そしてビジネスは国家の統制下に置かれている。また金正日時代に党や軍や政府の各部門に財源の自立を強要したために、経済利権は分割されている。そればかりか、金正恩時代の総路線である核と経済の並進路線は国際的孤立を強め、正常なビジネスによる外貨獲得と外国からの投資を妨げている。

こうした北朝鮮経済の根本的くびきを解き放たない限り、小手先の政策だけでは北朝鮮経済が停滞から抜け出すことは難しい。この問題の解決方向は、核を放棄し国際的孤立から抜け出し改革開放に向かう道しかないのだが、金正恩は「ウリ式社会主義」という鎖国政策を今も続け、首領独裁経済（金正恩一人のための経済）という権力維持シェルターから出てこようとしていない。ここに「人民第一主義」を叫ぶ金正恩体制の最大のジレンマがある。

一節　北朝鮮の経済難と私経済の拡大

金正恩は、二〇一四年新年辞で現在の苦しい北朝鮮経済の状況を次のように吐露した。「人民経済のすべての部門で、生産的潜在力と内部の余力を残らず引き出して生産を増やすとともに、節約運動を力強く展開しなければならない。節約はすなわち生産であり、愛国心の発露である。全社会的に節約運動を強化して一ワットの電力、一グラムの石炭、一滴の水も極力節約するようにし、すべての人が強い愛国心と主人としての態度を持ち、国の経済管理を几帳面に行なう気風を確立しなければならない」。

また二〇一六年の新年辞では、五月に党大会を迎えることもあって「経済強国建設に総力を集中すべきだ」と述べ、経済の再建と人民生活の向上を最重要課題に挙げた。経済再建問題については、深刻な電力問題の解決を真っ先に挙げ、電力、石炭、金属工業、鉄道運輸部門に力を入れて経済発展と人民の生活向上における新しい転換をもたらすべきだと訴えた。

北朝鮮経済が順調に成長を続けていればこうした発言はありえない。それにしても「一ワットの電力、一グラムの石炭、一滴の水も極力節約」することを求めた金正恩の発言は、彼がたびたび口にする「人民に富貴栄華を味わわせる」との公約とはあまりにもかけ離れたものである。

二〇一三年一二月の張成沢処刑の判決文でも「経済」が八回、「経済と人民生活の破局」という表現が二回出てくる。表向きは張成沢の罪状の説明だが、それはそのまま北朝鮮経済がまともに機能せず、人民生活の悪化を認める形にもなっている。判決文ではまた「張成沢が首都の建設と関連する事業を混乱させ、（中略）平壌市建設を意図的に妨害した」という文言がある。これは張成沢が中心となって二〇〇九年から進めてきた「平壌市一〇万世帯住宅建設」が、資金と資材不足が原因で二万世帯しか建設できなかった責任を追及したものであるが、言い換えれば「二〇一二年までに強盛大国を建設する」という公約が実現できなかったことを意味する。そのためか最近では「強盛大国」という言葉は使わず「強盛国家」と言いかえている。しかしそれも呪文を唱える言葉のようになっている。

張成沢についてはさらに「二〇〇九年に万古逆賊の朴南基《パク・ナムギ》をあおり、数千億ウォン（北朝鮮ウォン）に上るわが国の資金を乱発した上に、経済面で甚だしい混乱を引き起こすことで、民心を苦痛に追い込んだ。（張成沢は）それを背後で操った張本人だ」として、金正恩が主導したとされる「貨幣改革（デノミ）」の責任を張成沢に転嫁した。金正恩が後継者となった後の経済政策の失敗をすべて張成沢に背負わせたのである。

この「デノミ失敗」の結果、北朝鮮政府当局の指示に従わず隠匿資金（主に外貨）を放出しなかった人たちが「金主《トンジュ》」として権力者と癒着し私経済で利益を貪る集団となっている。金正恩政権はいま、この「金主《トンジュ》」と言われる富裕層を容認して資金を吸い上げ統治資金に充てているのである。金正恩時代の年率一％と言われている経済成長（根拠は希薄）は、主に私経済（市場）に対する統制の緩和と「金主《トンジュ》」たちの活用、そして「闇経済」によってもたらされたものである。

一、金正恩時代の変化――私経済の拡大と「金主《トンジュ》」

金正恩時代に入っての経済面における特徴の一つは、食糧の配給をはじめ物資の供給不足が慢性化する中で私経済の利用に踏み込んだことである。その実行過程で当局の「外貨稼ぎ部門」などと手を組んだ「金主《トンジュ》」と言われる資金力のある富裕層が拡大した。

こうした政策は金日成時代の北朝鮮経済では考えられないことだった。むしろ私経済をなくすことが政策の基本であったからだ。一九五八年に農業協同化が完了し、北朝鮮での生産手段の所有形態が全人民的所有（国家的所有）と協同体的所有の二形態となった時、「社会主義制度」の樹立が宣言され、その成果をもって一九六一年に第四回朝鮮労働党大会が「勝利者の大会」として開かれた。この大会では、今後の課題は協同体的所有の国家的所有（全人民的所有）への転換だとし、そうなった時、社会主義は完全に勝利し共産主義に向かうことができるとしたのである。

これ以後、農村では家庭菜園程度の土地利用だけが個人に許されるのみとなった。そこで生まれるわずかばかりの余剰農産物は「農民市場」と呼ばれるところで細々と取り引きされた。この家庭菜園が三〇坪程度まで公認されたのは一九七六年になってからである。

しかし北朝鮮では一九九〇年代の経済危機で、社会主義施策の根幹である「配給制」が崩壊し、国民生活に必要な生活必需品が決定的な供給不足に陥った。供給不足を補うために仕方なく私設の市場《チャンマダン》をはじめとした私経済を許容したが、二〇〇〇年以降に経済が若干好転すると当局は配給制の復活を何度も試みていた。しかしその試みは二〇〇二年の「七・一措置」（米をはじめとした生活品の価格を実勢価格に合わせ、給料も上げることで商品流通を再び国家の統制のもとに戻そうとした措置）をはじめすべてが失敗に帰している。それを決定づけたのが二〇〇九年の「貨幣改革（デノミ）」（インフレで価値が低下した旧通貨百ウォンと新通貨一ウォンとの交換を一〇万ウォンを限度で強行し庶民のタンス預金を収奪した措置）の失敗であった。その結果、逆にさらなるハイパーインフレを引き起こしてしまったのである。

金正恩時代に入っても拡大する一方の私経済と闇経済は統制が難しくなった。そこで北朝鮮当局は、むしろ一定の使用料を徴収する形で「公設市場」（二〇一五年現在全国に四〇〇以上存在）の拡大を行なう一方、党・軍・政府の幹部と結託する「金主《トンジュ》」たちに生産手段の利用権限まで与えて利益を創出させ、そこから上納金を徴収する方法で国家財源の補完を行なった。いま北朝鮮で計画経済は縮小され、個人の商売行為による「私経済領域」は、継続的に拡大している。

北朝鮮のチャンマダン（市場）で売台増加

北朝鮮における私経済の規模

韓国の対外経済政策研究院が二〇〇九年の人口統計を基に分析した結果、北朝鮮で一六歳以上の人口一七三七万人のうち、八三%に当たる一四四八万人が市場を通じた「非公式」経済活動に携わっていることが分かった。一九九〇年代に食糧難が深刻だった咸鏡南道では市場化率が九三%、配給経済が最もよく機能している平壌市内でさえも市場化が五六%に達しているという。

ソウル大学統一平和研究院の「二〇一三年北朝鮮離脱住民の意識と社会変動調査」によると、脱北者の七〇％以上が「北朝鮮で商売した経験がある」と答えた。特権層に属する朝鮮労働党員出身でも六八％が「商売をした経験がある」としている。三〇代で九二・三％、四〇代で八八・二％と、若年層ほど商売の経験が多かった。

脱北者たちは小売商（三七・二％）、外貨稼ぎ（一一・一％）、安く買って高く売る「転売」（八％）、日雇い労働（七・一％）などが主な収入源だったと答えた。「協同農場や工場労働などで国からもらう公的給料が主な収入源だった」という回答はほとんどなく、全回答者の四二・二％は「国から支給された生活費はゼロウォンだった」と答えた。その一方で、「商売・副業など〝私経済〟を通じた世帯収入は一〇〇万ウォン未満」と答えた人が一三・二％、「五〇万ウォン未満」が一三・七％、「三〇万ウォン未満」が三一・七％、「一〇万ウォン未満」が一六・六％だった。だが、一〇〇万ウォン以上という回答も一五・一％に上った。

北朝鮮住民の一〇人中八人が、国から一万ウォンも受け取れない反面、七人以上が市場で一〇万ウォン以上稼いでいるということだ。

一方私経済の事業所も拡大し金主《トンジュ》が金融にも進出しているという。

韓国ＩＢＫ経済研究所のチョ・ボンヒョン研究委員によると、北朝鮮には現在、約五〇万個所の事業所があるとのことだ。このうち四〇万個所は飲食店・理容店などのサービス業小規模事業者で、製造業・貿易業者は一〇万個所前後だという。国家機関に収益の一部を支払うことで委託運営権を持つ方式となっている。このため店主と従業員、水産業船舶所有者と漁業労働者といった私的雇用関係も発生している。

最近では非公式金融市場も発生した。内部消息筋によれば金主《トンジュ》が金を貸して利子を取っているのだ。資金力のある金主《トンジュ》は民間金融業者の枠を超え、商業従事者の貿易代金決済を代行したり、国家機関や事業所の貿易許可権を借りて自ら経営に乗り出すこともあると話す。北朝鮮当局も最近の経済特区推進に合わせ、商業銀行法を制定して工場や事業所が融資を受けられるようにしたが現実には機能していないからだ（朝鮮日報日本語版二〇一四年一月三一日）。

金主《トンジュ》の成長

北朝鮮では最近、個人では所有できないトラックを国家機関に一定のお金を上納して借り受け、商人と商売物品を移動させる「ソビチャ＝サービス車」も登場し始めた。金主《トンジュ》は、複数台の「サービス車」を確保して利益を上げ、商品を直接輸入したり密輸するなどで確保し、各主要市場で売る「卸売り」商売や、農村で農民に農産品を運送して売るビジネスも始めている。また、電力難で鉄道の運行に支障があることから、金主《トンジュ》はサービス車と同じように中古バスを国家機関から借り受けたり、輸入するなどして、「運送業」を通じても利益をあげている。賄賂を通じて投資や再投資、貿易業などが比較的自由になり、金主《トンジュ》の事業領域は、多種・多様化された。現在では、北朝鮮の経済のすべての部分で金主《トンジュ》が影響力を行使している。

正確な数値は推定できないが、脱北者の証言などから数万人、多くて十数万人の金主《トンジュ》が存在していると見られている。金主《トンジュ》が最も多い場所の一つである平安南道・平城《ピョンソン》では一〇万ドル以上の資産を所有する金主《トンジュ》が多く存在する。私経済に対する統制が緩められた金正恩時代に入って、金主《トンジュ》の数は大幅に増加したとみられ、平壌の金主《トンジュ》の中には数百万ドルの資産を所有する者も相当数いるとのことである。

北朝鮮の私経済はいま、金主《トンジュ》という個人の資金を元にして拡大しているが、根本的な限界がある。それは党・軍・政府の主要な機関の承認と統制の下で拡大しているという点だ。金主《トンジュ》は、党や軍、人民委員会に籍を置いて私経済活動を行なわなければならない。北朝鮮当局は、その気になればいつでも金主《トンジュ》を取り締まることができ、その財産を没収することもできる。すなわち金主《トンジュ》の命運は金正恩に握られているということだ。

金正恩が金主《トンジュ》の特権が強まることによって生じる腐敗の深化や市場化を通じた統治システムの亀裂ないし変化が生じた場合、私経済を縮小させる可能性がある。過去、金正日が、定期的かつ多角的に市場を制御したのはそのためだった。私経済が、資本主義的思考を広め、住民意識の変化をもたらし体制を脅かすと判断されれば、金正恩はいつでも市場に対する統制を始めるだろう。

こうしたことから、北朝鮮の私経済と金正恩の首領独裁体制は、二律背反的な共存をしているということができる。

二、北朝鮮で広がる貧富の格差

韓国デイリーNKの内部情報によれば、平壌中心部の倉田《チャンジョン》通り、未来科学者通りなどには、派手な高層建築が次々に建てられ、ビジネスや不正で大金を手にした幹部や金主《トンジュ》は、高級レストランで散財している。ビジネスで大儲けした幹部や金主《トンジュ》は「外貨タンス預金」を引き出そうとする国の消費奨励策に乗っかり贅沢三昧だ。当局は、富裕層にカネを使わせるために、サウナ、ジム、カフェなどの施設を次々に建設し、「人民愛」と宣伝している。

内部情報筋は「労働党中央や外貨稼ぎ機関の幹部が、高級レストランで一〇〇〇ドルを使うのを目撃した」と語る。一〇〇〇ドルは、一般家庭の一年分の食費に相当する額だ。最近北朝鮮を訪問した在日朝鮮人は、平壌で家族連れが一杯七〇〇円のコーヒーを飲んでいるのを見て驚いたという。

しかし一方、同じ平壌でも町外れには電気も来ないあばら屋が立ち並んでいる。一〇年前と比べて何ら変化も発展もない。富裕層が散財する姿を見た庶民たちは「不満を超えて敵愾心すら抱きつつある」と内部情報筋は伝えている。

また、いびつな給与体系も、貧富格差を拡大させる要因となっている。

外貨稼ぎに貢献している国営企業、例えば平壌紡績工場の月給は三〇万から一〇〇万北朝鮮ウォン（約四五〇〇円～一万五〇〇〇円）だ。これとて決して「高給取り」とは言えないが、町外れの零細工場の月給三〇〇〇～四〇〇〇〇北朝鮮ウォン（約四五円～六〇円）と比べれば、大変な高給だ。

「汚い連中の顔を見て暮らすのなら、田舎で農業でもして暮らす方がまだマシだ」とする住民も多い。事実、平壌ではなく、あえて平壌郊外の平城《ピョンソン》や順川《スンチョン》に住居を移す住民もいる。統制が厳しく、商売しづらい上に、運悪く取り締まりに引っかかれば山奥に追放される恐れがあるからだ。平城から平壌地下鉄の「プルグンビョル（赤い星）駅」までは二五キロ、バスに乗っても検問時間を除けば所要時間は一時間に満たない。

こうした北朝鮮の「変化情報」については、北朝鮮を訪問した日本の学者やジャーナリストによっても一部がもたらされている。ただこれらの情報は、平壌とその近郊の一部だけの見聞で、北朝鮮全体をくまなく見渡した結果の情報ではない。携帯電話は三〇〇万台を超え、一五〇〇台のタクシーが行き交い、新たな外食レストランが登場し、平壌に住む一部の人たちの間で「生活がよくなった」と感じる人たちが増えたとの彼らの情報は事実だが、それが全部ではない。

贅沢な暮しをする富裕層の女性たち

韓国デイリーNKの情報によれば、ごく一部の平壌の富裕層女性は、美容と健康にも金を使い各種娯楽施設を楽しむ生活をしているという。

「平壌富裕層女性は主に外国人が集まる大同江区域のクムヌン体育館で、一時間に七ユーロを出してスカッシュを楽しんでいる」、「体育館に出入りするこの女性たちは、外国人と気楽に会い一緒に運動をしている」

と伝えた。

「これら女性は、党の高位幹部や外貨獲得の貿易会社社長などの奥さんたちだが、最近では貿易や商売などで儲けた新興金主《トンジュ》らもこうした生活をしている」、「彼らは、平壌中区域や牡丹峰区域の高層アパートなどで豪華な生活をしている」としている。

彼、彼女らが、スカッシュ一時間の利用料で支払う七ユーロは、北朝鮮一般労動者たちの平均賃金（三〇〇〇ウォン）の二五倍で米一五kg（一kg＝五〇〇〇ウォン）を買える金額だ。

平壌の一般住民は「政府は二〇一四年末、新しく完工した紋繍ウォーターランドやクムヌン体育館を宣伝して〝人民のための体育文化施設が素晴らしく出来上がった〟と大々的に宣伝したが、実際は富裕層のための専有物に過ぎない」「紋繍ウォーターランドも今では、入場料が高く一般住民は負担で行けない」と語っている。

そして「紋繍ウォーターランドは、現在国内人には二ユーロ（北朝鮮貨幣二万ウォン相当）、外国人には一二ユーロだが、二ユーロでも一般住民にとっては負担になる金額」と言いながら「外国人観光ガイドの仕事をする人は、それでも身入りが良くウォーターランドを利用したりもするが、多くの一般人は高い入場料のため入ることを躊躇する」と強調する。

だがこの紋繍ウォーターランドも二〇一五年の夏には人気がガタ落ちとなっている。電力不足のために水の入れ替えや浄化がままならず、感染病にかかる人が増えたからだ。昨年の夏には多くの富裕層は海に出かけたという。

金正恩時代に入っての私経済利用政策は格差を拡大させ「平等」という社会主義原則を破壊することで新たな「問題」を発生させた。

この問題を解決するには、富のパイを拡大し、その再分配にも資金を回さなければならないが、北朝鮮の資金力だけでは到底無理がある。外資という外からの「血」を入れインフラを整備し設備投資を拡大しなければ解決しない。そして雇用の増大につなげなければならない。

現在一部富裕層に限られている所得増大の恩恵を一般労働者にも行き渡るようにする必要があるのだが、ここで核武装路線の問題に突き当たる。すなわち核武装路線を維持したままでは「国連制裁」が解けず、「国連制裁」が解けなければ外資の導入ができない。外資導入ができなければ経済の再生もままならないということだ。それにもかかわらず、金正恩は、二〇一六年一月六日に第四回目の核実験（北朝鮮では水爆実験と言っている）と事実上の長距離弾導ミサイル発射を強行し、一層強い経済制裁を受けようとしている。

この矛盾を金正恩政権はどのように解こうとしているのか。それは来年の五月に三六年ぶりに開かれる第七回党大会で明らかにされるかもしれない。しかし首領独裁制という権力構造にしがみついている限り、いくらうまく絵を描いたとしても所詮は「絵にかいた餅」とならざるを得ない。政治改革なくして経済改革は実行できず経済の再生もなしえないのである。

二節　金正恩の「五・三〇措置」による新経済管理改革の実態

北朝鮮当局の必死の努力にもかかわらず金正恩時代になってからも、基幹産業ではこれといった成果は上がっていない。変化を見せているのは展示建築物やサービス施設がほとんどである。

一部報道では、食糧生産も五〇〇万トン台に達し経済が改善されつつあるとしているが、一九八四年当時の食糧生産年間一〇〇〇万トン（北朝鮮当局発表）には遠く及ばない。

こうした状況を打開すべく金正恩は、国営企業と農業協同組合に対するインセンティブ（物質的刺激）を増やして生産性を高める政策も進めている。それが一般的に言われている「経済管理改革」だ。そのために二〇一二年には「六・二八措置」と言われる「経済管理改革」を発表し、その延長線上で二〇一四年五月には「五・三〇措置」という金正恩談話を発表した。「五・三〇談話」では「経済問題を解決するには、決定的に経済管理方法を革新しなければならないという正しい観点を持たなければなりません」と指摘し、経済管理改革の重要性を訴えている。

この談話に対する評価は分かれている。韓国、日本、ロシアなど一部の学者・評論家の中には、この談話で経済改革が成功したので北朝鮮経済が好転し富裕層が出現したと主張する人たちがいる。こうした見解は、おおむね平壌だけを行き来する親北朝鮮的な人たちからもたらされているが、誤解に基づく一面的見方だ。内部からは経済改革が成功しているとの報告はない。むしろ電力不足が深刻で北朝鮮経済が厳しさを増しているとの見方が多い。最近の衛星写真を見ても、平壌の一点を除いた夜の北朝鮮が真っ暗であることからもこの情報は裏付けられている。

一、「五・三〇談話（措置）」とは

いま北朝鮮が進める企業管理改革は「社会主義企業管理責任制」と呼ばれ、それは二〇一四年五月三〇日の金正恩の「五・三〇談話」に記されているという。この談話の内容は二〇一五年一月初に韓国の「統一ニュース」が入手し、その少し後に日本では『週刊東洋経済』が同年一月一一日号で報じた。

入手したとされる「原文」によると強調している内容は次のようなものである。

○経済を指導・管理する上で生産手段に対する社会主義的所有を擁護・固守し、集団主義の原則を徹底的に具現していかなければならない。
○経済に対する指導と管理を客観的な経済法則と科学的利益に合致するように行ない、最大限の経済的実利を保障するようにしなければならない。
○社会主義企業責任管理制は、工場、企業所、協同農場が生産手段に対する社会主義的所有に基づいて実際の経営権を持ち、企業活動を創意的に行ない、党と国家の前に負っている任務を遂行しつつ、勤労者らが生産と管理において主人としての責任と役割を全うするようにする企業管理方法だ。
○各企業体は労働に対する評価と分配方法を社会主義の原則通りに行ない、勤労者の誰もが働いた分、稼いだ分の報酬を公正に受け取るようにしなければならない。
○われわれ式の経済管理方法において重要な内容を成すのは、経済管理事業に対する党の領導を保障しつつ、政治事業を確固として優先させていくことだ。

以上で指摘されている内容を一言でいえば、社会主義的所有を固守した上で、最大限の実利を得るために、社会主義企業責任管理制で企業活動を創意的に行ない、勤労者の生産と管理における責任感を高め、社会主義原則に基づいて分配し、そのすべては党の指導のもとに行なわなければならないというものだ。

この「談話」については、北朝鮮国家計画委員会のリ・ヨンミン副局長の「論文」（朝鮮労働党理論機関誌『勤労者』二〇一四年九月号）で一足先に基本内容は紹介されていた。

リ副局長は論文で、この「労作」の基本要求を「社会主義の原則をしっかりと堅持しながら、生産と管理を客観的な経済法則と現代科学技術の要求に合わせて最大限の実利を得ることは、われわれ式経済管理方法を確立すること」と記述している。談話の内容をほとんどそのままなぞった主張だ。

その上で「社会主義の原則をしっかりと堅持した経済管理改革を進めるには、工場、企業所、協同団体で社会主義企業責任管理制を実施すべきだ。企業体は国家の統一的な指導の下、自らに与えられた経営権を行使し、すべての予備と可能性を余すところなく探究・動員し、勤労者の精神力を発動させ、与えられた国家課題を無条件に遂行すべきであり、国家の経済発展戦略に基づいて自分たちの実情に合う経営戦略、企業戦略を立て、生産を積極的に増やし、企業を拡大発展させるべきだ」と述べている。

この「社会主義企業管理責任制」が「独立採算制」なのかについては、朴成哲《パク・ソンチョル》室長（朝鮮社会科学院経済研究所工業経営室）が、二〇一四年九月、『週刊東洋経済』の「独立採算制が導入されて企業などの収益性が上がっているのか」との質問に対し、「社会主義企業管理責任制を独立採算制とは言わない」と明確に述べている。

これについて朝鮮総連機関紙『朝鮮新報』も、外部論者の曲解に対する北朝鮮当局者の主張として次のように伝えた。

「（経済管理改革が）最終的には〝生産手段の民営化〟を招くとの指摘に対して、内閣の経済行政担当者は〝朝鮮は、社会主義経済制度の基礎である生産手段に対する社会主義的所有を固守している〟」（朝鮮新報二〇一四年二月四日）

二、「五・三〇措置」に対する誤解

ところがこの「五・三〇措置」に対して二〇一四年の後半から一部学者・評論家の中で「ついに北朝鮮が

中国式の経済改革を始める決心をしたようだ」（韓国国民大学ランコフ教授）などと、どう解釈したのかそれが「中国式経済改革」と同じだとする「主張」が飛び出した。その説明によると「金正恩第一書記時代に入った二〇一二年以降、北朝鮮の経済政策は徐々に市場主義的、資本主義的な性格を帯びつつあった。企業所などでの独立採算制の拡大や協同農場での運営方法に一定の自律権を与える圃田《ほでん》担当制、経済開発区の制定などがその代表的なものだ」という風になっている。

ランコフ氏らは北朝鮮の企業管理改革を「最大限の実利の保証」や関係幹部の「企業の独自性」との言葉にだけ注目し、「社会主義原則（非市場経済原則）に基づく」との部分を無視し、北朝鮮の企業管理改革が「本格的市場経済化」へと向かうものと勝手に解釈したのである。

この「五・三〇措置」を、一九七八年の中国共産党第一一期三中全会で門を開いた中国の改革開放になぞらえて最初に紹介したのは北京大学の金景一教授だった。金教授は韓国紙『ハンギョレ』（二〇一四年九月二一日付）に寄稿した「北朝鮮の静かな変化と南北関係」において、「五・三〇措置と呼ばれる新たな処置が出され、北朝鮮のすべての工場と企業、会社、商店に自律的な経営権が与えられた。生産権や分配権に続いて貿易する権利まで、本来は国家の役割だった権力が与えられ、工場や企業の独自的な自主経営権として定着している」などと恣意的に解釈し、あたかも北朝鮮の企業が国家の統制から離れて「市場経済」へと向かっているかの如く書き綴った。

金教授が見落としているのは、中国での経済改革は政治改革を進めながら行なったという点と生産手段に対する私的所有も許しているという点だ。毛沢東以後中国の政治体制は、引き続き社会主義を目指しているが個人崇拝を廃しており、最高指導者に絶対権力を付与する北朝鮮の「首領独裁体制」とは全く異なる政治体制だ。ランコフ氏もこのことがよく理解できていなかったようである。

北朝鮮の経済は、「首領独裁経済」である。この経済システムは、本質において国民の生活向上に目的があるのではない。首領（現在は金正恩）にどれだけの利益をもたらすのかが最終目的である。北朝鮮では政治だけでなく経済も首領独裁制維持の手段となっている。従って経済管理改革も首領のための改革となることが要求される。首領の統治に阻害要因が見つかれば、それが生活向上に役立つとしても当然中断される。

三、金正日の市場経済に対する遺訓

北朝鮮経済を市場経済化してはならないというのは金正日の「遺訓」である。もしも金正恩が「私経済の活用」の枠を超え「中国式経済改革」に進むのであれば、それは金正日の否定となる。筆者としては大歓迎であるが、そうはならないだろう。もちろん「私経済の活用」が金正恩の思惑とは違う方向に進み結果的に市場経済が力を得ることがあるかも知れない。その時は首領独裁が崩壊へと向かう。

では「市場経済」に対する金正日の考えに立ち戻ってみよう。

金正日は、一九九六年に金日成総合大学で次のように演説した。

「社会主義社会で食糧問題は社会主義的方法で解決しなければならない。人民たちが自分勝手に食糧問題を解決するように党が放置すれば、農民と商人だけが繁栄し、利己主義によって階級のない社会の社会秩序が崩れることとなる。そうなれば党は人民的基盤をなくしポーランドやチェコスロバキア（一九九三年にチェコとスロバキアに分離）のように崩壊することになる」（一九九六年一二月七日、金日成総合大学での演説、『月刊朝鮮』一九九七年四月号）。

金正日はまた、二〇〇〇年六月の「南北首脳会談」直後、「改革と開放は崩壊への近道だ。われわれは改革と開放のためのいかなる努力や試みも決して容認しない」と語ったという。

「五・三〇談話」の中で「幹部らが経済管理方法を改善すると言いながら自分勝手に社会主義の本性に反する誤った方法を引き入れ、領袖と将軍が築いた領導業績を毀損するといった現象が現れないようにしなければなりません」と釘をさしているのは、こうした金正日の遺訓に沿った発言である。この点はリ・ヘソン論文（『経済研究』二〇一五年第二号）でも「企業戦略の作成においては、まず第一に党の経済建設路線と政策、社会主義原則を徹底して具現すべきだ」と強調している。企業戦略は資本主義化に反対し首領独裁体制を強化する方向で作成しなければならないと強調しているのである。

これまで北朝鮮では「経済改革」に対する政策を幾度となく取り上げてきた。金正恩時代に入っての二〇一二年に騒がれた「六・二八措置」もそうだ。しかし談話や論文で「改革」の夢をいくら描いても、企業がヒト・モノ・カネを自由にできなければ「独自性」は何の意味もない。だから開放型の「経済改革」は、政治改革、すなわち首領独裁を廃止するか、少なくとも開発独裁型とならなければ実現できないのである。

ランコフ氏が北朝鮮体制の本質を「首領独裁体制」であると理解していれば落胆もなかったはずだ。また多くの学者・評論家もこのことを理解していれば「五・三〇談話」に対する幻想（企業の民営化や市場経済化）で大騒ぎすることもなかった。

三節　農業管理改革「圃田担当制」とその問題点

金正恩の新経済管理改革のもう一つの目玉は農業管理改革にある。その中身は、これまでの最少作業単位である「分組」をさらに細分化して「圃田《ほでん》担当制」なるものを作り、農民の責任感と生産意欲を高めようとするものである。

北朝鮮では、農業の基本単位である協同農場の管理運営は農場管理委員会が担当する。協同農場の生産組織の基本単位は作業班だ。協同農場の作業班は一定の耕作地、労働力、作業道具をもって計画目標として与えられた年間生産課題を遂行する。作業班はいくつかの分組に分けられ、分組単位で農作業を行なう。作業単位を細分化することで責任ある姿勢を呼び起そうとしたが、この分組管理もうまく機能しなかった。そしていまそれをさらに細分化した「圃田担当制」をうち出している。

金正恩体制が本格的に始まった二〇一二年、北朝鮮は「地域的特性に合わせ、分組数と労力者（人員）数、土地面積をきちんと規定し、それによる穀物生産計画を立て、その遂行のための技術的指導を強化すると同時に、農業機械や営農資材をきちんと補給し、分組間の穀物増産競争の熱風を起こすべき」と強調した。

人力に回帰する北朝鮮の農村

この方針に沿って北朝鮮メディアは、各地域の協同農場において分組ごとに「労働と実績に合わせて正確な現物分配が実施されるようにする新たな措置」を実施したと報じた。分組単位の競争を活性化するために、分組の下に三〜五人のより小さな単位の圃田担当を導入した。この「新たな措置」の核心が「圃田担当制」であった。

「圃田担当制」を実施することで相互競争を強化し、「怠け者」をなくそうとしたのである。五〇人単位の作業班よりは一〇〜二五人単位の分組が、分組よりは三〜五人単位の「圃田担当制」の方が責任の所在を明確にできることから、「怠け者」をなくし、農民の自発性と労働生産性を高めるには有利だという判断からのようだ。

三〜五人単位で「圃田担当制」が実施されるため家族営農が可能となった。北朝鮮当局も農業生産を高めるためには家族営農制へ進むことが不可避だとの判断を下したように思える。そのようなことから圃田担当制は中国の家庭責任経営制と似たような形態を帯びている。

中国は家族的な結びつきと利害関係を利用して農業における増産のために「家庭責任経営制」を導入し、これの成功を元に個人営農制へと進んだ。国家所有の土地に対する所有権も個人に付与し（五〇年間）し、それを売買できるようにして市場経済化を図り個人営農制に移った。

しかしこの中国の「家庭責任経営制」と北朝鮮の「圃田担当制」には決定的な違いがある。それは土地の所有権とその売買権だ。北朝鮮では土地の個人所有も売買も認めていない。従って今の段階で「圃田担当制」が中国のような個人営農制に移る可能性は全くない。

「圃田担当制」が導入された時、計画経済を強調する幹部たちと協同農場幹部らの消極的な態度などでこのシステムが広まらず一時中断された。ところが二〇一三年四月一八日、朝鮮労働党の機関紙『労働新聞』は「分組管理制」の強化として「圃田担当制」の実施を再び強調した。

四ヶ月後、朝鮮労働党理論誌『勤労者』も「分組管理制」を説明し、「圃田担当制」を取り上げている。これで試験的に導入された「圃田担当制」を全国の協同農場に拡大実施する決定を、北朝鮮当局が公式に確認したことになる。

北朝鮮メディアは各地の協同農場で「分組管理制を徹底して執行し、圃田担当制を合理的に導入することで農場員の中で自分が引き受けた圃田に対する責任と自覚が高まった」と報道している。

しかし外国メディアや学者・評論家は「圃田担当制」を「個人農」、あるいは「資本主義」の概念と結びつけて説明している。この解釈に北朝鮮の学者は反駁している。「圃田担当制」が「個人農」に進む中間段階ではなく、「農民の責任と主人意識」を高めるための措置と説明する。

圃田担当制の問題点

「圃田担当制」が導入されたものの、そこにはいくつかの問題が横たわっている

それはまず、国家的支援が伴っていないことだ。北朝鮮の公式説明では、二〇一三年八月から農村で「六・二八措置」を実施に移し、農業に対する国家的投資を増やす一方、必要な設備と肥料、燃油、電気、水などの人的・物的資源を保障し、穀物生産を増やせるようにしながら、農場で生産された農産物を一定量（七〇～八〇％）国家に納め、分組単位で処分できるように対策を講じたとされている。

しかし国家の投資が約束どおり進んでいない。その結果、必要な設備と肥料、燃油、電気、水などの人的物的資源の確保がうまくいかず、改革は様々な問題をもたらしている。農業改革で核心的部分である「七対三分配制（七割を国家に納め三割の分配を受ける）」が守られない所が多発した。

また管理する土地を細分化したために機械化がままならず、肥沃な土地と痩せた土地の平均化ができないために、痩せた土地の担当を任された農民からは不満が噴出している。

社会主義農業の強みは、個人の零細な資力で維持されている小規模農場を協同農場化することで大規模化させ、機械化を進めて生産力を高める所にあった。ところがいま北朝鮮は再び農作業の細分化に逆戻りしている。

金日成時代には、農業の機械化を図り、ゆくゆくは協同体的所有を全人民的所有（国家所有）に転化させることで農業の工業化を図り、都市と農村の差をなくすことで共産主義へと向かうとのビジョンがあった。そのためには工業が農業を支援し、都市が農村を支援しなければならないとされていた。これが金日成の打ち出した「わが国における社会主義農村問題に関するテーゼ」の基本思想である。この問題解決で郡の役割がキーポイントなるとして金正日は「社会主義建設における郡の位置と役割」を大学卒業論文にしたという

（一説によれば担当教授による代筆）。

農作業の細分化が農業生産力を低下させるとして農場の大規模化を図ってきた北朝鮮が、金正恩時代に入って大規模化が農業生産を低下させたとして金日成時代に逆行する姿を見せているが誠に皮肉な現象である。

三番目の障害は管理職の抵抗である。郡の協同農場経営委員会、協同農場管理委員会幹部らの官僚主義と抵抗を抑えなければならない。北朝鮮の農業管理体系は、農業省、道農村経理委員会、郡協同農場経営委員会、協同農場管理委員会となっているが、分組管理制強化と「圃田担当制」実施の方針が出たことで、郡協同農場経営委員会と協同農場管理委員会の幹部たちの間では反対する雰囲気がつくられていったという。「圃田担当制」の実施で、自分たちの働き場所がなくなることを心配しているからだ。

こうした管理職たちの抵抗を押し潰すために北朝鮮は二〇一四年二月（六〜七日）に歴史上初めての「農業分組長大会」を開催した。

デイリーＮＫが伝える「圃田担当制」の現況

北朝鮮は二〇一二年の「六・二八措置」に基づいて一部地域で「圃田担当制」を試験導入した。それから二年経ったが農場への分配が適切に行なわれていないことがわかった。実際の年間収穫量ではなく計画量に応じて分配の比率を決めているからだ。

デイリーＮＫは農村における「圃田担当制」の現況について二〇一五年一月二二日付で次のように伝えている。

「圃田担当制、分組管理制は以前の協同農場より儲かると言われて分組員は熱心に働いたのに、分配がきちんと行なわれていない」「ジャガイモは一反あたり一八～二一トンが計画量だが、昨年の収穫は一五トンだったので約二割が未達成」「普天郡《ポチョン》のほとんどの農場では計画量通りに国に納めることになっているので自分たちの取り分が確保できない」。

「普天郡ファジョン農場では三人家族で一年に分配されるのはジャガイモ五〇〇キロ、トウモロコシ八〇キロ、大麦、小麦、大麦一八〇キロ。これでは一・二人分にしかならない」「二〇一四年春の少雨に加えて種子や肥料が適時に配給されなかったために収穫量が落ちた」「収穫量の三割が取り分になると聞いて農民たちは喜んだが、基準になるのは現実離れした計画量なのでまともに分配が受けられない地域も出てくる」「分組は家族単位で編成されているので動きやすくなったのはいいが、仕事が倍に増えても分配は減らされる可能性がある。ひどすぎる」との不満も聞かれた（両江道《リャンガンド》のデイリーＮＫ内部情報筋）。

また、各行政単位の幹部は、農業省から下された年間計画量を達成できないと責任を追及されかねないので収穫高の多い圃田の数字だけ報告する。虚偽の報告が中央に集められてそれに基づいて現実離れした計画が立てられ、また農場員に戻ってくる。農場員は幹部の忠誠レースの犠牲になっているのだ。

四節　非生産的浪費と外貨不足で放置されるインフラ

金正恩体制以後、北朝鮮を訪れた外交官や企業家、北朝鮮専門家は「平壌は変わった」と語る。平壌の中心部には外国食レストランができ繁盛しているほか、二〇一一年末に中国資本との合弁でできた「光復地区

北朝鮮ミサイル発射場　平安北道鉄山郡東倉里

商業センター」には輸入品が並べられ、「ナレカード」という電子決済カードも登場した。外国人が利用してきた「高麗ホテル」の二階バーは、洋酒をたしなむ北朝鮮の富裕層が目立つようになった。町には香港資本などとの合弁で一五〇〇台のタクシーが行き交っており、平壌市民のファッションも明るさを増した。

しかし、実態を分析すると、こうした変化の原動力は石炭や鉄鉱石などの地下資源を中国に輸出して得た資金だ。地下資源と水産物などの一次産品は対中輸出の七〇％を占める。北朝鮮は金正日政権末期に「強盛大国」実現の姿を見せるために、それまで「売国行為」として制限してきた地下資源の輸出を大幅に緩和した。二〇一〇年に六億七〇〇〇万ドルだった北朝鮮の対中資源輸出は、二〇一一年には一六億ドルに急増した。北朝鮮の新興富裕層の多くはこうした地下資源輸出の仲介で財を成した者も多い。

一、金正恩の非生産的三大浪費

問題はこうして稼いだ資金が設備投資やインフラ整備に充てられるなど経済基盤の強化に向けられれば良いが、実際はそうではない点だ。資金は金正恩体制の統治資金や箱もの展示物の建設に向けられ、変化を見せるための宣伝に浪費されている。

金正恩はまず、自身を先軍政治の継承者、強い軍事戦略家に見せるために長距離弾道ミサイルや核兵器を

暗闇でライトアップされる金日成銅像

はじめとした武器開発に巨額投資を続け資金を浪費している。

北朝鮮は、二〇一二年四月と一二月の二度にわたって平安北道鉄山郡東倉里の「西海衛星発射場」でミサイル発射実験を行ない莫大な資金をつぎ込んだ。韓国政府の推計では、北朝鮮でのミサイル発射には「衛星」、発射用ロケット、実験場の建設費などで計約八億五〇〇〇万ドルもの費用がかかるという。二度目の費用に「ロケットのみの費用を加算」したとしても二度の発射で一二〜一三億ドル費やしたことになる。これは北朝鮮のGDP（約三兆円）比三％以上にもなる莫大な額であり、トウモロコシ三五〇万トン以上を購入できる額である。それは北朝鮮全住民の一年半分の配給量に相当する。

金正恩が「わが人民が二度とベルトを締め上げずに済むようにし、社会主義の富貴栄華を思う存分享受するようにしよう」（金日成誕生一〇〇周年）と演説したその年に、北朝鮮はそれと間逆な方向で資金を浪費したのである。

次に金正恩は、金日成・金正日をたたえる展示物にも莫大な資金を投入し浪費を行なっている。

あらゆる家庭と機関の肖像画を太陽像（笑っている金日成と金正日の肖像）に架け替え（一七〇〇万個）させ、万壽台・武力部などに新たな金日成・金正日銅像（八体）を、国家保衛部、人民保安部などにも金正日単独銅像

（三体）を建て、永世塔も建てた。モザイク壁画も平壌中心部をはじめとした市・郡単位に三二〇〇余個作らせた。そうした浪費は現在も拡大している。

『労働新聞』を二〇一二年一月分から二〇一三年六月分まで分析した結果、金正恩は金日成主席・金正日総書記など金氏一族に関する銅像や壁画、記念塔といった政治的シンボルを、新たに一四一件建設、あるいは改修・補修した。父親の金総書記が権力を握っていた二〇一〇〜一一年中の件数（七二件）に比べおよそ二倍に増えている。金日成・金正日の遺体保管所（錦繍山太陽宮殿）の内外部全般のリニュアールとフランスのベルサイユ宮殿を真似た大規模庭園も造園した。

三番目は、「人民愛」を誇示する「箱もの」建設への浪費だ。

元山馬息嶺スキー場、平壌美林乗馬クラブ、ルンラ遊園地、遊園地に新設された3D（立体）映像専用の映画館、紋繍ウォーターランド、柳京苑（浴場）、万景台・大城山遊園地、統一通りヘルスセンター、鉄板焼きのヘダンファ（はまなす）館、ヘマジ（迎陽）食堂など四〇余箇所の娯楽・サービス施設を建設し、現在も新たな「箱もの」建設を進めている。これらは一部富裕層が利用する施設で一般住民とはかけ離れたサービス施設となっている。

二、目途が立たない外資導入

韓国政府は二〇一二年現在、北朝鮮の対外債務が約二〇〇億ドルに上ると推定している。主に旧ソ連や東欧諸国からの債務である。

北朝鮮は一九九〇年代以降、経済情勢が悪化したことにより、ほとんどの国に対し、借金の元金はもとより利子も返済できなくなった。北朝鮮は欧州系の銀行に対し、相当規模の債務を抱えているが、ほとんど返済していない。このため、欧州の各銀行は北朝鮮を「忌避対象国」に指定しており、これ以上関連預金を受け付けない銀行もあるという。

北朝鮮は経済情勢がさらに悪化したため、外交ルートで外国からの債務を帳消しにすることに力を入れてきた。二〇〇八年に金融危機が発生した直後には、ハンガリー政府に対し、債務の九〇％以上を帳消しにするよう要請していたことが、英紙フィナンシャルタイムズの報道で明らかになった。ハンガリーは当時、北朝鮮のこのような要請に対し、一部債務の帳消しに応じたという。

また、北朝鮮はチェコに対しても、約一〇〇〇万ドルに及ぶ負債のうち、九五％を帳消しにするよう要請した。北朝鮮はチェコが負債の帳消しに応じた場合、約五〇万ドル分の北朝鮮産高麗人参を提供するという変わった提案をしたとのことだ。

北朝鮮は債務を帳消しにするための交渉が順調に進まなかった場合、代わりに軍需物資を提供するという案も示した。例えば、イランに対しては、数億ドルの債務を返済するため、小型潜水艦を提供する案について協議していたこともあった。

ロシアは北朝鮮との関係改善のため、約八〇億ドルに達する負債を二〇一五年に帳消しにした。北朝鮮は二〇〇〇年代以降、債務を三〇年間にわたって分割償還する方向で協議を行なっていた。だが、ロシアは北朝鮮の資源開発などに参入することと引き換えに、債務の一部を帳消しにしたものとみられる。

北朝鮮の経済特区、外資誘致ほぼなし

北朝鮮が推進する対外経済発展の中心事業のひとつが経済開発区の開発である。二〇一三年一一月と二〇一四年七月、最高人民会議常任委員会の政令により五つの特区と各道の一九地域を経済開発区に指定した。

二〇一三年五月二九日には「朝鮮民主主義人民共和国経済開発区法」も公布した。

しかし、この経済特区事業も誘致はほぼゼロとなっている。韓国『朝鮮日報』は次のように報道した。

金正恩体制が発足して以降、経済特区開発と外資誘致、経済改革措置などを推進したが、「核・経済併進路線」のためにこれといった実績が得られていないことがわかった。金正恩が発表した二四カ所の特区・開発区の大部分は、外資誘致の実績がゼロに近く、国際的孤立と原資材価格の下落で外貨稼ぎにも限界にぶつかっている状況だ。

ソウル大学のキム・ビョンヨン教授が二〇一二年二月から一三年八月まで、中国・丹東にある対北貿易・投資企業一七六社を対象にした調査において、「中朝国境の経済特区に投資する意向がある」と回答した企業は一七%に過ぎなかった。「投資を検討していない」は五七%に達した。企業が投資をしない理由について「北朝鮮による政策の度重なる変更」(三五・二%)を選んでいる。北当局が勝手に輸出入を中断し、企業の支配人を交代させるなど予測できない行動をするということだ。鉱物を輸入する中国企業の代表は「二〇一二年、一三年と北のミサイル発射と核実験の際には輸入が中断された」と言う。他の鉱物関連企業は「北がわれわれの社員を強制出国させた後、二年間も出入りできなかった」と述べた。回答企業の五三・五%が「北の当局者にわいろを与えたことがある」と答えている。キム教授は「体制不安が投資リスクと国家政策リスクを高めている」と指摘する。

北朝鮮当局は外国投資企業三〇六社から一四億三七〇〇万ドルの投資を誘致したと発表したが、実際に誘致できたのは四億ドル前後とされている。ＩＢＫ経済研究所のチョ・ボンヒョン首席研究委員は、「外資の八〇%は中国企業であり、それも羅津開発に集中している。残りの特区・開発区は外資誘致がまったくない状況」（朝鮮日報日本語版二〇一四年一二月一三日）。

人力輸出で必死に外貨稼ぎ

外貨不足にあえぐ北朝鮮が五万人を超える自国民を海外で働かせ、最大で年間一三億ドル（約一八〇〇億円）の外貨を得ているとみられることが分かった。国連で北朝鮮の人権問題を担当するダルスマン特別報告者が二〇一五年一〇月二九日、こうした内容を盛り込んだ年次報告を国連総会第三委員会（人権）で発表した。

ダルスマン氏は二八日に国連本部で記者会見し「新たな外貨獲得の手段であり、北朝鮮の厳しい財政、経済状況を反映している」と指摘した。

報告によると、労働者の派遣先は中国とロシアを中心に、アフリカや中東、東南アジアの国々に及ぶ。職種は鉱山採掘や建設業などで、労働時間は最長で一日二〇時間、休みは月一、二日しかない過酷なケースもある。こうした過酷な労働に耐えられず、ロシアのウラジオストクで働いていた北朝鮮労働者が、新年初日の朝に焼身自殺した。ロシアにはこのような労働者が二万人もいるという。

労働者の給料は北朝鮮企業が管理する口座に振り込まれるが、一人当たり月額一二〇～一五〇ドルが渡るだけで「それを大幅に上回る」金額がピンハネされ、北朝鮮側に渡っているとみられるという。さらに、現場に派遣された北朝鮮治安当局者が労働者の旅券を取り上げ、逃げ出さないよう監視。受け入れ国側もこうした労働環境を見逃している疑いがあると指摘している（毎日新聞二〇一五年一〇月三〇日）。

日本人観光客が旅行中に撮影した平壌市内の夜の風景
(https://youtu.be/IUAGErDUin0)

三、深刻な慢性的電力不足

非生産的投資が増大する一方で、鉄道や道路、発電所など社会間接資本の建設は大幅に減った。金正日がまだ生きていた二〇一一年、北朝鮮は五二〇キロの道路を新たに建設したが、金正恩政権となった二〇一二年は、四キロを新設しただけだった。鉄道も、二〇一一年は新たに三三キロ敷設したが、二〇一二年は五キロにとどまった。発電容量も、二〇一一年は七万キロワット分拡充したが、二〇一二年は三万キロワット分の拡充だった（朝鮮日報日本語版二〇一三年一月二日）。

筆者が、北朝鮮内部から得た北朝鮮の経済状況の報告で最も深刻なのは電力不足である。

北朝鮮の電力生産は水力六〇％、火力四〇％で構成され、生産能力は六〇〇～七〇〇万Ｋｗ／ｈと言われている。しかし一九九七年に韓国に亡命した元書記の黄長燁氏によると一九九五年～一九九六年には一九〇万Ｋｗ／ｈしか生産できなかったという。その消費内訳を見ると、送電線の老朽化がはげしく漏電が三八万Ｋｗ／ｈ（二〇％）にも及び、発電のための消費が七万Ｋｗ／ｈ、二四時間送電し続けなければならない特殊対象に八〇万Ｋｗ／ｈ、残りの六五万Ｋｗ／ｈが一般向け電力だったという。

しかし北朝鮮の電力生産能力はここ二〇年間ほとんど改善されていない。金正恩時代に入って、天候と季節に左右されない火力発電所の設備に対する大規模な補修・整備事業を推進したと言われている。老朽化による電力損失を最小化すると同時に、設備の改善で電力生産を効率アップするためだ。しかし電力生産はさほど伸びていない。

たとえば平安南道の北倉《プッチャン》火力発電連合企業所は、一六基の発電機のうち三号機と一〇号機の補修作業を進めた。同発電所は国家の電力生産で重要な位置を占めている。一九八九年二月に着工し、九七年末に三号機ボイラーを増設した東平壌《トンピョンヤン》火力発電所は、三号機ボイラーの「大補修作業」に取り組んだ咸鏡北道の清津火力発電所、平壌火力発電連合企業所、先鋒火力発電所でも、設備の補修作業を進めた。北倉、平壌、先鋒火力発電所は一九六〇年代に、清津火力発電所は一九八〇年代に建設された。これら発電所はすべて、過去に旧ソ連からの支援で建設されたものである。

こうした主要火力発電所の補修にもかかわらず、発電能力は大きく改善されていない。アメリカエネルギー情報庁（US Energy Information Administration）の最新資料によると、北朝鮮の電力全生産量は二〇一二年基準で一八七億六千キロワットとなっている。一年前より〇・一三％増加しただけだ（ラジオ・フリー・アジア二〇一五年一〇月二三日）。

この数字から一時間当たりの電力生産量を割り出すと18,760,000,000÷12÷30÷24＝217・13となり、北朝鮮の電力生産能力は二一七万Kw／h内外であることが分かる。韓国側の資料に基づいて計算しても現在の発電能力は二二〇万K万Kw／h程度である。北朝鮮が誇張して発表した数字でも三〇〇万Kw／h程度である。これは北朝鮮電力需要量の三分の一から四分の一の能力にしかならない。

北朝鮮の電力事情が悪化しているために石炭生産にも影響が及び生産量が減少している。それによって火力発電所の能力が落ちるという電力不足の悪循環に見舞われている。

水力発電所は、資金不足で計画通り建設が進んでいない。発電所建設が追い付かないだけでなく、建設した発電所が欠陥発電所となり北朝鮮の電力事情を悪化させている。

強盛大国のシンボルとして金正日国防委員長が生前八回にわたって建設現場を訪れ、建設を急ぐよう督励して、完成を大々的に宣伝していた慈江道《チャガンド》の熙川《ヒチョン》水力発電所（二〇〇一年に着工二〇一二年四月五日竣工）も、金正恩の無理な速度戦のために結局欠陥発電所となり、出力三〇万キロワット能力の三分の一しか発電できていない状態だ。

また二〇一五年の朝鮮労働党創建七〇周年を迎え、鳴り物入りで完成させた「白頭山英雄青年発電所」（発電能力六万Kw／h）も結局欠陥発電所と判明した。もともとこの発電所は二〇〇二年に計画され、当時から岩盤が玄武岩であるために欠陥発電所として放置されていたものだ。金正恩が自身の業績用として無理やり急ごしらえさせたが、結局資材不足と手抜き工事が重なり手の施しようがなくなっている。

平安南道《ピョンアンナムド》のデイリーNK内部情報筋は、現場の労働者から「発電所の建設を一〇月一〇日の党創建記念日までに終えよという金正恩の指示に基づき、中央からの矢のような催促が続いたため、仕方なしに適当に工事にして適当に完成させた」との証言を得たという。

現場の労働者は工期の問題点を指摘したが、これだけでなく資材にも大きな問題があった。白頭山発電所の建設工事は国家的なプロジェクトにもかかわらず、北朝鮮政府はまともな投資をしなかった。当然資材は不足する。建設にあたった金日成社会主義青年同盟中央本部の職員が全国を渡り歩き資材をかき集めてようやく完成にこぎつけたという。

ところが、せっかく集めた資材もくず鉄が多く、資材としては不適切だった。工事に使われたセメントも、水力発電所用の高強度セメントではなく、一般建築物用のものが大量に使われているという。さらに、セメントの混ぜ方や養生にも問題があった。

砂、砂利の混合が適切に行なわれず、セメントが固まる前にどんどん積み上げて堤防を作ったため均一とならずに「隙間」ができてしまった。ダムに水を貯めると、堤防の内部の「隙間」に水が染みこみ、水圧で堤防そのものが崩壊するおそれが出てきている（デイリーNKジャパン二〇一五年一一月四日）。

他の水力発電所の多くも昨年の干ばつ時にはダムの水は少なく底が見える状態だった。水力発電が六割以上占める北朝鮮において渇水は致命的だ。夏の干ばつと冬季の凍結（これは毎年）で発電量が低迷しているのである。

それなのに見栄えを気にする金正恩は、夜になると平壌の建物や公園をライトアップさせている。そのとばっちりで平壌のホテルは二〇一五年の夏には一日一〇回以上停電した。冬は夜になるとホテルの暖房が消されるので寒くてしようがなかったという。もちろんお風呂の湯は出ない（外国人用のホテルなど特別対象者が宿泊する施設には特別供給する）。

電力不足で一般列車は平壌―恵山間が一〇日間かかる。トロリーバスの運行時間は朝（七時から九時）夕（六時から八時）の時間帯だけだ。電力事情が劣悪なため、一般産業は停滞を余儀なくされ、経済改革どころではなくなっている。

電力不足による劣悪な生活環境

住宅地への電力供給は、朝二時間（六時〜八時）、夜は四時間（八時〜一二時）だけとなっている。

しかし現在もホテルですら停電が頻繁に起こるのでお湯が出ず、冬でも夜には暖房を消してしまうので厚着をして眠らなければならない状態だ。それでも中国の無償援助で二〇〇五年九月に着工され二〇〇四年七月に着工され二〇〇五年九月に操業を開始した大安ガラス工場（南浦）ができたので室内の保温は改善されている。二〇〇九年から大型の厚いガラスが製造され平壌のホテルなどに供給されるようになったからだ。それまでは窓にビニールを貼り付けていたところもあった。一般住宅はほとんどビニールをガラスの代わりに使っていた。

一般住民も厚着で寝床にはいるが、寒さにある程度適応しているので、外国から来る人たちほど苦痛をうけていないようだ。一戸建に住む人たちは、錬炭で暖を取ることもできるが、アパートに住む人たちはそれもままならない。耐えられなくて錬炭を使うと排気がうまくいかず中毒死することもあるからだ。

水道も頻繁な停電で給水できないために、電気が来ている間に水をためておくのが「常識」となっている。それゆえ風呂のバスタブはそこに体をゆだねるものではなく、貯水用に使われるのがほとんどである。それは最近建てられたアパートも例外ではない。

平壌の水洗率が五〇数%と言われているが、水をくみ置かないと排泄物を流せなくなっている。家庭トイレもこういう状況であるために公共トイレは悪臭に満ちることになる。

停電がいつ起きるか分からないために、高層アパートの高層階に住む人たちは、外出するのもビクビクである。とくに老人は停電でエレベーターが動かなくなるのをおそれて外出も控えるという。五階以上に住む老人にとってエレベーターは命綱と同じだ。一五階以上にもなると、停電時に老人は部屋に戻れなくなる。

こうしたことから北朝鮮では高層アパートは敬遠される。金正恩は対外的宣伝のために平壌に次々と高層アパートを建設しているが、高層階は敬遠されているだけでなく入居者がいない場合が多いという。

四、遅々として進まない基幹産業の技術革新

二〇一三年一月に米グーグルのエリック・シュミット会長が訪朝した。シュミット会長は七～九日の訪朝について一月二〇日（現地時間）、自身の Google+ で語った。同氏は、米ニューメキシコ州の前知事である政治家、ビル・リチャードソン氏率いる代表団の一員として、一九歳になる娘、ソフィーさんを伴って北朝

鮮を訪れた。

同氏は、今回の訪朝はあくまでプライベートなもので、インターネットの自由とオープン制について語るのが目的だったと説明する。

同氏によると、北朝鮮の国内には3Gネットワークがあり、携帯電話が販売されているが、一般国民はデータ接続の使用を許されていない。大学などはイントラネットを利用しているが、インターネットには接続できないという。

ネットワークをグローバルなインターネットに接続させるのは技術的には簡単な状態だと同氏は指摘する。「世界全体のつながりが広がっている今、北朝鮮の（ネットでの）孤立は同国の経済成長に大きな影響があり、北朝鮮政府は国民にインターネットを開放するべきだ」と主張する。「私の考えでは、今始めなければ、（経済的に世界に）取り残されたままになるだろう」と語った。

シュミット会長の訪朝に同行したソフィーさんはブログに、金日成総合大学や国会議事堂を訪れた際の写真を掲載し、印象をつづっているが、その閉鎖性とＩＴ産業の遅れに驚きを見せた（ＩＴｍｅｄｉａニュース二〇一三年一月二一日）。こうしたインフラの遅れに加え電力の供給が安定しないために電圧が一定せず民需関係のコンピューターは正常に稼働しない場合が多い。

北朝鮮が自慢する「主体技術」もほとんど進化していない。

北朝鮮の政治局拡大会議は二〇一三年一二月八日、張成沢元政治局員（行政部長）兼国防委員会副委員長が「国家財政管理体系を混乱に落として国の貴重な資源を捨値で売ってしまう売国行為を行なった」とする一方で「主体鉄と主体肥料、主体ビナロン工業を発展させることに対する偉大な首領様と父なる将軍様の遺訓を貫徹することができないようにした」と指弾した。はからずも大宣伝してきた主体鉄、主体肥料、主体繊維が何らの成果を収めていなかったことを自ら暴露した形だ。

また金正恩が二〇〇九年北朝鮮の後継者に登場した時「自国の地にしっかりと足をつけ、目は世界を見ろ」と金属工業と軽工業工程の「CNC（コンピューター数値制御）化」を目玉政策とし重要課題として提示した。そしてその後、技術革新を通じて「ニョンハ機械」と「熙川《ヒチョン》工作機械工場」で生産された水準の高いCNC設備は、海外へ輸出するまでになったと宣伝した。

しかし、それは全くの虚偽宣伝であった。むしろ今はこのようなCNC設備と自動化工程が北朝鮮の工場企業所で「厄介者」に転落している。模範として建設された「羅南炭鉱機械工場」すらCNC工程を稼動できないでいる。この「羅南炭鉱機械工場」第三職場（鋳鋼職場）についてはCNC工程化が完成し、以後多くの工場企業所の工作機械も「数値操縦盤」に入れ替えられたと北朝鮮は宣伝していた。

しかしCNCを稼動しようと思えば電力（周波数）が正常に保障されなければならない。ところが北朝鮮の電力生産能力（北朝鮮側発表で三〇〇万Kw／h）では需要をまかなえない。電力不足による突然の停電と電圧の不安定はコンピュータープログラムにエラーを続出させ外国産部品の故障を頻発させた。こうした北朝鮮の劣悪な電力事情によって「羅南炭鉱機械工場」のCNC工程は「無用の長物」になったのである。CNC工程を取り入れた他の工場企業所も事情は同じだ。

北朝鮮でインフラ投資しない「悪癖」は今も続いているようだ。それもこれも軍需に過大な投資をし民需に資金を回せないからである。自力でのインフラ再生、経済再生はほとんど不可能だ。今年の朝鮮労働党七回大会で核を放棄するなどの画期的政策を打ち出し大々的に外資を呼び込まない限り経済の根本的再生は難しいだろう。

二〇一五年経済は再び下降傾向

最近の北朝鮮経済の部門別の動きをみると、国連食糧農業機関（ＦＡＯ）と世界食糧計画（ＷＦＰ）がまとめた北朝鮮の食糧生産は二〇一〇年の四五〇万トンから二〇一四年には五〇三万トンと、五三万トン（一一・八％）も増加した。しかし、二〇一五年に入って食糧生産に赤信号がともった。二〇一五年上半期、北朝鮮は深刻な干ばつに見舞われ、作柄に与える影響が懸念されていた。ＦＡＯは今年の北朝鮮の食糧生産量が昨年比で一四％減少、韓国の著名な北朝鮮農業専門家は一〇％減少するとの見通しを示した。

大韓貿易投資振興公社（ＫＯＴＲＡ）の推計によると、二〇一四年の中朝貿易は六八億六〇〇〇万ドルとなり再び過去最高を更新したが、前年比の伸び率は四・九％にとどまり、北朝鮮の対中輸出は同二・五％減となった。そして、北朝鮮の主力輸出品である無煙炭と鉄鉱石の輸出は二〇一四年、前年比でそれぞれ一七・七％減、二五・七％減となった。二〇一五年上半期の中朝貿易は輸出（一〇・六％減）、輸入（一五・八％減）ともいずれも大きく落ち込んだ。無煙炭の輸出は一・六％減にとどまったが、鉄鉱石の輸出は七〇・三％減となった。

対中輸出不振により、外貨収入の確保に影響が出たことを受け、北朝鮮当局は海外観光客の誘致拡大や中国・ロシアなど海外への労働力送出の拡大に総力を挙げている。ただ、期待した成果は出ていない。

また、国内外の外食・レジャー・娯楽サービス施設を拡充し、継続的に新たな市場を創出することで、中間層や富裕層が保有している外貨を吸収しようとする、いわゆる「国内外貨獲得」に熱を上げている。ただ、こうした新たな外貨収入源の増大を通じて鉱産物の外貨収入減少分を補えているかについては疑問がのこる。

このように二〇一五年の北朝鮮経済は、否定的な要因が肯定的要因を圧倒しつつある。市場化の拡大を利用するだけではその再生は言うに及ばず、経済成長を維持することすらおぼつかないだろう。

第7章

暴力崇拝で一貫する金正恩の統治スタイル

権力を世襲によって握り続ける北朝鮮の金王朝政権の統治スタイルは一貫して暴力による統治である。だから各国から「ならず者国家」と呼ばれることになる。三代目の金正恩時代に入っても相変わらず暴力を美化し武力を崇拝する恐怖統治スタイルは変化していない。いやむしろ強化されている。金正恩時代になって未熟さと権力基盤の脆弱さとが重なり、それまでのアメとムチのバランスさえ崩している。金日成に似せようとして異常に太らせた体型自体がアンバランスである。

この金正恩の統治スタイルの根底には、過激で気分屋という指導者としての資質欠如と偶像化できない権威不足がある。そこから生み出されるさまざまな矛盾は金正恩体制を崩壊へと導いている。

一節　金氏政権を貫く暴力崇拝のＤＮＡ――武力信仰

初代金日成は一貫してスターリンを崇拝した。金日成は暴力を極度に美化したスターリンの「プロレタリア独裁論」に心酔していた。社会主義ソ連が滅びた後もスターリン批判を行なっていない唯一の国は朝鮮民主主義人民共和国（北朝鮮）である。

暴力崇拝思想に侵された金日成は、同族を数百万人殺害する朝鮮戦争を引き起こし、自身に反対する数多くの人々を血の粛清で葬り去った。

金日成は抗日パルチザンの武装闘争を朝鮮労働党の唯一的革命伝統と美化し、暴力革命以外に革命が勝利した例はないとして朝鮮半島統一路線でも常に武力統一路線を基本とした。金日成の平和統一路線は、あくまで韓国における暴力革命勝利を前提としたまやかしの「平和統一路線」であった。

一九五三年の朝鮮戦争停戦後、金日成はもう一歩で達成できた武力統一がなぜ実現できなかったかについての原因を、①南朝鮮で人民蜂起がおこらなかったこと②「空てい部隊」がなかったために釜山の後方に部隊を降下させられなかったこと③米軍（日本を含む）を排除するための米本土攻撃の武器がなかったことなどに求めた。

こうした総括に基づき、韓国に米軍が駐留し、その背後の日本に強大な米軍基地が存在する状況下で統一を実現するためには、軍事力強化を一時もおろそかにしてはならないと主張して、一九六二年一二月一〇日の朝鮮労働党中央委員会第四期五回全員会議で「全人民の武装化」「全国土の要塞化」「全軍幹部化」「全軍現代化」の四大軍事路線を提示し、北朝鮮を軍国主義国家へと変貌させていった。

そしてそれを推し進める国内体制を作り上げるために、一九六七年四月に朝鮮労働党第四期第一五回中央委員会で「首領独裁」という金日成を神格化する絶対権力を確立した。ここから北朝鮮の「恐怖政治」体制は新たな段階を迎えることになる。

一九五〇年後半から進めていた核兵器開発とそれを搭載する長距離弾道ミサイルの開発が本格化するのもこの頃からである。それは二代目の金正日に引き継がれ一九九〇年代に核とミサイルの保有は実現した。この核とミサイルの開発強化は金正恩時代に入ってさらに拍車がかかっている。

金正恩は、二〇一三年に第三回核実験を行なった直後、核兵器の保有を朝鮮労働党の規約と憲法に明記し、二〇一六年一月六日には四回目の核実験（北朝鮮は水爆実験）を強行して世界の平和に挑戦した。またその運搬手段となる長距離弾道ミサイルも、移動式発射や潜水艦からの発射に力を注ぎ、核攻撃能力の質的向上を図っている。

核兵器で米日をけん制し武力統一を実現しようとする金正恩の妄想は膨らみ続けている。また「平和」を人質とした「脅迫外交」も日増しに露骨化している。

一、暴力崇拝は金正日の先軍政治で増幅された

先軍政治の本質について金正日は次のように述べた。

「われわれの銃は階級の武器、革命の武器、正義の武器である。われわれの銃には、抗日革命烈士の高貴な血と魂が込められており社会主義の運命がかかっている。銃がなければ敵との闘いで勝利することも出来ず、国と民族、人間の尊厳と栄誉を守ることが出来ない。……私はいつも銃と共に生きている。この世であらゆるものが変化しても銃だけは主人を裏切らない。銃は革命家の永遠の友であり、同志であるといえる。これがまさしく銃に対する私の持論であり銃観だ」（キム・チョル著『金正日将軍の先軍政治』平壌出版社、主体八九〔二〇〇〇〕年九月三〇日）。

この発言でも分かるように、金正日が信じていたのは銃（軍事力）のみであった。したがって彼は銃に依拠し、銃を通じて自身の信念や体制を守るという徹底した「銃至上主義（暴力至上主義）信仰」を貫いた。このような「銃思想（武力崇拝）」が核武装至上主義に行き着き、それが「先軍政治」の根幹となった。

彼は一九九六年一一月、数十万の北朝鮮住民が食糧難で餓死していた最中《さなか》、人民軍部隊を現地指導しながら、「軍優先主義」について次のように語った。

「トンム（君）たちは私が国の経済事情が難しいのになぜ人民軍隊の強化に莫大な資金を投入し、工場や農村ではなく絶えず人民軍部隊を現地指導するかをしっかりと知らなければならない。国の経済状況

が苦しいからといって人民軍の強化を怠れば、わが人民は帝国主義植民地奴隷の運命に転落することになるからです」（前掲書、三〇四頁）。

彼は軍優先の方針を統治路線として提示し、「先軍政治は私の基本政治方式であり、わが革命を勝利に導く万能の宝剣（労働新聞一九九九年六月一六日）」と規定しながら「軍隊は社会主義の守護者であるばかりか、幸福の創造者の役割を遂行する」と主張し、経済生産にたいする軍隊の介入と役割まで強調し正当化した。

この軍事優先の思想は彼の統一戦略にも貫かれている。

金正日は、朝鮮半島の統一（韓国の支配）と先軍政治の関係について次のように主張した。

「先軍政治と祖国統一の関係を見たとき、祖国統一はその本質的内容から先軍政治方式の具現を要求するところにある……今日朝鮮半島における祖国統一の最大の障害要因は、米国の南朝鮮支配だ……米国の民族抹殺的な自主簒奪を除去し、民族の念願である祖国統一を成し遂げようとするならば、先軍政治方式を具現しなければならない。先軍政治方式を具現してこそ米国の覇権的共和国侵略政策を阻止し、朝鮮半島の強固な平和を保障することが出来、ひいては朝鮮半島の平和的統一を実現することができる」（シン・ビョンチョル著『祖国統一問題一〇〇問一〇〇答』平壌出版社、主体九二〔二〇〇三〕年二月五日、一七五～一七七頁）

この金正日の発言からも分かるように、北朝鮮の「平和統一戦略」は米軍を排除することを前提としている。米軍を排除した上で、韓国内で親北朝鮮政権樹立の革命を起こさせ韓国を吸収しようとしているのだ。

それが北朝鮮の主張する「平和統一」の中身である。米国に対して停戦協定を平和協定に切り替えよと主張する狙いはこの米軍の排除にある。もしも米軍が素直に撤退しない場合には武力でそれを実現する「武力統一」を目指すとしている。この戦略を実現させるうえで、通常戦争では米韓連合軍と戦えなくなったために、金正日は迷うことなく大量破壊兵器での武装に踏み切ったのである。

このようにして見た時、北朝鮮における核武器の地位と役割は何物にも変えがたいものであることが分かる。それは「統一戦略」においても「強盛国家」の建設においても根幹を成している。それ故、北朝鮮の核を対話による経済支援での包容や、いくらかの補償と取り替えることは不可能だと断言できる。多くの学者や評論家が、北朝鮮の非核化に期待を寄せるあまり「非核化は金日成の遺訓」などと主張し、北朝鮮の核実験のたびに「米国へのラブコール」などと呑気な分析しているが的外れもいいところだ。北朝鮮は外交交渉のために核実験を行なっているのではない。それは金正恩時代になって一層明確となっている。金正恩が四回目の核実験を突然一方的に行ない、中国にさえ事前通知せず無視したことはその証左の一つといえる。

二、暴力崇拝のＤＮＡは金正恩時代に悪性化している

暴力崇拝のＤＮＡは金正恩時代に入って悪性化した。金正恩政権は核保有を朝鮮労働党規約に明記し憲法で法制化した。そして核の先制攻撃まで叫び、暴力崇拝の行動様式を過激化させている。内政では残忍な恐怖政治を強化し、それを覆い隠すため「人民第一主義を」叫んでいる。

金正恩時代に入って特徴的なのは、「戦争」それも「核戦争」を絶えず口にしていることであり、「統一大戦を準備せよ」などと統一を武力で成就させると公言していることである。彼がいつも演説の最後で締めくくる「最後の勝利のために」とのフレーズは、武力で統一を実現するという意味である。

北朝鮮の内部事情に詳しい韓国の情報筋によると、金正恩は二〇一四年初め、北朝鮮軍の指揮官会議を開き「二〇一五年に朝鮮半島で武力衝突が起きる可能性がある。統一大戦に向け戦略的物資を最大限準備し、いつでも戦争できるように万全の準備を整えよ」と指示したとされる。この指示が「南北関係の改善」に言及した二〇一四年の新年の辞や一月一六日に発表した「重大提案」と同時期の発言だけにその矛盾した行為には驚かざるを得ない。

金正恩は二〇一四年二月二五日、平壌で開かれた「第八回思想労働者大会」で「朝鮮革命の完遂と最後の勝利に向けた敵との総決死戦」に言及した。また、二〇一三年には内部で「三年以内に革命武力で統一する」と宣言したことが分かっている。

一部情報によると、金正恩は二〇一一年末に軍最高司令官の座に就いて以降「自分の統一観は武力統一であり、直接戦車でソウルに進撃する」としばしば語っているとされる。

北朝鮮の朝鮮中央通信は二〇一二年八月、金正恩が祖国統一の大業を成し遂げるため、全面的反攻撃戦履行命令を全軍に下し、そのための作戦計画を検討の上、最終署名したと報じた。

この作戦計画に従って北朝鮮は、韓国の地形や建築物のほか、韓国の軍事座標を北朝鮮式に変換する方法などを盛り込んだ「軍事地形学手帳」を全軍に配布し、熟知するよう指示している。

朝鮮日報が二〇一五年三月二五日入手した同手帳には「どの軍種、兵種であっても、地形を知らなければ、敵との戦いをうまく進めることはで

韓国の地名が登場する北朝鮮の軍事訓練

きない」とし、「共和国南半部（韓国のこと）」の軍事地理を詳細に説明している。さらに、韓国の山や河川、貯水池、道路、鉄道網、海岸線の特性とそれが戦闘行動に与える影響などが書かれている。「共和国南半部の高速道路里程表」には、韓国の各高速道路の区間別距離が詳細に紹介されている。

手帳は北朝鮮軍の砲撃などに活用するため、韓国の座標体系を北朝鮮軍の使う「平壌座標体系」に変換する方法を記述している。また、「エンサイン」と呼ばれる北朝鮮製のGPS（衛星利用測位システム）の使用法も詳細に説明している。韓国空軍のレーダー基地がある京畿道加平郡の華岳山、カル峰など韓国の具体的な地形も列挙されている。

対北朝鮮消息筋は「北朝鮮の平安南道陽徳郡巨次里付近の山には、韓国の大統領府（青瓦台）と周辺の地形を再現したセットがあり、特殊部隊要員は毎年夏と冬に演習を行なっている」と話した（朝鮮日報日本語版二〇一四年三月二六日）。

韓国政府関係者は「北朝鮮は韓国に歩み寄る姿勢を見せる裏で、相変わらず赤化統一（北朝鮮による統一）の野望を捨てていない。追加的な挑発に備えるため、万全を期している」と述べた。

連合ニュースの報道によると、米国務省が発表（二〇一四年三月二二日）した世界の軍事支出と兵器移転に関する報告書では、二〇一〇年現在の北朝鮮の軍事支出額は国内総生産（GDP）対比で一六・九〜二三・一％となる五七億五〇〇〇万〜九八億四〇〇〇万ドルとなっているという。二位のサウジアラビア（八・二〜一〇・二％）をはるかに上回るもので、世界一七〇カ国・地域の中で、圧倒的一位となった。だがこの数字は対外的に発表された数字で実質的には三〇％を超えている。

ちなみに軍事支出が最も多い国は米国で七八六〇億ドル。中国（一三六〇億〜二七〇〇億ドル）とロシア（六二六億〜一二一〇億ドル）が二位と三位をそれぞれ占めた。韓国は二七六億〜三八四億ドル（GDP対比で二・

七％）で、英国とサウジアラビア、フランス、日本、ドイツに続き九位を記録した。

国別軍人数は中国が二二八万人（二〇〇〇～二〇一〇年の中間レベル）で一位。北朝鮮は一一七万人で、インド（一四三万人）と米国（一四二万人）に次ぐ四位だった。

米国務省は「北朝鮮のような国家の場合、公開された資料がほとんどなく不透明のために、軍事支出額を評価することは非常に難しい」とした上で、「韓国国防研究院の研究結果を基づいて（北朝鮮の軍事支出額を）算定した」と説明した（連合ニュース二〇一四年三月二三日）。

二節　もう一つの暴力崇拝——恐怖政治

暴力崇拝のＤＮＡが外に向かう時は武力による戦争挑発となるが、内に向かう時は恐怖政治となる。初代金日成も数多くの政敵を粛清する恐怖政治を行なってきたが、それは金正日時代に入って一層強化された。

金日成は南朝鮮労働党派、延安派、ソ連派など自身に挑戦する勢力を粛清し、金正日は一九九七年の徐寛熙《ソ・グヮニ》農業担当書記や二〇〇九年の朴南基《パク・ナムギ》党計画財政部長処刑のように「政策的失敗による身代り粛清」を行なった。その代表的例が一九九七年の「深化組事件」である。この恐怖に満ちた事件については、それに関連した元社会安全部（現人民保安部）幹部脱北者が「ＮＫ知識人連帯」の機関紙に内幕を寄稿したことによって詳細が明らかになった（デイリーＮＫ二〇一〇年一月一一日）。

一、金正日の恐怖政治「深化組事件」

金日成死亡後の一九九七年、北朝鮮の高位幹部を含む二万五〇〇〇人が処刑・追放された「深化組事件」

「深化組事件」を指揮した金正日

が発生した。

この「深化組事件」と関連し、北朝鮮社会安全部（現人民保安部）の元監察課出身の脱北者の朴文一《パク・ムニル》氏がＮＫ知識人連帯の機関紙『北側の村』で、「金正日は政治殺人局を操った事実を隠して、部下たちの盲目的な服従で権力を守った」と述べ、「歴史は金正日の数々の罪悪を明らかにするだろう。金正日こそ審判台に上げなければならない最大の犯罪者」と告発した。

「深化組」とは、「スパイ摘発」を深化させるとの意味でつけられた名前だが、当時の社会安全部内に設けられた機関名だった。「深化組」には社会安全部の要員八〇〇〇人が配属され三年間活動した。この摘発粛清は、飢餓をもたらした金正日の責任転嫁が目的であったが、金日成の勢力の一掃も狙っていたとされている。

金正日は「深化組」の活動が度を越えるようになり副作用が極まると、二〇〇〇年初めに国家安全保衛部や人民武力部保衛司令部などを動員し、逆に深化組の幹部らを処刑して解散させた。

朴文一《パク・ムニル》氏は寄稿文で、「紙面を通じて深化組事件を再び浮上させるのは、この事件に直接係わった唯一の脱北者として、私の良心宣言でもある」と述べた。

朴氏は「深化組事件を説明するためには、金日成が死亡した時期までさかのぼらなければならない」と述べ、「党と首領に対する忠誠心を云々し、人民の財産を収奪した金正日は、『苦難の行軍』以後北朝鮮人民の支持を失い、体制滅亡の恐怖を感じていた」と主張している。

朴氏は事件の概要を次のように述べている。

「自分の代わりにあらゆる責任を負う人物を必要としていた金正日は、親戚に肥料三〇トンを横流ししたという容疑で社会安全部第七教化所に収監されていた徐寛熙《ソ・グァニ》（当時中央党農業担当書記）を利用した。

金正日は〝徐寛熙を南朝鮮のスパイとして葬ることを極秘に指示せよ〟という命令を下した。この指示を実行するため張成沢は、リ・チョル中央党組織部社会安全部担当責任指導員と蔡文徳《チェ・ムンドク》社会安全部政治局長と共に陰謀計画を立てた。

この計画によって徐寛熙は〝アメリカと南朝鮮のスパイであり、任務を受けて人民を飢えさせるために、体系的に農業を台無しにさせた〟という罪名を着せられ平壌市民の前で黄今淑《ファン・グムスク》と共に銃殺された。

黄今淑は金日成から立派な管理委員長との評価を受けた人物だったが、〝国家財産略奪罪〟で社会安全部予審局に収監されていた。通常、罪を犯したとされた幹部は、社会安全部の〝増産労働鍛錬隊〟や〝教化所〟に送られ、〝革命化〟を通じて復職させることが多かったが、黄今淑はそうではなかった。北朝鮮政府のこうした処罰は異例のことだった。

金正日は北朝鮮の芸術映画〝民族と運命〟の続編である〝昨日今日そして明日〟を製作して、徐寛熙を本当のスパイにするための作業も行なった。映画は徐寛熙が党の主体農法のために献身した科学者の論文を抹殺して人民の峻厳な審判を受けるというストーリーである。

この事件が捏造されるまでは、国家安全保衛部や先軍政治で力を得た人民武力部保衛司令部が力を持ち、司法機関に属する社会安全部は無力な存在であったが、徐寛熙スパイ事件をきっかけに、社会安全部は権力機関として浮上することになる。

〝深化組事件〟は二段階に分かれる。第一段階は一九九六～一九九八年までで、第二段階は一九九八～二〇〇〇年までである。

ファン・ユンモ社会安全部参謀長、キム・ウンチョル住民副部長、リ・チョル社会安全部担当指導員、アン・ヨングク総務部部長など社会安全部幹部一五人は、スパイ掃討という名目のもとに調査を始めた。すでに世を去った人も例外ではなかった。愛国烈士陵に埋葬されていた金万金《キム・マングム》前中央農業委員会委員長は、住民書類の調査と容疑者とされた人物の「証言」によってスパイにされ、遺体は銃弾洗礼を受けた。北朝鮮は後日、それが嘘だったことが判明すると、金万金を愛国烈士陵に再び安置した。

〝深化組事件〟は高位当局者以外に、家族も恐怖で震えさせた。容疑者の家族は、耀徳収容所に行かなければならなかった。また若い安全員に拷問されて虚偽の自白をさせられるなど、まさに生き地獄だった。

第一段階で三〇〇〇人以上が犠牲になり、一万人以上の縁故者や家族が耀徳収容所に送られた。金正日は〝深化組事件〟で功績を立てた蔡文徳《チェ・ムンドク》とユン・ギエス、チェ・ドクソンに〝朝鮮民主主義人民共和国英雄称号〟を授与した。

〝深化組〟の中心にいた張成沢と蔡文徳は、第二段階の粛清対象として、文成戌《ムン・ソンスル》中央党本部党責任書記と徐允錫《ソ・ユンソク》前平壌市党責任書記に狙いをつけた。彼らは張成沢と蔡文徳の個人的恨みを買っていたようだった。

金日成の唯一思想体制と金正日の後継者継承で辣腕をふるっていた組織指導部第一副部長で本部党責任書記の文成戌は、張成沢を監視してその非行を金日成に報告したことがあった。また徐允錫は、平壌市社会安全局長だった蔡文徳に対して、学習を怠っているという資料を金正日に報告したために、咸興の分駐所長に左遷されたことがあったという。

この時、文成戍と徐允錫が受けた拷問は電気と氷、手の爪や足の爪を抜くというもので、一般の人と同じだった。顔がつぶれた文成戍は、拘留場の壁に頭を打ち付けて自殺し、徐允錫は精神的に障害を負った。

この〝深化組事件〟第二段階では、四人の内閣相（大臣）を含む全国の二〇〇〇人余りの人が処刑され、一万人以上の家族と親戚が収容所に監禁された。文成戍の自殺によって〝深化組〟は幕を閉じさせられることになった」

文成戍の自殺報告を受けた金正日は、「組織指導部第四課」を社会安全部に派遣し、今度は蔡文徳を追及したという。そして金正日は、蔡文徳が単独で自分の名義を盗用したとして「深化組事件」の責任を転嫁し、ケリをつけたと朴氏は次のように説明した。

「蔡文徳、ユン・ギエス、チェ・ドクソンの共和国英雄称号を剥奪した金正日は、社会安全部の参謀長や担当責任指導員リ・チョル、住民登録局長、龍城《リョンソン》区域の捜査課長らに対して反革命的な権力野心家だという判決を下し、一五人の〝深化組〟各部門捜査責任者を全員銃殺せよと命じた。その後、金正日は人民の恨みをしずめるために、社会安全部の名称を人民保安部に変えた」

朴氏は「二万五〇〇〇人以上の被害者のうち、自殺したりして命を落とした人がおよそ四〇％にも達したことから、収容所の惨状が想像できる」と述べ、「後に金正日は平壌の四・二五文化会館で、犠牲者や家族を慰める行事を開いたが、意図とは異なり、金正日を告発する糾弾の場に変わった」と説明している。

「深化組事件」から五年経った二〇〇五年四月に、北朝鮮は「北朝鮮高位党幹部学習班」で蔡文徳のことに再び言及した。北朝鮮は、現在耀徳政治犯収容所に収監されている彼の告白資料だと紹介しながら、「党と政府を覆すクーデターの目的で深化組を組織した」と伝えた（デイリーNK二〇一〇年一月一一日）。

金正日はその他、二〇〇九年一一月のデノミ失敗の責任を当時の党財政部長朴南基《パク・ナムギ》におし着せ、その部下ともども銃殺したが、その特徴は、自身の政策失敗の責任を転嫁する所にあったと言える。

二、張成沢処刑で露骨化した金正恩の恐怖政治

「深化組事件」も朴南基処刑も、それは外部に対して公開的に行なわれることはなかった。むしろ隠密裏に進められた。

しかし金正恩時代に入っての処刑は、責任転嫁を主目的にした金正日時代とは異なり、張成沢処刑のように、個人的憎しみを隠さずそれを「ドラマ」を見せるかの如く外部世界に公開的に示すようになった。また幹部たちに恐怖心を与え服従させるためにあえてサディスティックに残虐性を増幅させている。

この点について韓国国家戦略研究所の李スソク主席研究委員は、二〇一五年一一月二六日に開かれた学術会議で「金正恩政権四年の評価：北朝鮮政治の変化」を発表し、金正恩時代の処刑は「政治的、政策的処刑より個人的な感情に基づいた処刑が多く、幹部らの不安感が増大し責任を負う上級職を避ける現象も発生している」と指摘した。そして金正恩が、幹部らに対する暴言を憚らないことをも明らかにした。イ研究員によると、金正恩は幹部に「このヤロー（韓国語でイーセッキ）」や「処刑されたいのか！」などの暴言を吐いているという。

金正恩は、張成沢を処刑したことで「自信」を深めたのか、絶対権力に陶酔しており、その「過激で傍若無人な性格」がますます露骨となった。「無慈悲な処刑」「無原則な軍の人事」は日常茶飯事となり権力基盤の長期安定性を自ら破壊している。

こうしたことから、この四年間で金正恩と上層部幹部との信頼関係が弱まっている。

金正恩の指導力に対する懐疑が広まり、幹部らは生きるため日常的に責任回避や虚偽の報告を行ない、海外に派遣されている幹部の一部では離脱も起こっている。

金正恩の恐怖政治の歯止めがきかなくなったのは、未熟な金正恩が後見人である義理の叔父の張成沢勢力拡大と彼と中国との接近に疑心暗鬼となり、彼を前例のない方法で二〇一三年一二月に処刑してからである。

北朝鮮は二〇一三年一二月一二日に特別軍事裁判を開き、張成沢に死刑判決を下し、直ちに死刑を執行した。北朝鮮の朝鮮中央通信は同月一三日、「張成沢に対する朝鮮民主主義人民共和国の国家安全保衛部特別軍事裁判が一二月一二日に行なわれた。共和国刑法第六〇条に基づき死刑に処するとの判決を下し、判決は直ちに執行された」と伝えた。判決文では張成沢が代替わりの時期を好機として本性を現し始め、指導者の継承問題を妨害する大逆罪を犯したと説明した。また政変を起こすために軍の掌握を画策し、自身の偶像化も図ったと断罪した。

判決文はまた、「国の重要経済部門を掌握し内閣を無力化させることで、国の経済と人民生活を収拾できない破局へ追い込もうと画策した」と指摘した。石炭など地下資源を無断で売り、羅先経済貿易地域の土地を五〇年の期限で外国に渡す「売国行為」も躊躇《ちゅうちょ》しなかったと伝えた。

さらに二〇一〇年にデノミネーション（通貨呼称単位の変更）の責任を問われて処刑された朴南基《パク・ナムギ》元党財政部長を背後で操った人物も張成沢だったと指摘した。このほかにも張成沢の「不正腐敗」行為を具体的に挙げた。

金正恩は、この粛清劇で経済破綻をはじめとした二年間の失政すべての責任を張成沢におし被せ、自分を大きく見せることで首領独裁体制の立て直しを図ろうと企んだ。しかし、金正恩がいかなる大義名分を掲げても、義理の叔父をさらし者にして残虐な方法で殺害した汚名から逃れることは出来ない。経済的破綻だけでなく道徳的正当性までも失った金正恩政権の将来は暗い。

張成沢の粛清で彼の残虐性を抑え込む人物は居なくなり「恐怖政治」は歯止めがなくなっただけでなく異常さを増すことになる。二〇一四年一〇月にも組織指導部副部長を含む一二名の幹部が高射砲で処刑されたが、この事件も張成沢グループ根絶やし作業の一環だったと思われる。

三、問答無用の玄永哲処刑と李永吉粛清

張成沢粛清後も粛清の嵐はやまず、二〇一四年の末から二〇一五年にかけて金正恩の側近とみられていた辺仁善（軍総参謀部第一副部長兼作戦局長）の粛清に次ぎ、玄永哲《ヒョン・ヨンチョル》人民武力部長を処刑した。韓国の国家情報院（国情院）は二〇一五年五月一三日、北朝鮮の内部動向を取り扱った資料を通じ、北朝鮮の玄永哲《ヒョン・ヨンチョル》人民武力部長が四月三〇日ごろ反逆罪で銃殺されたと伝えた。

玄氏の粛清理由については、金正恩に対し不満を示したことや、金正恩からの指示の不履行・怠慢、金正恩が開催した軍行事（二〇一五年四月二四〜二五日）での居眠りなどを挙げた。

国情院は「反逆罪で処刑されたという情報もある」としながら、現段階では謀反の可能性より「不敬」「不忠」などいわゆる「党の唯一的領導体系確立の一〇大原則」三項（偉大な金日成同志と金正日同志の権威、党の権威を絶対化し、決死擁護しなければならない）違反による金第一書記の権威毀損、同五項（偉大な金日成同

志と金正日同志の遺訓、党の路線と方針の貫徹で無条件性の原則を徹底して守らなければならない）違反による朝鮮労働党の方針・指示に対する執行怠慢などに当たる可能性を指摘した。

金正恩がロシアで開かれた対ドイツ戦勝七〇周年記念式典（二〇一五年五月）に欠席したことと玄氏の銃殺情報との関連については、「関連がある可能性も念頭に置いている」としながら、それ以外の複数の要因が複雑に作用しているとみるべきだと指摘した。

また玄氏が処刑された状況については、平壌の「姜建軍官学校」射撃場で、「数百人におよぶ軍将官クラスの幹部らの前で銃殺されたようだ」との情報を伝えた。

さらに、玄氏の粛清はこれまでの張成沢元国防副委員長らの処刑時とは違い、党政治局の決定や裁判手続きの有無について発表がないため、逮捕から二〜三日で電撃的に行なわれたようだと説明した。その上で「それほど金第一書記のワンマンぶりが強まっていることを示している」と指摘した（連合ニュース日本語版二〇一五年五月一三日）。

処刑された玄永哲

この問題について北朝鮮の祖国平和統一委員会の韓国向け宣伝サイト「わが民族同士」は五月一七日、韓国が「粛清政治」「恐怖政治」を云々し最高尊厳を傷つけているとし、これを中断しないなら武力で対応するとした編集局声明を発表したが、粛清については否定も肯定もしなかった。
しかし、玄永哲が五月以降金正恩視察に随行していなかったことや、各地で「玄永哲の罪状を暴く学習会」を行なったことからみて、処刑方法はさておき、玄永哲粛清は間違いないといえる。北朝鮮が沈黙する中、朝鮮人民軍の幹部らが内部のある講演で「玄永哲は首領様（金正恩）の領導を拒否し、最高尊厳を冒とくした罪で処刑された」と述べていたことが「韓国デイリーＮＫ」の現地在住の消息筋の話としても伝えられた。

北朝鮮は玄永哲処刑直後、メデイア映像から玄永哲映像を消し去っていなかったが、これは削除が間に合わなかったか、かく乱戦術であった可能性が高い。玄永哲は二〇一五年一二月七日に死去した「李乙雪人民軍元帥」の葬儀名簿にももちろん載っていなかった。

処刑された玄永哲人民武力部長の経歴

玄永哲は、北朝鮮の代表的な野戦指揮官として多くの軍将校の尊敬を集めてきた人物だ。金正日時代の二重三重の監視網の中で、非常に誠実で私利私欲無しで勤め上げ、軍の司令官として認められ軍の首脳に上がった人物だ。このような人物を明確な理由なしに、あるいは曖昧な理由で粛清したことは、多くの軍将校たちに衝撃を与えている。

玄永哲は一九四九年咸鏡北道生まれ、享年六六歳であった。革命遺児らの通うエリート学校・万景台《マンギョンデ》革命学院と金日成軍事総合大学を卒業した。

二〇〇三年に軍偵察局長となり、二〇〇六年には中朝国境の西部地域を管轄する第八軍団の軍団長に就任。二〇一〇年には、後継者となった金正恩第一書記とともに大将に昇進し、朝鮮労働党中央委員に任命された。二〇一一年五月と八月の金正日総書記の中国訪問と軍部隊視察時に、国境警備と儀典での能力を評価されたという。

二〇一二年七月には、粛清された李英鎬総参謀長の後を引き継ぎ次帥の称号を与えられ総参謀長に昇進するが、二〇一三年五月、前線兵士三人が相次いで韓国に脱北したことを受け、前線の第五軍団の軍団長に左遷され階級も上将に降格された。

二〇一四年六月には軍団の訓練成果を認められ、人民武力部長（大将）に就任し、序列も総参謀長より前に位置づけられた（それ以前は一時総参謀長が上位であった）。これ以降、同年九月には国防委員会委員、二〇一五年三月には朝鮮労働党政治局委員に昇格した。

二〇一五年に入ってからは、金正恩第一書記の随行でも、四番目に多い一四回を記録。二〇一四年一一月にはロシアを訪問し、プーチン大統領と面会した。二〇一五年四月にもモスクワを訪れ、ロシアの国防長官と会談している。二〇一五年四月モスクワで開かれた国際安全保障会議で米国の核の脅威がある限り北朝鮮は核保有をやめないとの強硬演説を行なった。玄永哲は、この会議を終えて帰国した直後に処刑された。

李永吉総参謀長も粛清・処刑

李永吉《リ・ヨンギル》（六〇）朝鮮人民軍総参謀長が、二〇一六年二月二～三日に金正恩の主管のもと平壌の四・二五文化会館で開催された朝鮮労働党中央委員会・軍党委員会連合会議前後に、党の意向に背いて派閥活動や不正を行なった容疑で粛清された（処刑されたとも言われている）。

李永吉総参謀長は、朝鮮労働党中央委員会・軍党委員会連合会議に続き、二月八日に平壌で開かれた事実上の長距離弾道ミサイル「光明星４号」の発射成功を祝う祝賀会に姿を現さず、彼の序列位置に元人民保安部長の李明秀《リ・ミョンス》（八二）がいたために交代の可能性が指摘されていた。しかし分かってみれば粛清だった。

李永吉は金正恩時代に入って抜擢された軍人で金正恩の信任が厚かった。一月までは金正恩に随行し、軍事訓練を視察するなど正常な活動を行なっていた。彼はこれまで原理原則に忠実な軍人との評価を受けており、罪状は粛清を正当化するための後付けの可能性が高い。粛清前の肩書は軍総参謀長のほか、党政治局候補委員、党中央軍事委員会委員、最高人民会議第一三期代議員となっていた。

一部情報では、二月二日の会議当日に連行されたとも言われている。一般席前列に座らせられていた李永吉参謀総長は、会議の最中にいきなり踏み込んできた蒼光保安署《チャングワン》（金正恩の護衛警察）の要員数人によって逮捕されたという。蒼光保安署とは蒼光保衛部同様、朝鮮労働党組織指導部直属の治安組織である。

二〇一五年四月に玄永哲人民武力部長を銃殺したのに続き、一年もたたないうちに総参謀長まで粛清した金正恩の行為に軍首脳は身震いしたと伝えられている。この事件は金正恩の軍掌握力に問題があることを改めて示唆するとともに、彼による恐怖統治が留まる事を知らず今後も続くことを示した。

四、異論を挟めば職位に関わらずすべて銃殺

金正恩は問題点を提起しただけでも幹部たちを処刑し自身の絶対権力を誇示している。また末端の幹部に対しても自分の思い通りに仕事ができていなければ銃殺に処している。

処刑された崔英健副首相

山林緑化政策に問題提起した崔英健副首相も銃殺

金正恩が崔英健《チェ・ヨンゴン》副首相を処刑したことも、二〇一五年八月一二日に判明した。北朝鮮消息筋が明らかにしたところによると、金第一書記が進める山林緑化政策に問題を提起したため、五月に銃殺されたという。

一九五二年生まれの崔氏は二〇〇五年六月にソウルで開かれた南北閣僚級会議に北朝鮮側代表として出席した。その後、南北経済協力推進委員会の北朝鮮側委員長も務めた。

二〇一四年六月に副首相に任命されてからは一～二カ月に一度の割合で北朝鮮メディアに名前が出ていたが、同一二月一七日に開かれた故金正日の追悼大会主席団に名前が確認された後はメディアに登場していなかった（連合ニュース二〇一五年八月一二日）。

金正恩氏が植樹をする様子

少年時代にスイスで育ち、青々と茂った山々を見て来た金正恩は、北朝鮮のハゲ山に我慢がならなかったようだ。三月二日は、北朝鮮では「植樹節（植樹の日）」となっているが、ただ記念日となっているだけだった。ハゲ山を何とかしなければならないと一念発起した金正恩は、二〇一五年三月三日に空軍四四七部隊を訪れて自ら植樹をする姿を国民に見せた。植樹は金正恩直々の指示だということを示したかったのであろう。その様子は朝鮮中央テレビでも報道された。

ところが、植樹節の実態はかなりお粗末だとラジオ・フリー・アジア（RFA）がその実態を伝えた。

咸鏡北道《ハムギョンブクト》の内部情報筋によると、「植樹をしろ！」と上から指示が降りてきたが、木の苗が供給されない。そこで、とりあえず山に行って使えそうな木を運び出して工場や企業所の周囲に植えているという。

直径一・五メートルほどのトドマツを六〇～七〇里（日本の六～七里）離れたところからソリに乗せて運び出す。一回に載せられるのは七本。ところが、そのうち五本は植樹した木を支えるために切り出したものだ。つまり一本植えるたびに三本の木が切られてしまう計算に

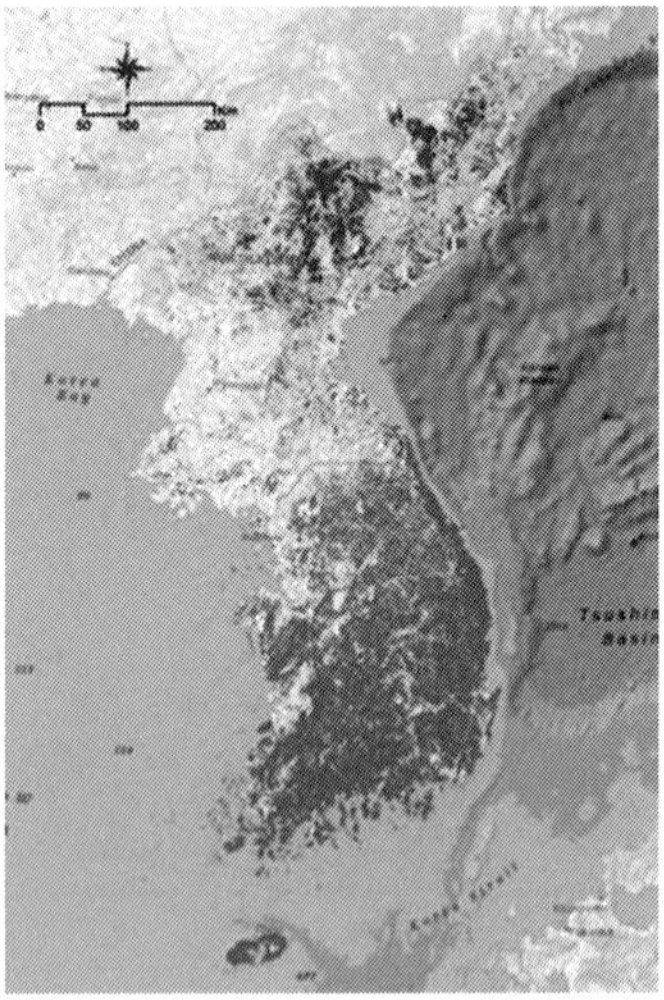

2014年秋に韓国の衛星「千里眼」が写した北朝鮮の砂漠化写真

なる。

咸鏡北道の別の内部情報筋は「うちの地方ではまだ雪も溶けていないのに植樹に駆り出されているが、こんな時期にいい加減な植え方をしているので木が育つわけがない。地域の実情などおかまいなしで中央が指示を出す」「人々は『木を一本植えるために一〇本を切る』と皮肉っている」と語った。

韓国気象庁によると平壌の三月の平均気温は三・五度。ところが、両江道の三池淵は氷点下七・八度、恵山も氷点下三度だ。いくら丈夫なトドマツでもこの時期に植え替えをしては枯れてしまうだろう（デイリーNKジャパン二〇一五年〇三月一三日）。

この山林緑化政策も金正恩の思いつきで出されたものであるが、北朝鮮の現状から見て到底実現できるものではなかった。そのことを指摘した幹部は崔英健だけではない。その他の山林関係の幹部も数多く処刑または粛清された。

管理がなっていないとスッポン工場支配人も銃殺

二〇一五年五月一八日、金正恩が現地指導に訪れ「偉大なる将軍様（金正日氏）の業績を食いつぶしている」などと激怒したが、七月になってこの「大同江スッポン養殖工場」の支配人も銃殺されていたことが分かった。

デイリーNKの内部情報筋によると、金正恩氏は、スッポンにエサがきちんと与えられておらず、水槽に

スッポン養殖場で激怒する金正恩

も水がきちんと供給されていなかったため、多くのスッポンの子が死んだことで激怒し、支配人を銃殺刑にしたという。

しかし、水槽に水が供給されていなかったのは支配人の責任ではなく、電力をまともに供給できない発電体制に原因があった。「支配人が銃殺されたのは、幹部たちの〝ごますり忠誠競争〟のせいだ」と情報筋は指摘した。この件は、金正恩氏への忠誠心を示して自分だけは生き残ろうとしたスッポン工場の別の幹部が、すべての責任を支配人になすりつけたために起きたというのだ。

また、スッポン工場の労働者の間では「大きく育ったスッポンではなく、生まれたてのスッポンのいた水槽で起きた事故だったので、うまくまるめこむこともできたはずだが、金正恩の現地指導の過程でバレたので、見せしめに処刑されたようだ」との話が出回っているという。

別の情報筋によると、住民たちの間では「原因は停電なのに支配人は気の毒に殺されてしまった」「スッポン工場の支配人が発電所を持っているわけでもないのに」「スッポンのせいで人が死んだ」などと当局のやり方に対する非難めいた話が出回っている。さらには「国が滅びる兆しだ」との言葉までが交わされているという。

人間の命よりもスッポンの命が大事だとして銃殺する金正恩の恐怖

政治の異常さは、これまでの北朝鮮恐怖政治にはなかったものである

気に入らない楽団は解散、楽団員も一部銃殺

韓国メディアは二〇一三年八月下旬、北朝鮮情勢に詳しい中国筋の情報として、「銀河水管弦楽団《ウナス》」が解散させられ、団員が多数銃殺されたと報じた。銃殺された中には有名声楽家ら芸術関係者十数人と伝えた。銀河水管弦楽団は金正日の肝いりで創設された楽団で北朝鮮を代表する楽団だった。金正恩の妻の李雪主が、かつて在籍していたことで知られている。

内部からの情報によると北朝鮮当局は二〇一三年六月、「性に関係する録画物を見てはならない」という金正恩の指示に反した疑いで銀河水管弦楽団の団長らを逮捕。処刑は団員や家族の目の前で機関銃によって銃殺され、刑死者の家族は全員が政治犯収容所に送られたと伝えてきた。

刑死者の中には銀河水管弦楽団のほか旺載山軽音楽団に所属する歌手や演奏家、舞踊家などがおり、自分が性行為に及ぶ場面を撮影した画像を販売したり、わいせつ画像を見たりした容疑だとされているが、真相は不明だ。この件で旺載山軽音楽団も解散させられた。

銃殺者激増で高位幹部脱北者の急増

韓国の国家情報院（国情院）は二〇一五年五月一三日、金正恩体制発足後、銃殺された幹部は七〇人以上に上ると伝え、金正恩が政権に就いてから幹部に対する処刑が大幅に増加しており、毎年増える傾向にある」と発表した。

国情院によると、銃殺された幹部は二〇一二年が三人、一三年が約三〇人、一四年が三一人、二〇一五年

は五月までに八人、一般市民を含めると五月一三日現在一五人が処刑されたという。故金正日が政権に就いてからの四年間で一〇人余りを処刑したのに比べいかに多くの幹部が処刑されたかが分かる。

国情院は、張成沢元国防副委員長のような最高幹部はもちろん、党中央や地方などの中間幹部まで処刑されたとした。処刑理由については、「反党・反革命分派行為、スパイ罪だけでなく金正恩の指示や政策推進について不満を口にすることや不正行為、女性問題も処刑の対象になった」と説明した。

処刑方法については、関連分野の人員や対象者の家族まで動員し、その目の前で主に銃身が四つある一四・五ミリ高射銃で銃殺する方法が取られたと伝えた。また、「『反逆者』は埋める場所もないとして、処刑後に火炎放射器で遺体を焼き尽くし痕跡を消す方法も使われる」とした。

処刑を見守る群衆には「頭を下げたり、涙を見せたりしてはならない」と命じ、刑執行後は処刑された対象者を非難し、覚悟を示す感想文を書くよう強要すると説明した（連合ニュース日本語版二〇一五年五月一三日）。

その後二〇一五年一〇月に入って国情院の李炳浩《イ・ビョンホ》院長は二〇日、国会情報委員会の国勢調査で、今年に入り韓国に亡命した北朝鮮の海外駐在官が二〇人に達したことを明らかにした。その中には北朝鮮の権力層の中心である朝鮮人民軍総政治局所属の幹部も含まれているとした。

李院長によると、北朝鮮の海外駐在官による亡命は二〇一三年の八人、一四年の一八人から二〇一五年一〜一〇月には二〇人となり、増加傾向が続いているとした。二〇一五年亡命した二〇人は全員が既に韓国に滞在しているという。李院長は「亡命者の中には元朝鮮労働党書記の故黄長燁《ファン・ジャンヨプ》氏ほどではないがかなり高いレベルのエリートも含まれている」と説明した。

それに関連し、北朝鮮消息筋は、朝鮮人民軍総政治局所属の中堅幹部一人が第八二〇部隊傘下の貿易会社に派遣され、北京で勤務中に二〇一五年四月韓国に亡命したと語った。このほか、同年初には金正恩の秘密資金を担当する労働党三九号室から香港に派遣されていた中堅幹部も数百万ドルの資金を持ち出し家族と共に亡命し、韓国入りしたとされる。

こうした状況を受けて朴槿恵大統領は二〇一五年年六月、米ワシントンポストのインタビューに対し、北朝鮮幹部の亡命が相次いでいると言及していた。北朝鮮で海外駐在官になるには「成分」が最上級でなければならず、大半は大使館員や外貨稼ぎ部門の社員を偽装した党、政府、軍の中心的人物が占める（朝鮮日報日本後版二〇一五年一〇月二二日）。

韓国国情院傘下の国家安保戦略研究院は二〇一五年一一月二五日、北朝鮮で金正恩体制になってから処刑された幹部が約一〇〇人に上ると明らかにした。

三節　恐怖政治を覆い隠す「人民愛」の演出

金正恩は金日成・金正日の暴力崇拝思想を継承し、外部からは見えにくかった恐怖政治を公開的に、それもより残虐に進めている。その一方で、それを覆い隠すために、あらゆるメディアを動員し、「人民愛」を宣伝している。二〇一三年一月の党細胞会議では金日成・金正日主義は本質において「人民第一主義」だと規定し、朝鮮労働党創建七〇周年での演説でも、二五分の間に「人民」という単語を九五回叫んだ。そして慈悲深く開放的な指導者であるかの如く演出している。

金正恩は、後継者として内定した二〇〇九年一月以降、用意周到にイメージ戦略を練ってきたが、それは暗かった金正日時代のイメージを払しょくし、北朝鮮住民の金日成に対するノスタルジア（郷愁）を利用することから始めた。「北朝鮮のよき時代」、金日成時代が持っていた明るさを真似ようとしているのである。

そうしたことから金正恩は北朝鮮メディアに写真が出る時は必ず「笑顔」を見せている。

一、金日成のアバター戦略

金正恩が取っているイメージ戦略の基本は金日成のアバター（分身）戦略である。父金正日の暗いイメージではとても「人民愛」は演出できないと思ったのであろう。父には「永遠の総書記」という称号を与え、「先軍政治」を引き継ぐことで忠誠心を示しているが、その活動スタイルでは、女好きで数えきれない若い女性と関係を持ち、母親を日陰者として扱ってきた金正日を否定している。

現在の金正恩

しぐさまで金日成に似せる

二〇一二年四月一五日の金日成誕生一〇〇周年で金正恩が姿を現した時、その容姿やしぐさが金日成によく似ていたために、金日成広場に集まった北朝鮮民衆の中でどよめきが起こったほどだった。また演説を始めるとその声までも金日成に似ていた（意識的に似せているかもしれない）だけでなく、「再び人民を飢えさせない」とした演説のくだりは、金日成の「米は共産主義だ」としていたフレーズとも合致していた。

だが、この時の金正恩の容姿は、スイス・ベルンの公立学校時代のほっそりとした姿とはあまりにも違っていた。そこで顔認識のプロがスイス時代の写真と現在の写真を比較してみたのだが、顔の各部位の間隔と耳や歯に相違がなかった。間違いなくスイス時代のパク・ウンは金正恩だったのである。

しかし、二つの写真を詳しく分析すると、目じりなどに微妙な変化が観察された。顔の輪郭も太らせることで金日成に近付けたようだ。こうしたことから、韓国の一部では整形が行なわれたのではないかとする主張ももたらされている。

それればかりか、あの太った体系はスイス時代からは想像もつかないものだ。人は年齢を重ねると肥満になる傾向はあるが、二〇代で登場したあの体型は異常としか言いようがない。明らかに意図的に金日成の体型に近付けたと見られる。

誰が考え出したかは分からないが、しぐさまで似せたこの金日成のアバター戦略は一定のサプライズを与えたと言える。張成沢粛清までの金正恩に対しては、若すぎるという不安はあったものの北朝鮮の民衆の期待値は大きかった。

子供の利用

金正恩の金日成アバター戦略は、子供を利用する演出でもそっくりだ。

金正恩は、二〇一二年に最高指導者として登場した直後、少年団大会(注1)を開催させ、異例にもそこに直接参加した。

少年団結成（六・六節）六六周年慶祝行事が二〇一二年六月三日から八日にかけ、全国の小・中学校の少年団員二万名余りを集めて平壌で行なわれた。慈悲深く偉大な指導者のイメージを子供たちの中にも広め、将来的な政権基盤強化につなげようとする狙いがあったのだろう。

北朝鮮は毎年、故金正日の誕生日（二月一六日）や故金日成の誕生日（四月一五日）などの記念日に、朝鮮少年団の全国連合団体大会を開き入団式を行なっているが、六月の創立祝賀行事はその規模と意味合いが明らかに異なる。北朝鮮脱出住民（脱北者）らは、金日成が死亡直前に出席した一九九四年年六月六日の朝鮮少年団第五回大会を連想させると口をそろえる。

この祝賀行事に出席した子どもたちは、錦繡山太陽宮殿や万景台の金日成生家など平壌市内の主要名所をめぐり、音楽会や朝鮮少年団全国連合団体大会、全国学生少年芸術所組員による総合公演などに参加した。朝鮮中央通信によると、少年団代表の移動のために列車や飛行機、船などをはじめ、宿泊や食事、遊園地や動物園の見学などこれまでにない配慮を見せたという。

綾羅人民遊園地で乗り物を楽しむ金正恩

子供たちの歓心をつかむために二〇一五年五月には「遊園地総局」まで新設し、「遊園地指導」に並々ならぬ力を入れた。何度も視察して遊具や運営の改善まで指示した。

この間、ルンラ遊園地開発現場、万景台遊園地、凱旋青年公園遊園地、中央動物園、柳京《リュギョン》園と人民野外アイススケート場建設などを「視察」し、万景台遊園地では管理不足を叱責し、自ら草むしりまで行なう写真まで見せつけた。これも「人民愛」を見せる一連の視察であったと思われるが、遊園地視察を報道させることで「親しみやすさ」を若年層にも広げ、効果的にアピールしたかった狙いもある。また子供からの人気を高めることで、大人たちを引き込む狙いもあっただろう。

金正恩はまた、平壌や江原道元山で保育園と愛育園の建設を大々的に宣伝し、いかにも子供たちを大事にする指導者であるかの如くふるまった。こうしたイメージ戦略を強化するために、清津、新義州、江界、沙里院など各道の行政中心地にも同じような保育園と愛育院を建設中だという。それ以外にも黄海南道海州を含めて南浦市、羅先市にも計画されている。しかし内部からの情報によると愛育園や保育園に土足のままで視察しているとの話もある。子供に対するこのギャップはいかにも金正恩らしいふるまいである。

親しみやすさの演出

金正恩は親しみやすい指導者のイメージ作りにも余念がない。これも金日成アバター戦略の一環だ。訪問先で応対者の手を握ったり、子どもの顔をなでたり。住民は祖父の金日成に似せた振る舞いに北朝鮮の昔を思い出したかも知れない。

朝鮮中央通信は、二〇一二年二月八日金正恩が朝鮮人民軍の空軍部隊長宅を訪問したときの写真を配信。両手で将校や家族の手を握る姿を報じた。軍人らの肩を抱いたり、腕を組んで歩いたり。正恩氏が軍の最高司令官に就いた直後、北朝鮮の国営メディアはテレビ映像や写真でこうした姿を伝えている。

また女性部隊を訪ねたとき、集合写真を撮ったあとも個別に、それもアイドルのようにして腕組みまで許している。

二、「箱もの」と欧米式楽団で「新時代」をアピール

金正恩政権登場後、凱旋青年公園遊技場補修補強（二〇一二年五月）、柳京院《ユギョン》視察（同五月）、綾羅《ルンラ》人民遊園地（同七月）、迎陽《ヘマジ》食堂視察（同九月）、万景台遊技場と大城山遊技場（同一〇月）、人民野外アイスケート場やローラースケート場視察（同一一月）、「ヘダンファ（はまなす）館」（鉄板焼きなど）（二〇一三年五月）、二〇

紋繍プールで楽しむ人々（左）と日照りと闘う人々（画像：労働新聞キャプチャー）

万㎡にも及ぶ総合的なスポーツ施設である綾羅人民スポーツ公園（同六月）、総面積一〇万㎡を誇る紋繍《ムンス》遊泳場（同年一〇月）、軍から民へと転用される美林乗馬クラブ（同年一〇月）など娯楽部門建設への投資が集中的に行なわれ、北朝鮮南東部・江原道の馬息嶺《マシンリョン》にも広大なスキー場（同年一二月）レストラン船「ムジゲ号」（二〇一五年一〇月）、中央動物園再建整備（二〇一五年一〇月）など娯楽サービス施設を次々に竣工させ「新時代」をアピールした。

　金正恩の指示により結成された女性音楽グループ「牡丹峰《モランボン》楽団」は、二〇一二年七月六日の公演が国営メディアに報じられ明らかになった。ロッキーのテーマソングの演奏やミッキーマウスを登場させた破格の公演を行ない北朝鮮の新時代をアピールした。韓国のガールズグループ「少女時代」などを思わせる華やかさで人々を驚かせた。この楽団には金正恩体制での〝変化〟を印象づける役割があったと思われる。

　二〇一二年一〇月一〇日（朝鮮労働党の創建記念日）の平壌《ピョンヤン》の体育館で開催された祝賀公演では一万人以上の聴衆を集めて金正恩参席のもとに公演を行なった。メンバーは一八人で、ボーカル七人、ギターやドラムなどの楽器奏者一一人の構成。半袖の白いジャケット、ミニスカートが舞台を照らすライトに映えた。レーザー光線などの特殊効果も駆使。北朝鮮の体制を称賛した歌曲が二部構成で計約一時間半、披露された。

　しかし、その後、資本主義文化の侵入が警戒されたのか、大きく修正が施されサプライズはなくなった。だがそれまでの民族色一色の振り付けではないこの楽団の斬新さは「新しさ」を印象付けるには十分の効果を発揮した。

三、「金正恩の人民愛なんていらない！」

金正恩の「人民愛」演出の陰で北朝鮮の人々は当局の「搾取」にへとへとになり「金正恩の人民愛はいらない」とその欺瞞性を非難している。

北朝鮮の住民は、二〇一五年一〇月一〇日の朝鮮労働党創建七〇周年記念行事に労働力、資金、物品など様々な供出を強いられ、心身ともにヘトヘトになった。

行事も終わり、ようやく一息つけるかと思いきや、今度は二〇一六年一月の青年同盟大会と五月の朝鮮労働党第七回大会に向けて「カネ出せ、モノ出せ」と攻撃を受けているとラジオ・フリー・アジア（ＲＦＡ）が伝えている。

咸鏡北道《ハムギョンブクト》の情報筋によると、清津《チョンジン》市の寿城川《スソンチョン》階段式発電所で発電された全電力は軍需工場に回されていたが、中央からの指示によって来年から一般家庭に回されることになったという。

この処置は人民班（日本の町内会のようなもの）の会議で伝えられ、住民たちは一瞬喜んだが、具体的な内容が明らかにされると、すぐに怒りと失望に変わった。送電時間は一日二〇時間だが、テレビ一台と照明一つしか使ってはならないとされたからだ。

さらに、送電設備を改造しなければならないが、費用五万五〇〇〇北朝鮮ウォン（約八二五円）を二回に分けて払えという。コメ一〇キロ分に相当する額で、住民にとってはかなりの負担になる。北朝鮮当局の狙いは「人民愛を実践しているから」という名目だが、これは住民から費用を徴収、つまり体のいい搾取といっても過言ではない。

一方、両江道《リャンガンド》の住民は「北朝鮮当局が、白頭山観光鉄道と恵山市内のウィヨン地区のマンションの建設費を充当するためにカネを払えと矢のような催促をして住民たちは苦しめられている」と語った。また、今まで「労働党創建七〇周年に使う」という名目で強いられていた強制募金が、「労働党第七回大会に使う」との名目で続けられたという。いずれも青年同盟大会と労働党七回大会の際に成果として示すためだ。

内部情報筋は「こんなやり方を続けるのなら、もう人民生活の向上など要らない」「党大会の名目で、住民の犠牲を強い続ければ、そのうち大きな抵抗に遭うだろう」と不満を吐露しているという（デイリーNKジャパン二〇一五年一一月一三日）。

「人民愛」で包装された北朝鮮の恐怖政治は類例がないほど悪性化していると世界の人権団体は口をそろえて主張している。そしていま金正恩体制が「人道に対する罪」で裁かれようとしている。「人道に対する罪」とは「戦前または戦時中一切の一般人民に対して為された殺戮、殲滅、奴隷的虐使、追放その他の非人道的行為、または政治的、人種的もしくは宗教的理由に基づく迫害行為」とされている。この罪で連想される名前はアドルフ・ヒトラー、ヨシフ・スターリン、ポル・ポトなどだ。記憶に新しいところではスロボダン・ミロシェビッチ。いずれの人物も、「残酷な独裁者」として名高い。

（注1）北朝鮮の子どもたちは通常、八歳になると朝鮮少年団に義務的に入団し、加入宣誓で最高指導者に対する忠誠を誓う。一四～一五歳になると自動的に金日成社会主義青年同盟に加入する。

巻末資料

第1章資料

【資料1】金正日総書記の権力掌握過程

一、誕生から助走まで

一九四二年二月一六日　ウラジオストック近郊の八八特別旅団ボロシルロブ野営地で誕生
その直後ハバロスク近郊のブヤック野営地へ移動
一九四八年　南山人民学校人民斑入学
一九四九年九月二二日　七歳で母と死別。崔光の妻金玉順に預けられる
一九五〇年秋　妹金敬姫とともに中国東北部（満州）に避難
万景台革命遺児学園人民斑四年に編入
一九五四年九月　平壌第四人民学校人民斑卒業。そのまま平壌第一初級学校に進学
一九五七年九月　南山高級中学校に進学
一九六〇年　金日成総合大学政治経済学部に入学
一九六四年　卒業

二、助走から後継者決定まで

一九六四年　組織指導部保衛課指導員
六六年までの間に金日成の現地指導に三一回随行

一九六七年五月　四〜八日まで秘密裏に開かれた中央委員会第四期一五次全員会議で「指導的力量」を発揮。この功績で文化芸術部副部長に任命

この時党宣伝扇動部に登用されたのが金国泰（金策の息子）以後二人は協力して金日成個人崇拝運動を推進

朝鮮労働党歴史研究室を金日成同志革命歴史研究室に改編

金日成同志革命歴史研究室図録作成

金日成石膏像の制作

革命記念碑の建立

一九七〇年　党文化芸術部長

一九七〇年一一月　第五回党大会以後金日成は本格的に後継者準備に入る

一九七二年一〇月　宣伝扇動部副部長の職責で中央委員選出（第五期五回中央委員会全員会議）

一九七二年末から　党員証交換事業　金正日後継者反対派追放

一九七三年二月　「二月一六日芸術専門学校」が慈江道江界市で開校

＊この間叔父金英柱との熾烈な戦いを繰り広げる。主体思想に心酔していないと攻撃。黄長燁を利用。

一九七三年九月　金正日、中央委員会全員会議（非公開）で、書記局書記（組織、宣伝扇動）に就任。七三年一二月刊行の「政治辞典」から「世襲的継承」項目削除。

一九七四年二月　金正日、党政治委員会正委員　後継者として決定

一九七四年四月　唯一思想体系一〇大原則発表　金日成を「神」に

この間の重要行事

①第二回朝鮮労働党代表者会（一九六六年一〇月五～一二日）での人事

委員長制から総秘書（総書記）制に改変

政治委員会内に常務委員会を設置

副委員長ポストの廃止と中央委員会内に「秘書（書記）局」を設置

書記局は人事をはじめ当面の諸問題を討議決定し、執行を指導する最高執行機関

人事は次のとおり

総書記　金日成

書記　崔庸建、金一、朴金喆、李孝淳、金光侠、石山、許鳳学、金英柱、朴容国、金道萬

政治委員　金日成、崔庸建、金一、朴金喆、李孝淳、朴正愛、金光侠、南日、李鐘国、李周淵、金翊善、金昌奉、朴成哲、崔賢、李英鎬

候補委員　韓相斗、玄武光、石山、許鳳学、崔光、呉振宇、林春秋、金東奎、金黄柱、朴容国、鄭景福

＊粛清　金昌萬（副委員長で副首相）

＊第二回朝鮮労働党代表者会での人事の特徴は、パルチザン派が要職を独占したこと。（朴容国、鄭景福はパルチザン派二世）

②党五回大会での人事（一九七〇年一一月二日～一三日）

政治委員会　第二回大会で新設された政治委員会常務委員会は廃止。

政治委員　金日成、崔庸建、金一、崔賢、朴成哲、金英柱、呉振宇、金東奎、金仲麟、徐哲、韓翊洙、

候補委員　玄武光、鄭準沢、楊亨燮、金萬金、李根模

書記局　総書記　金日成

書記　崔庸建、金一、金英柱、呉振宇、金東奎、金仲麟、韓翊洙、玄武光、楊亨燮

＊特徴　一一七人の中央委員正委員のうち八六人（七三・五％）が新人。候補委員も五五人のうち四八人（八七・二％）が新人。秘書局一一人のうち再選は総書記の金日成のほかは崔庸建、金一、金英柱、の三名。若返りと行政、技術テクノクラートの進出。七一年からの六ヵ年計画に対備。

三、党六回大会（一九八〇年一〇月一〇日〜一四日）――後継者金正日公式登場

政治委員会を政治局に改変し、一九人の正委員と一五人の候補委員計三四人の委員で構成。政治局内に五人で構成される常務委員会が設置された（中央委一四五人、候補委一〇三人）。

常務委員会委員　金日成、金一、呉振宇、金正日、李鐘玉

＊一九九四年一月の段階で金日成、金正日、呉振宇の三名となった。

書記局　総書記　金日成

書記　金正日、金仲麟、金永南、金煥、延亨黙、尹基福、玄武光、黄長燁、朴壽東

軍事委員会（八四年からは中央軍事委員会）

委員長　金日成

委員　呉振宇、金正日など一九人

＊特徴　金正日は、朝鮮労働党三大中枢機関の政治局常務委員会、書記局、軍事委員会に名を連

ねた。これは金日成を除けば彼だけである。ここに七三年から党内で構築してきた金正日体制は内外に公開され、八二年二月二六日の第七期最高人民会議選挙で初めて代議員にも名を連ねた。

四、金正日・金日成時代へ

朝鮮労働党第六回大会後八三年には金正日の権力が確固となり、北朝鮮権力は金正日―金日成時代へと移行していった。そして八四年からは「金正日白頭山密営出生説」が公式化された。この歴史偽造の先頭には息子に機嫌を伺うようになった金日成がいた。

この間一九七八年から始まった第二次七カ年計画は、八四年に終了したことになっているが、その内実は失敗に終わっている。その後八六年から始まった三次七カ年計画が騒がれたがこれも完全に破綻した。そこには金日成を喜ばせるための金正日による「記念碑的建造物」（全国三百数十箇所の銅像、凱旋門、主体塔など）の乱造も関係している。

こうして金正日は

一九九一年　党中央委員会第六期一九次全員会議で朝鮮人民軍最高司令官に推戴され

一九九二年　金日成を大元帥に格上げし自らは元帥称号を呉振宇とともに授与され、人民軍創建六〇周年で初めて閲兵演説を行ない

一九九三年　一九九二年の社会主義憲法修正で、国家主席と国防委員長の兼職規定が廃止されて新設した「国防委員会」委員長に就任し、軍権をも完全に掌握した。

一九九四年　金日成死亡後の朝鮮労働党指導部は政治局員　姜成山、朴成哲、金英柱、金永南、桂応泰、全秉浩、韓成竜、徐允錫

書記　金正日、桂応泰、全秉浩、韓成竜、崔泰福、金仲麟、金己男、金国泰、鄭夏哲となった。
一九九七年　金正日が総書記に推戴される（選挙ではない）。

【資料2】　金正恩第一書記の略歴

一九八三年一月八日　出生
一九九一年ごろから　スイスを往来
一九九七年〜二〇〇一年　スイス留学
年月日未詳　平壌の金日成軍事総合大学を修了。
二〇一〇年九月　朝鮮人民軍大将の軍事称号を受ける。朝鮮労働党中央委員会委員および朝鮮労働党中央軍事委員会副委員長に選出される。
二〇一一年一二月　朝鮮人民軍最高司令官となる。
二〇一二年四月　朝鮮労働党第一書記に推戴される。朝鮮労働党中央委員会政治局委員、党中央委員会政治局常務委員会委員となる。朝鮮労働党中央軍事委員会委員長に選出される。
二〇一二年四月　朝鮮民主主義人民共和国国防委員会第一委員長に推戴される。
二〇一二年七月　朝鮮民主主義人民共和国元帥称号を受ける。

【資料3】 朝鮮労働党第三回代表者会で選ばれた幹部（二〇一〇年九月二八日）

朝鮮中央通信は二九日深夜、党代表者会での次のような人事結果を発表した。中央委員一二四人、候補委員一〇五人が再選出され、その後中央委員会九月全員会議が開かれた。金正日は党総書記に再推戴され、後継者金正恩は党中央軍事委員会副委員長に名を連ねた。指導部の構成は次のとおりである。

朝鮮労働党総書記　金正日

党政治局常務委員　金正日、金永南、崔英林、趙明禄、李英鎬

党政治局委員　金正日、金永南、崔英林、趙明禄、李英鎬、金英春、全秉浩、金国泰、金己男、崔泰福、楊亨燮、姜錫柱、辺英立、李勇茂、朱霜成、洪錫亨、金慶喜

党中央委員会書記　金己男、崔泰福、崔龍海、文景徳、朴道春、金永日、金養建、金平海、太鐘守、洪錫亨

党中央軍事委員会

委員長　金正日

副委員長　金正恩、李英鎬

委員　金英春、金正覚、金明国、金京（慶）玉、金元弘、鄭明道、李炳哲、崔富日、金英徹、尹正麟、朱奎昌、チェ・サンリョル、チェ・ギョンソン、禹東則、崔龍海、張成沢

党政治局候補委員　金養建、金永日、朴道春、崔龍海、張成沢、朱奎昌、李泰男、金洛姫、太鐘守、金平海、禹東則、金正覚、朴正順、金昌燮、文景徳

党中央委員会部長　金己男、張成沢、金永日、金平海、リ・ヨンス、朱奎昌、洪錫亨、金慶喜、崔希貞、呉日晶、金養建、金昌燮、蔡喜正、太鐘守

党中央委員会検閲委員会委員長　金国泰

【資料4】高ヨンヒに関する誤情報顛末

韓国や日本での北朝鮮情報には誤報が多い。古くは韓国の金日成死亡大誤報、全く違う韓国の人物を金正恩だとして写真入で大々的に報道したテレビ局の誤報や、北朝鮮一幹部を金正恩とした日本大手新聞社の誤報もあった。しかし、こうした誤報は、ほどなく訂正されている。

だが訂正されないまま脈々と生き続けた誤報があった。それが金正日総書記の夫人高ヨンヒに関する誤報だった。元プロレスラー高太文の娘―高春行《コ・チュネン》（幸）を高ヨンヒだとして流された「誤報」がそれだ。この誤報に基づいて「高英姫本」まで出版された。日本の「ウィキペディア」までがこの誤報をそのまま垂れ流していた。

筆者がこの誤報に気が付いたのは二〇〇六年だった。間違いと確信したのは、二〇〇六年七月に北朝鮮の体育出版社が発行した「柔術愛国者」という粗末な一冊の本を見てからである。そこには高ヨンヒとされた高春行が、父高太文（プロレス名大同山）の生涯を回想する形で書き綴られていた。

この本の装丁はあまりにも貧弱だった。巷に流れていた高ヨンヒ情報が正しいならば、少なくとも最高指導者金正日の夫人がその父（金正日の義父）について書いた本だが、そうであればこのようにみすぼらしいものとはならないはずである。筆者はこのような粗末な装丁で出版されるはずがないと思った。また最高指導者の夫人が、個人的な立場から父につ

いて書いていることも不自然だった。

もう一つは、韓国からの情報では、高ヨンヒが亡くなったのは二〇〇四年だとされている。亡くなった人が、二年後にわざわざ父の伝記を出すだろうか？　これもおかしかった。一部の人たちはその空白を埋めるために様々な想像をめぐらしたが、どれ一つ納得のいくものはなかった。

そうした折、この情報を韓国の月刊雑誌に寄稿した記者がいた。その記事が韓国国家情報院の目に触れたのである。国家情報院は月刊誌側に間違った情報だと指摘したが、韓国が太陽政策真っ只中の時代だったために、出版社側は北朝鮮を刺激しないための何らかの意図を持った介入と勘ぐったようだ。国家情報院の指摘を受け入れなかった。

そこで国家情報院は、具体的資料を提示して高太文の娘高春行《コ・チュネン》は高ヨンヒではなく、高ヨンヒは全くの別人であるということを二〇〇六年一二月に示した。

しかしその後も誤情報が横行したために、筆者が主宰するコリア国際研究所のホームページにこの情報を二〇〇七年一二月一四日付で掲載し、これまでの「高英姫情報」が間違いであることを指摘した。しかし日本の北朝鮮ウォッチャーのほとんどは誤情報をうのみにしていたために素直に間違いを認めようとはしなかった。その後も折に触れこのことを言及してきたが、一度信じ込まれた「事実」はなかなか訂正されなかった。

当研究所ではその後も引き続き、高春幸が高英姫ではないとする裏付け調査を続けてきたが、二〇一一年になって在日帰国者ルートを通じて、やっと高春幸一家が、平壌市中区域トンアン洞で、夫チョン・ヒョンソン氏（一九七二年三月、一六三次帰国船で帰国、二〇〇五年一〇月現在平壌機械大学学部長）と二人の息子ジンヒョク、クァンヒョクの四人家族で暮らしていることを確認した。そればかりか関係者の努力によって、高春幸一家の記事が掲載されている北朝鮮の中央通信（二〇〇〇年一月二一日報道）や民主朝鮮（二〇〇五年一〇月四日）も入手した。

高ヨンヒを高春行《コ・チュネン》と間違えた背景

高ヨンヒと高春行を同一人物と間違えた背景には、この二人が、同姓でほぼ同じ年齢であったことと、同じ済州島出身の北朝鮮帰国者家族であり、偶然同時期に「万寿台芸術団」に属していたことが重なったことがある。それにもまして情報に混乱が生じたのは、この二女性とも金正日と面識があったことだ。そしてこうした情報が在日ルートでもたらされたために、確認が取れているものと錯覚し、誤情報が独り歩きすることになった。

高春行を高ヨンヒとした情報源は高太文のそばにいた人たちから流されたようだ。

在日朝鮮人帰国者の中に、金安弘《キム・アノン》という柔道家がいた。彼の家庭は熱烈な朝鮮総連一家であった。帰国した彼は北朝鮮で高太文の指導を受け、一九六三年一一月にインドネシアで開かれた「ＧＡＮＥＦＯ（新興国競技大会）」で優秀な成績を収めた。

この金安弘については「柔術愛国者」の中で高春幸が何度も言及しているところから高太文氏に相当近かったようだ。当然、金正日が高春幸に接触しているという話も高太文か高春幸から聞いていたはずだ。この金安弘など高太文の「弟子」を通じて「高ヨンヒ＝高太文の娘説」が在日家族や関係者にもたらされた。

というのは金安弘の弟には金有弘《キム・ユホン》という人物がいて、一九六五年に朝鮮大学校を中途退学し北朝鮮に帰国している。彼は金日成総合大学に編入し卒業しているが、一九八〇年代中ごろに資金集めの任務で公式に日本に来ている。その時にこうした情報を家族や友人に流布していた可能性がある。それは彼に近い友人たちが高春行を高ヨンヒと信じ切っていたことからも推察できる。もちろん彼だけでなく高太文に近い他の帰国者や在日朝鮮人脱北者からもこうした情報がもたらされた可能性もある。

北朝鮮に住んでいたからといって金正日ファミリーの情報に接することは難しい。ましてや裏取りは不可能だ。金正日が何度か高春行と面会していたことから、似通った両者の出自から高春行と高ヨンヒが混同され、その情報が日本にもたらされたのだろう。

韓国中央日報二〇〇六年一二月二日付はこの辺の事情に関して次のように報道した。

「金正日北朝鮮国防委員長の夫人が二〇〇六年七月に出版したと報道された自叙伝形式の本は高氏とは何の関係もないことが明らかになった。

政府当局者は一日「問題の本を書いたコ・チュネンは済州道出身の北送同胞高太文の娘であり、コ・ヨンヒはコ・チュネンとはまったくの別人」だと言明した。奇しくも両人が済州道出身の在日同胞で、北朝鮮に定着し芸術団員として活動したことから生じた混同であると説明した。

平壌で出版された『柔術愛国者』という本は、柔道選手出身で北朝鮮の柔道発展に寄与した父親を娘のチュネンが回顧し北朝鮮体制を賛辞する内容となっている。特に「一九七三年のある日の午後一一時、寝室に入って寝ようとした時、将軍様がお待ちであるとの連絡がきた」など金委員長との関係を暗示する内容も含まれている。

日本の毎日新聞は、二〇〇六年一一月三〇日付で「著者は高英姫ではなく彼女の本名である高春幸となっている」と報道し、国内の一部言論機関もこれをそのまま紹介した。一部では金正日委員長の後継問題と関係があるのではないかとの観測まで出された。その間、北朝鮮専門家たちは、朝総連関係者の証言などをもとに「コ・ヨンヒの父親はコ・テムン（高太文）」という主張を事実として受け入れてきた。

しかし、関係当局は最近平壌の「ロイヤルファミリー」に対する情報を入手し、新たな事実関係を把握した。それによるとコ・ヨンヒは一九九九年に死亡した在日同胞コ・ギョンテクの娘であることが判明した」（中央日報二〇〇六年一二月二日）。

この記事が出た直後、連合通信は「コ・チュネンはコ・ヨンヒではない」として次のように伝えた。

「韓国の国家情報院（国情院）は、在日朝鮮人出身で一九六〇年代に北送（北朝鮮帰還）された故高太文さんの伝記を出版した北朝鮮のコ・チュネンさんは、金正日総書記の夫人だったコ・ヨンヒ（二〇〇四年死亡）さんと同一人ではないと再び確認した」。

韓国国家情報院が発表した情報

国情院は二二日の報道資料で「高太文の伝記の『柔術（柔道）愛国者』を書いたコ・チュネンとコ・ヨンヒは全然違った人物」とし、「コ・チュネンは一九五〇年生まれで高太文（一九八〇年死亡）の娘だが、コ・ヨンヒは一九五二年生まれで高ギョンテック（一九九九年死亡）の娘」と述べた。

このように国情院が再度確認したのは、日本の毎日新聞が去る一一月三〇日（二〇〇六年）、高太文さんの生涯を扱った伝記を刊行したコ・チュネンさんをコ・ヨンヒさんと伝えたのに加え、韓国内のある月刊誌までも同じような内容を報道したからである。

国情院はまた〝肉親的愛〟という表現を根拠に金正日・コ・チュネン恋人説が提起されていることと関連、「〝肉親的愛〟という表現は、北朝鮮の労動新聞などで通常に使われる文言」と指摘し、恋人説が事実無根であることを遠まわしに確認した」（二〇〇六年一二月二二日）。

この時、国家情報院から発表された高ヨンヒと高チュネンの家族関係と経歴は次の通りである。

高ヨンヒ（一九五二年生、二〇〇四年死亡）
父　高ギョンテック（一九一三年生、一九九九年死亡）
母　李〇〇（一九一二年生まれ、死亡）
兄弟
兄　高〇〇（五一年生まれ）

妹　高○○（五六年生まれ、女）
経歴
万寿台芸術団舞踊家　　○四年死亡

高チュネン（一九五〇年生）
父　高テムン（一九二〇年生、一九八〇年死亡）
母　金○○
兄弟
兄　スンヘン（四五年生まれ）
弟　スンウン（五四年生まれ）　朝鮮柔術協会副書記長
経歴
平壌芸大
国立民族歌舞団（七〇年）
万寿台芸術団
平壌外国語大（七三年）
朝鮮民俗博物館外国語講師
朝鮮芸術交流協会部員（二〇〇六年現在）

資料提供　韓国国家情報院（二〇〇六年一二月一日）

第2章資料

朝鮮労働党の唯一的領導体系確立の一〇大原則（翻訳・朴斗鎮）

われわれは、偉大な金日成同志と金正日同志を変わることなく高く奉じ、金日成―金正日主義の旗の下にチュチェ（主体）革命偉業、先軍革命偉業を輝かしく継承完成していく歴史的時代に生きそして戦っている。

わが人民が、数千年の歴史ではじめてめぐり逢い高く奉じた偉大な金日成同志と金正日同志は、天才的思想理論と卓越した領導で自主の新時代を切り開かれ、革命と建設を勝利一筋へと前進させ、チュチェ革命偉業完成のための万年礎石を築かれたわが党と人民の永遠の首領であり、チュチェの太陽であらせられる。

偉大な金日成同志と金正日同志は、自主時代の指導思想を提示し輝かせた卓越した思想理論家であらせられる。

金日成同志におかれては、人類思想史で最も高く輝かしい地位を占める永久不滅のチュチェ思想を創始され、人民大衆が自己の運命を自主的に創造的に切り開いていく革命の新しい道を開かれた。

金正日同志におかれては、精力的な思想理論活動によってチュチェ思想を全面的に体系化され、チュチェ思想と先軍思想を発展させ豊富にされ、自主時代の完成した指導思想として光り輝かせられた。

偉大な金日成同志と金正日同志は、壮大な革命の実践で、祖国と革命、時代と歴史の前に不滅の業績を積まれた傑出した政治家、創造と建設の英才であられる。

金日成同志におかれては、栄えある朝鮮労働党と朝鮮民主主義人民共和国、不敗の朝鮮人民軍を創建なさることで、チュチェ革命偉業の勝利的前進と完成のための最も威力ある政治的武器をもたらされた。

偉大な金日成同志と金正日同志におかれては、わが党と国家、軍隊を賢明に導かれ、自主時代の党建設と国家建設、革命武力建設の輝かしい模範を創造され、わが人民を自主的人民に育てられ、革命の主体を飛躍的に強化なさった。

偉大な金日成同志と金正日同志は、人民大衆中心のチュチェの社会主義を建設なさり、社会主義発展の最も正しい道を切り開かれ、わが祖国の尊厳と威容を世界にとどろかせられた。

金日成同志と金正日同志におかれては、二つの段階の社会革命を輝かしく遂行され、社会主義建設を促進し、この地に搾取と抑圧がなく、人民があらゆるものの主人となり、すべてが人民に奉仕する最も優れたわれわれ式社会主義を打ち立てられ、世界的政治動乱の中でチュチェの社会主義をしっかりと守りいっそう強化発展せられた。

偉大な首領様と将軍様の賢明な領導によって、わが国は、首領、党、大衆が一心団結し核武力を中枢とする無敵の軍事力と強靭な自立的経済を持つ社会主義強国として威力をとどろかせるようになった。

偉大な金日成同志と金正日同志は、銃台でわが革命を切り開かれ、百勝の道一筋に導かれた卓越した軍事戦略家であり鋼鉄の霊将であられる。

金日成同志におかれては、主体的な軍事思想と並外れた知略によって強大な二つの帝国主義を打ち破り、わが祖国と人民の尊厳と栄誉を輝かせ、金正日同志におかれては、独創的な先軍革命領導で人民軍隊を必勝腐敗の革命武力に強化発展させ、熾烈な反米対決戦で連戦連勝を成し遂げられた。

偉大な金日成同志と金正日同志は、祖国統一と人類の自主偉業に一生涯を捧げられた祖国統一の救星であり世界革命の卓越した領導者であらせられる。

偉大な首領様と将軍様におかれては、精力的な活動で祖国統一の前途に明るい展望を開かれ、世界自主化偉業実現で不滅の貢献をなされた。

偉大な金日成同志と金正日同志は、ただ一筋に祖国と革命、人民のために自身のすべてを捧げられた絶世の愛国者、偉大な革命家、人民の慈愛に満ちた父母であらせられる。

偉大な金日成同志と金正日同志は、チュチェ朝鮮の英肖として永遠にわが人民と共におられ、その積み上げられた業績は歴史と共に永遠不滅である。

偉大な金日成同志と金正日同志を変わることなく高く奉じていく時、わが国は永遠の太陽の国として全世界に燦然と光輝くであろうし、わが祖国の前途は限りなく明るい希望に満ちるであろう。

われわれは、偉大な金日成同志と金正日同志を永遠に高く奉じ忠誠を捧げ、党の領導のもとで金日成―金正日主義偉業を最後まで継承完成させるために、次のような党の唯一的領導体系確立の一〇大原則を徹底的に守らなければならない。

一、全社会を金日成―金正日主義化するために一身を捧げて闘わなければならない。

全社会を金日成―金正日主義化するということは、わが党の最高綱領であり、党の唯一的領導体系を打ち立てる事業の総的目標である。

1）偉大な金日成―金正日主義を党と革命の永遠なる指導思想として確固と握り締め進まなければならない

2）偉大な金日成同志が創建なさり金日成同志と金正日同志が領導されてこられたわが党と国家、軍隊を永遠に金日成同志―金正日同志の党と国家、軍隊として強化発展させなければならない。

3）偉大な金日成同志が打ち立てられ首領様と将軍様が輝かせてくださった最も優れたわれわれの社会主義制度をしっかりと守り強化発展させるために献身的に闘わなければならない。

4）チュチェ思想の旗、自主の旗を高く掲げ、祖国の統一と革命の全国的勝利のために、チュチェ革命偉業の完成のために積極的に闘わなければならない。

5）全世界でのチュチェ思想の勝利のために最後まで闘わなければならない。

二、偉大な金日成同志と金正日同志をわが党と人民の永遠の首領として、チュチェ（主体）の太陽として高く奉じいただかなければならない。

偉大な金日成同志と金正日同志をわが党と人民の永遠の首領としてチュチェの太陽として高く奉じいただくことは、首領様の末裔、将軍様の戦士、弟子たちの最も崇高な義務であり、偉大な金日成同志と金正日同志を永遠に奉じるここに金日成民族、金正日朝鮮の無窮の繁栄がある。

1）偉大な金日成同志をわが革命の永遠の首領として、共和国の永遠の主席として、高く奉じたてまつらなければならない。

2）偉大な金正日同志を朝鮮労働党の永遠の総秘書（書記）として、わが共和国の永遠の国防委員会委員長として、高く奉じたてまつらなければならない。

3）偉大な金日成同志と金正日同志が永世の姿でおられる錦壽山太陽宮殿を、永遠の太陽の聖地に立派に整え、決死擁護しなければならない。

4）「偉大な金日成同志と金正日同志は、われわれと共におられる」との信念のスローガンを高く掲げ、常に首領様と将軍様の太陽の姿を心に深く刻み、生活し、戦わなければならない。

5）偉大な金日成同志と金正日同志が積み重ねられた不滅の革命業績を、毅然として擁護固守し、長く輝かせなければならない。

三、偉大な金日成同志と金正日同志の権威、党の権威を絶対化し、決死擁護しなければならない。

偉大な金日成同志と金正日同志の権威、党の権威を絶対化し、決死擁護することは、わが革命の至上要求であり、わが軍隊と人民の革命的意思である。

1）偉大な金日成同志、金正日同志とわが党以外は全く知らないという確固とした観点と立場を持たなければならない。

2）偉大な金日成同志と金正日同志の権威、党の権威と偉大性をしっかりと擁護し内外に広く宣伝しなければならない。

3）偉大な金日成同志、金正日同志とわが党の権威を傷つけようとする些細な要素も絶対に許したり見過ごしたりせず、重大事件化して非妥協的戦いを繰り広げ、あらゆる階級的敵の攻撃と非難から首領様と将軍様の権威、党の権威をあらゆる面から擁護しなければならない。

4）白頭山絶世偉人たちの肖像画、石膏像、銅像、肖像バッチ、お姿を描いた作品と出版、宣伝物、現地教示版とお言葉版、永世塔、党の基本スローガンなどを丁重においしいただき徹底的に護らなければならない。

5）白頭山絶世偉人たちの偉大な革命歴史と闘争業績が込められている革命戦跡地と、革命史跡地、革命史跡碑と標識碑、革命博物館と革命史蹟館、金日成—金正日主義研究室を丁重にととのえ立派に管理し徹底的に護らなければならない。

6）偉大な金日成同志、金正日同志と党の領導業績が込められているところをよく整え、領導業績を輝かせるための事業を立派にとり行なわなければならない。

四、偉大な金日成同志と金正日同志の革命思想およびその具現である党の路線と政策で徹底的に武装しなければならない。

偉大な金日成同志と金正日同志の革命思想と、その具現である党の路線と政策で徹底的に武装することは、真の金日成—金正日主義者になるための最も重要な要求であり、チュチェ（主体）革命偉業、先軍革命偉業勝利のための先決条件である。

1）偉大な金日成―金正日主義を自身の骨と肉に、確固不動の信念に作らなければならない。

2）偉大な金日成同志の教示と金正日同志のお言葉、党の路線と政策を活動と生活の指針・信条にし、それを尺度としてあらゆるものを計り、何時いかなるときもその要求どおりに思考し行動しなければならない。

3）偉大な金日成同志と金正日同志の労作と党の文献、白頭山絶世偉人たちの革命歴史を体系的に全面的に深く研究会得しなければならない。

4）偉大な金日成―金正日主義で武装するための学習会、講演会をはじめとした集団学習に欠かさず誠実に参加し、学習を生活化習慣化して、学習を怠けたり妨害する現象に対しては積極的に戦わなければならない。

5）党文献伝達浸透体系を徹底的に打ち立て、党の思想と路線、方針などを適時に正確に伝達浸透させなければならず、歪曲伝達したり自分の言葉で伝達することがないようにしなければならない。

6）報告、討論、講演会を行なったり出版物に掲載する文章を書くときは、いつも首領様の教示と将軍様のお言葉、党の文献を丁重に引用し、それに基づいて内容を展開し、それらに反した発言をしたり文章を書くことがないようにしなければならない。

7）党の方針と指示を個別的幹部の指示と厳格に区別し、個別的幹部の指示に対しては党の方針と指示に合致するか否かを検討して原則的に対峙し、個別幹部の発言内容を「結論」だの「指示」だのと言って組織的に伝達したり集団的に討議することがないようにしなければならない。

8）わが党の革命思想、党の路線と政策に対して誹謗中傷したり反対する反党的な行為に対しては、いささかの妥協や見過ごしがあってはならず、ブルジョア思想、事大主義思想をはじめとしたあらゆる反党的、反革命的思想潮流に反対して鋭く戦い、金日成―金正日主義の真理性と純潔性を徹底的に固守しなければならない。

五、偉大な金日成同志と金正日同志の遺訓、党の路線と方針の貫徹で無条件性の原則を徹底して守らなければならない。

偉大な首領様と将軍様の遺訓、党の路線と方針を無条件徹底的に貫徹することは、党と首領に対する忠実性の基本要求であり、社会主義強盛国家建設勝利のための決定的条件である。

1）偉大な首領様と将軍様の遺訓、党の路線と方針、指示を、法として、至上の命令として受けとめ、いかなる理由や口実もないよう無限の献身性と犠牲性を発揮し、無条件徹底的に貫徹しなければならない。

2）偉大な首領様と将軍様の遺訓、党の路線と方針、指示を貫徹するための創意的意見を十分に提起し、ひとたび結論を出した問題に対しては一寸の揺らぎもなく適時に正確に貫徹しなければならない。

3）党の路線と方針、指示を瞬時に受け止め、その執行対策を立て、組織政治活動を推進し、即執行して報告する決死貫徹の気風を打ち立てなければならない。

4）党の路線と方針、指示の執行状況を常に総括し、最配置する事業を絶え間なく深化させ、党の路線と方針指示を中途半端に処理することなく最後まで貫徹しなければならない。

5）党の文献と方針、指示を言葉だけで受け入れ、その執行を怠る現象、党政策執行で無責任で主人らしくない態度、要領主義、保身主義、敗北主義をはじめとした不健全な思想に反対して積極的に戦わなければならない。

六、領導者を中心とする全党の思想意思統一と革命的団結をあらゆる面で強化しなければならない。

領導者を中心とする鋼鉄のような統一と団結は、党の生命であり、不敗の力の源泉であり、革命勝利の確固たる担保である。

1）領導者を中心とする全党の思想意思統一と革命的団結を瞳のように守り、いっそうしっかりと固めていかなければならない。

2）党と首領に対する忠実性に基づいて革命的同志愛を十分に発揮し、全社会を領導者と思想、志、情を共にする一つの大家庭を作らなければならない。

3）党と首領に対する忠実性を尺度として、すべての人を評価し原則的に対応し、党に忠実でなく党の唯一的指導体系に反して行動する者に対しては地位と功労に関係なくきびしい戦いを繰り広げなくてはならない。

4）個別的幹部に対する幻想、媚へつらい、偶像化を排撃し、個別的幹部の職権に負けて盲従盲動したり非原則的に行動する現象を徹底的になくさなければならない。

5）党の統一と団結を破壊し蝕む分派主義、地方主義、家族主義をはじめとしたあらゆる反党的要素と同床異夢、面従腹背する現象に反対し鋭く戦わなければならない。

七、偉大な金日成同志と金正日同志に学び、高尚な精神道徳的風貌と革命的活動方法、人民的活動作風をもたなければならない。

偉大な金日成同志と金正日同志の崇高な思想精神的品性と革命的活動方法、人民的作風を学び遵《したが》うことは、あらゆる働き手と党員と勤労者たちの神聖な義務であり、首領様式、将軍様式に活動し生活するための必須要求である。

1）党と革命、祖国と人民の利益をまず考え、そのためにすべてを捧げて闘う高い党派性、革命性、人民性を持たなければならない。

2）党的、階級的、社会主義的原則を徹底的に守り、必勝の信念と楽観をもってチュチェ革命一筋に強く闘っていかなければならない。

3）革命に対する主人としての態度をもって、自力更生、困難と闘う革命精神を高く発揮し、老衰と沈滞、安逸とたるみ、消極と保守を排撃し、旺盛な闘志と情熱にあふれ、戦闘的に生活し、あらゆる事業を大胆で太っ腹に展開していかなければならない。

4）創造的で進取的活動態度をもち、活動において高い創意性を発揮し、行動で模範を示す革命的気風を発揮し、困難で難しい仕事の先頭に立って突破口を切り開いていかなければならない。

5）首領様式、将軍様式人民観を持っていつも人民大衆と生死苦労を共にし、いかなる時にも人民の便宜を最優先絶対視する原則を堅持しなければならない。

6）活動と生活でいつも謙虚で清廉潔白で高尚な道徳品性を持たなければならない。

7）勢道と官僚主義、主観主義、形式主義、本位主義をはじめとした古い活動方法と作風を徹底的になくさなければならない。

八、党と首領がくださった政治的生命を大切に守り、党の信任と配慮に対して高い政治的自覚と活動実績で報いなければならない。

党と首領がくださった政治的生命を得たことは、革命戦士の最も大きな栄誉であり、党と首領の信任と配慮に高い政治的自覚と活動実績で答えることこそが高貴な政治的生命を輝かせる真の道である。

1）政治生命を第一生命と受け止め、命のある限り政治的信念と革命的節操を曲げてはならず、政治的生命を限りなく輝かせるために身と心をすべて捧げなくてはならない。
2）高い組織観念をもって組織生活に自発的に参加し、組織の決定と委任分担任務を適時に遂行し、集団主義精神を高く発揮しなければならない。
3）政治組織総括に誠実に参加し、自己の活動と生活を高い政治思想的水準で検討総括し、批判の方法で思想闘争を繰り広げ、思想闘争を通じて革命的に鍛錬し、不断に改造していかなくてはならない。
4）金正日愛国主義を大切にし、革命課題遂行にまい進し、革命的実践課程を通じて革命化を急がなければならない。
5）最も高潔な政治的生命を与えてくれた党の政治的信任に活動実績で答えるために、革命的熱意を高く発揮し、政治理論水準と技術実務水準を絶えず高め、党が与えてくれた革命任務を立派に遂行しなければならない。

九、党の唯一的領導のもとに全党、全国家、全人民が一つとなって動く強い組織規律を打ち立てなければならない。

党の唯一的領導のもとに、全党、全国家、全軍が一つとなって動く強い組織規律を打ち立てることは、党の唯一的領導体系確立の重要な要求であり、チュチェ（主体）革命偉業、先軍革命偉業勝利のための決定的担保である。

1）偉大な金日成―金正日主義を唯一の指導的指針として革命と建設を遂行し、党の唯一的領導のもとに全党、全国家、全軍が一つのように動く厳格な体系をうち立てなければならない。
2）あらゆる事業を党の唯一的領導のもとに組織推進し、政策的諸問題は、党中央の結論によってのみ処理する強い革命的秩序と規律をうち立てなければならない。
3）あらゆる部門、あらゆる単位で、革命闘争と建設事業に対する党の領導をしっかりと担保し、あらゆる機関と働き手は党に徹底的に依拠して、党の指導のもとにあらゆる事業を組織執行していかなければならない。

4）党中央の構想と意図を実現するための党と国家の決定、指示を正確に執行しなければならず、それを間違って解釈し変更したり執行を怠る現象と強く戦い、国家の法規範と諸規定を厳格に守らなければならない。

5）個別幹部が、党、政権機関及び勤労団体の会議を勝手に招集したり、会議で党の意図に合わない「結論」を出したり、組織的な承認なしに党のスローガンを勝手にはずしたり改作したりして社会的運動組織を作り出すような非組織的現象を許してはならない。

6）個別幹部が越権行為を行なったり、職権を乱用するなどのあらゆる非組織的現象に反対して積極的に闘わなければならない。

7）党に対する忠実性と実力を基本尺度として幹部を評価し選抜配置しなければならず、親戚、親友、同郷、同窓、師弟関係のような情実知己関係やお金と物で幹部問題を処理するなど、個別幹部が自分勝手に幹部を登用、解任、処罰する行為に対しては看過せず強く戦い、幹部事業で党的原則と定められた秩序を徹底的に守らなければならない。

8）党、国家、軍事機密を厳格に守り秘密を漏洩する行為に反対し、鋭く戦わなければならない。

9）党の唯一的領導体系に反する非組織的で無規律的な現象に対しては、その軽重にかかわらず、党中央委員会を含めた各級の党組織に速やかに報告しなければならない。

一〇、偉大な首領金日成同志が開拓され、金日成同志と金正日同志がおし進めてきた主体《チュチェ》革命偉業、先軍革命偉業を代を継いで最後まで継承完成しなければならない。

偉大な金日成同志が切り開き、首領様と将軍様がお導きになったチュチェ革命偉業、先軍革命偉業を代を継いで最後まで継承完成させることは、わが党の確固たる意思であり、あらゆる働き手と党員と勤労者の崇高な義務である。

1）党の唯一的領導体系を打ち立てる事業を絶え間なく進化させ、代を継いで継続しなければならない。

2）わが党と革命の命脈を白頭の血統で永遠に引き継いでゆき、チュチェの革命伝統を絶え間なく継承発展させ、その純潔性を徹底的に固守しなければならない。

3）党の唯一的領導体系を打ち立てるうえで障害となる些細な現象と要素に対しても看過せず決然と闘わなければならない。

4）自身だけでなく全家族と次代の人たちも、偉大な首領様と将軍様を永遠のチュチェの太陽として高く奉じ、党の唯一的領導に限りなく忠実にならなければならない。

5）党中央を身命を賭して死守し、永遠にわが党と生死運命を共にしなければならない。

あらゆる活動家と党員と勤労者は、党の唯一的領導体系を徹底的に打ちたて、偉大な金日成同志と金正日同志をわが党と人民の永遠の首領として高く奉じ、党の領導に従って自主の道、先軍の道、社会主義の道に力強く進み、白頭で開拓されたチュチェ革命偉業、先軍革命偉業を最後まで完成させなければならない。

第3章資料

【資料1】張成沢死刑執行報道全文（原文は中央日報、翻訳は毎日新聞）

朝鮮中央通信は一二月一三日北朝鮮がその前日に国家安全保衛部特別軍事裁判を開き張成沢前国防委員会副委員長に対して「国家転覆陰謀行為」容疑により死刑を判決し直ちに執行したことを報道した。

これは朝鮮中央通信の報道全文である。

・千万軍民の込み上げる憤怒の爆発。　万古逆賊を断固として処断・

「天下の万古逆賊、張成沢に対する朝鮮民主主義人民共和国国家安全保衛部特別軍事裁判進行」

朝鮮労動党中央委員会政治局拡大会議に関する報道に接し、反党反革命宗派（党派）分子たちに革命の峻厳な審判を下さなければならないという我々軍隊と人民の怒りの叫びが全国を震撼させている中、天下の万古逆賊張成沢に対する朝鮮民主主義人民共和国国家安全保衛部特別軍事裁判が一二月一二日に執り行なわれた。

特別軍事裁判は現代版宗派の頭目として長期間にかけて不純勢力を糾合して分派を形成し我が党と国家の最高権力を簒奪する野望の下に、あらゆる謀略と卑劣な手法で国家転覆陰謀の極悪犯罪を敢行した被訴者張成沢の罪行に対する審理を進めた。

特別軍事裁判に起訴された張成沢の一切の犯行は審理過程の中で一〇〇％立証され、また被訴者もそれを全面的に是認した。公判では朝鮮民主主義人民共和国国家安全保衛部特別軍事裁判所判決文が朗読された。

判決文の一句一句は反党反革命宗派分子で凶悪な政治的野心家、陰謀家である張成沢の頭に振り下ろされた憎悪と憤激に満ちた我ら軍隊と人民の峻厳な鉄槌の如きものであった。

被訴者張成沢は我が党と国家の指導部と社会主義制度を転覆する目的の下に反党反革命的宗派行為を敢行して祖国に反逆した天下の万古逆賊である。　張成沢は早くから偉大なる首領金日成同志と偉大なる領導者金正日同志の厚い政治的信任を得て党と国家の責任的な職位に登用されて偉大なる大元帥御両方（金日成・金正日）の恩徳を他の誰よりも多く授かった。そして、張成沢は特に敬愛する金正恩同志より以前よりさらに高い職務と大きい信頼を授かった。

張成沢が白頭山絶世の偉人の方々より授かった政治的信頼と恩恵はあまりにもその分を越えたものだった。信頼には義理で報い恩恵には忠誠をもって応えることが人の初歩的な道理だ。しかし犬にも劣る醜い人間のゴミ張成沢は党と首領から授かった天空の如き信頼と熱い家族的愛情を裏切り天人共怒する反逆行為を敢行した。

奴はずいぶん前から汚らわしい政治的野心を抱いていたが偉大なる首領様と将軍様の御健勝時はその御前で敢えてその頭を上げることもできず、その御顔色をうかがいつつ、同床異夢、陽奉陰違（面従腹背）を事とし、革命の代が変わる歴史的転換の時に至りついにその時が来たと悟りその本性を現わし始めたのである。

張成沢は全党、全軍、全人民の一致した念願と意志によって敬愛する金正恩同志を偉大なる将軍様の唯一の後継者として高く推し戴くことに対する重大問題が討議される時期に背後で悪だくみをめぐらしながら領導の継承問題を陰に陽に妨害する未来永劫に許し得ぬ大逆罪を犯した。

奴は自身の巧みな策動が通じず歴史的な朝鮮労動党第三次代表者会議で全体党員たちと人民軍将兵、人民の総意によって敬愛する金正恩同志を朝鮮労動党中央軍事委員会副委員長に高く推し戴くという決定が宣布され全場内が熱狂的な歓呼の渦になった時もやむを得ず席を立ち上がりおざなりの拍手をしながら傲慢不遜な態度を見せたことで我々軍隊と人民の込み上げる怒りを買った。

奴があの時無意識的にそのように行動したことは、敬愛する金正恩同志の軍令基礎と領軍体系が固まったあかつきには、それが今後奴が党と国家の権力を奪取した時の巨大な障碍になると考えたからだと自ら認めた。

張成沢はその後偉大なる将軍様があまりに急に、あまりに早く、そしてあまりに名残惜しく、我々のもとを立ち去ってしまわれるや否や、以前より抱いていた政権簒奪の野心を実現するために本格的に策動を始めたのである。

張成沢は敬愛する元帥様のお側に仕えて現地指導にしばしば随行するようになったことを悪用し、元帥様の常なるお側役であることをいいことにして自身が革命の首脳部と肩を並べる特別な存在という事を内外に見せびらかせ、奴自身に対する（間違った）幻想をでっち上げようと謀った。

張成沢は、自身が党と国家指導部を覆すのに使う反動主義者たちを糾合するために、偉大なる将軍様のお言葉に逆らって、奴に媚び諂いおべんちゃらを並べ立てていたことにより厳重処分を受け免職・解任された者どもをはじめとする不純異色分子どもを、巧妙な方法で党中央委員会部署と傘下諸機関に戻し入れた。

張成沢は青年工作部門を主管しつつも敵方に買収された変節漢や裏切り者どもとグルになり我が国の青年運動に重大な害毒を及ぼしたのみにあらず、その者どもが党の断固たる措置によって摘発粛清された以後にもその手先どもをずっと温存し党と国家の重要役職に無理やりネジ込んだ。

奴は一九八〇年代から李龍河のゴマすり野郎を、奴が他の役職に配置替えされる度に一緒に引き連れ党の唯一領導を拒否する宗派的行動をして追い出されたその者を系統的に党中央委員会第一副部長の地位にまで引き上げて奴の腹心走狗に仕立て上げた。

張成沢は党の唯一領導を拒否する重大事件を発生させて追い出された側近たちとゴマすりどもを巧みな方法で数年のうちに奴がいる部署と傘下諸部門に吸収し、前科者、経歴に問題がある者、不平不満を持つ者どもを系統的に自分の周りに糾合しその上に神聖不可侵の存在として君臨したのである。

奴は部署と傘下部門の機構を大々的に拡大しながら国の全般的事業を掌握し、省や中央諸機関に深く網を張り巡らせるべく策動し、奴がいた部署を誰一人としても侵すことができぬ《小王国》に仕立て上げたのである。

奴は不届きにも大同江タイル工場に偉大なる大元帥御両方（金日成・金正日）のモザイク壁画と現地指導史跡碑を建立する事業を邪魔したのみならず敬愛する元帥様（金正恩）が朝鮮人民内務軍の軍部隊に送ってくださった親筆書簡を天然花崗岩に刻んで部隊指揮部庁舎前に鄭重にお飾りしようという将兵たちの一致した意見を黙殺したあげくに、しぶしぶと陰になった片隅に建立するように無理強いするという妄動に出た。

張成沢がこれまでに我が党の組織的意思である党の路線と政策に系統的に逆う反党的行為を敢行したことは奴を、党で結論を出した問題も党の方針も覆すことができる特殊な存在である如くに見せ、奴に対する極度の幻想と偶像化を助長させようとする故意的で不純な企図の発露であった。

張成沢は奴に対する幻想をでっち上げるために党と首領に対する我々軍隊と人民の清き忠情と熱き至誠が込められている物資までも中途で横領し、腹心走狗たちにそれを分け与えつつ奴自身の顔を立てるという無謀を働いたのである。

張成沢が奴に対する幻想と偶像化を助長させようと執拗に策動した結果、奴がいた部署と傘下機関のゴマすり分子、お追従分子たちは張成沢を「一号同志」と煽てあげながら、奴に褒められようとよりによって党の指示にも逆うまでに至った。

張成沢は部署と対象機関に対し、党の方針よりも奴の言葉をより重んじ聞き入れる異質的な事業系統を打ち立て、腹心走狗とお追従者どもが朝鮮人民軍最高司令官命令に服さないという反革命的な行為までもためらいもなく敢行できるようにした。

最高司令官の命令に服さないような者どもはそれが誰であろうと革命の銃卒隊は絶対に許さないだろうしそんな奴らは死んだとしてもこの地に埋める場所はない。

張成沢は党と国家の最高権力を簒奪するための第一歩として内閣総理の地位に就くという愚かしくもバカバカしい夢を追いつつ、奴がいた部署が国の重要経済諸部門をすべて掌握し内閣を無力化させることで国家の経済と人民生活を収拾のつかない破局へ追いたてようと画策した。

奴は偉大なる将軍様が最高人民会議第一〇期第一次会議にて打ち立てた新しい国家機構系統を無視して内閣所属検閲監督諸機関を奴の配下に所属させ、委員会、省、中央機関と道、市、郡級機関を設立したり解消したりする問題、貿易及び外貨獲得部門と在外機構を組織する問題、生活費適用問題をはじめとした内閣に任された一切の機構事業とそれに関連するあらゆる問題を掌握し、奴の思いのままに牛耳ることで内閣の経済司令部としての機能と役割をまともに果たせないように麻痺させた。

奴は国家建設監督機構に関連した問題について内閣や当該の省との合意もなしに党へ虚偽報告を提出しようと試みたが当該の幹部たちが偉大なる大元帥御両方によって定められた建設法に反するという正当な意見を提議するや「それでは建

設法を修正すればいいではないか」という妄言を吐いた。

張成沢は職権を濫用し偉大なる大元帥御両方が打ち立てた首都建設に関連する事業系統を混乱させ数年のうちに建設建材諸基地をほとんど廃虚の如くに変え、狡猾な手法で首都建設部門技術者、技能工の隊伍を弱め、重要建設諸部門を腹心たちに引き渡し金儲けができるようにすることで平壌市建設を故意的に邪魔した。

張成沢は石炭をはじめとする貴重な地下資源をむやみやたらと売りとばさせ、それで腹心たちがブローカーどもにだまされて大変な借金を負うはめとなり、本年の五月にはその借金を返すためだと羅先経済貿易地帯の土地を五〇年期限で外国に売り渡す売国行為もためらわなかった。

二〇〇九年万古逆賊朴南基の奴をけしかけて数千億ウォンに上る紙幣を濫発しおびただしい経済的混乱を招来させ民心を惑わすべく背後操作した張本人もまさにこの張成沢だ。

張成沢は政治的野望実現に必要な資金を確保するためにいろいろな名目をつけて金儲けを奨励し不正腐敗行為に明け暮れ、我らの社会に安逸弛緩し無規律的な毒素をまき散らすことを率先した。

一九八〇年代光復建設時から貴金属をかき集めて来た張成沢は手元に秘密機関を作り置き国家の法は眼中になきが如しに銀行から巨額の資金を引き出して貴金属を買い込むことで国家の財政管理系統に巨大な混乱を招く反国家犯罪行為を敢えて犯した。

張成沢は二〇〇九年からあらゆる淫乱で汚らわしい写真図画の数々を腹心走狗たちに流布させて資本主義の退嬰文化が我が国の内部に侵入するよう音頭を取り、あちらこちらで金をむやみやたらにばらまきながら浮華放蕩の生活を欲しいままにした。

張成沢が二〇〇九年の一年間だけでも奴の秘密金庫から四六〇余万ユーロを引き出し使い尽くしたことと海外のカジノ通いまでした事実のみを見ても奴がどれほど堕落し変質したのかが知れる。

張成沢は政権掌握の野心に狂い分別を失い暴れ狂ったあまり、軍隊を動員すれば政変を成功させることができると愚かにも計算しつつ人民軍隊にまでその魔手を伸ばそうと執拗に策動した。

張成沢の奴は審理過程において「私は軍隊と人民が現在の国の経済実態と人民生活が破局に落ちこんでゆくにもかかわらず現政権がいかなる対策も立てることができないという不満を抱くように仕向けようと試みた」としながら政変の対象がまさに「最高領導者同志である」と万古逆賊の醜悪な本心をあからさまに暴露した。

奴は政変の手段と方法に対して「人脈関係にある軍幹部や側近たちを動員して手中に握り置く武力にしようと思った。最近任命された軍幹部たちはよく知らなくとも以前の時期に任命された軍幹部たちとは面識がある。そしてこれから人民と軍人の生活がさらに悪化すれば軍隊も政変に同調する可能性があるのではないかと考えた。そして私がいた部署の李龍河、張秀吉をはじめとした腹心たちはいくらでも私に付くと思ったし人民保安機関を担当した人物も政変に参与する私の側近として利用して見ようと思った。この以外に何人かも利用できると思った」とためらいもなくほざいたのである。

張成沢の奴は政変を起こす時点、そして政変以後にはどうするつもりだったのかという質問に対して「政変時期はこれといった考えがあったわけではない。しかし一定の時期を見て経済が完全に挫折し国家が崩壊直前に至れば私がいた部署とすべての経済諸機関を内閣に集中させて私が総理の座に着こうと思った。私が総理になった後には今までさまざま名目で確保した莫大な資金で幾らかの生活問題を解決してやれば人民と軍隊は私の万歳を叫ぶはずで政変は順調に事を運べると計算した」と白状した。

張成沢は卑劣な方法で権力を奪取した後、外部世界に「改革者」と見なされた奴の醜悪な面の皮を利用し短い期間に「新政権」が外国の「認定」を受けることができると愚かにも妄想したのだった。

すべての事実は張成沢が、米国と傀儡逆賊集団（韓国のこと）の「戦略的忍耐」政策と「待つ」政策に便乗して我が共和国を内部から瓦解崩壊させ党と国家の最高権力を掌握しようと相当以前から最も狡猾で腹黒い手段と方法を総動員しながら悪辣に策動して来た天下に二人といない万古逆賊、売国奴であるということをはっきりと示している。

張成沢の反党的、反国家的、反人民的な罪悪は共和国国家安全保衛部特別軍事裁判所審理過程にその憎々しくも醜悪なる全貌が一つ一つ明かされたのである。

時代と歴史は党と革命の仇、人民の仇であり極悪の祖国反逆者である張成沢の歯が鳴るが如き罪状を永遠に記録し絶対に忘れないだろう。歳月が流れ世代が十代百代交替しようと改変も交換もできないものが白頭山の血統である。

我が党と国家、軍隊と人民はただひたすらに金日成、金正日、金正恩同志の其他に絶えて人を知らず。

この天下で敢えて金正恩同志の唯一領導を拒否して元帥様の絶対的権威に挑戦して白頭山の血統と一個人を対峙させる者どもを我ら軍隊と人民は絶対に許さず、その者が誰であろうとも、いずこに隠れようとも悉く掃き出して歴史の峻厳な審判台の上に立たせ党と革命、祖国と人民の名において情け容赦なく懲罰するだろう。

朝鮮民主主義人民共和国国家安全保衛部特別軍事裁判所は被訴者張成沢が敵方と思想的に同調し我が共和国の人民主権を覆す目的で敢行した国家転覆陰謀行為が共和国刑法第六〇条に該当する犯罪を構成することを確証し凶悪な政治的野心家、陰謀家である万古逆賊の張成沢を革命の名において、人民の名において峻烈に断罪糾弾しつつ共和国刑法第六〇条によって死刑に処することを決した。判決は即時執行された。

【資料2】張成沢粛清後の政治局拡大会議で確認された指導部（二〇一四年四月八日）

政治局常務委員

金正恩、金永南《キム・ヨンナム》、崔永林《チェ・ヨンリム》、崔龍海《チェ・リョンヘ》

委　員

金己男《キム・ギナム》、崔泰福《チェ・テボク》、朴道春《パク・ドチュン》、金永春《キム・ヨンチュン》（軍から党へ）、楊亨燮《ヤン・ヒョンソプ》、李勇茂《リ・ヨンム》、姜錫柱《カン・ソクチュ》、金元弘《キム・ウォンホン》、朴奉珠《パク・ボンジュ》（補選）

候補委員

玄永哲《ヒョン・ヨンチョル》、呉克烈《オ・グンリョル》、金養健《キム・ヤンゴン》、太宗秀《テ・ジョンス》、金平海《キム・ピョンヘ》、朱奎昌《チュ・ギュチャン》、郭範基《クァク・ボムギ》、金昌燮《キム・チャンソプ》、李炳三《リ・ビョンサム》、盧斗哲《ロ・ドゥチョル》、趙延俊《チョ・ヨンジュン》、崔富日《チェ・ブイル》（補選）

書記局

金己男（宣伝）、崔泰福（教育・科学）、姜錫柱（国際担当）、金養健（対南）、金春渉《キム・チュンソプ》（軍需）、金平海（幹部）、太宗秀（総務）、呉秀英《オ・スヨン》（軽工業）

第5章資料

国防委員会（二〇一五年一一月現在）と人民軍の体制（二〇一六年二月現在）

国防委員会

委員長　金正恩

副委員長　黄炳誓、李勇武、呉克烈

委員　李炳哲、金元弘、崔富一、趙春龍

人民軍

総政治局

局長　黄炳瑞（次帥）

組織副局長　チョ・ナムジン（中将）

宣伝副局長　廉哲成《リョム・チョルソン》（中将）

副局長　シム・サンデ（上将）

人民武力部

部長　朴永植《パク・ヨンシク》（大将）

第一副部長　徐鴻賛《ソ・ホンチャン》（上将）

ノ・グアンチョル（上将）

副部長　キム・テック（上将）

尹東絃《ユン・ドンヒョン》（上将）

キム・ピョヒョン（上将）

キム・ヒョンリョン（上将）

キム・ジョングアン（中将）

チェ・セグアン（中将）

総参謀長　李明秀《リ・ミョンス》（大将）

第一副総参謀長　リム・グアンイル（中将）

副総参謀長　呉琴哲《オ・クムチョル》（大将）

リ・ヨンジュ（中将）

キム・ミョンファン（上将）

キム・スハク（中将）

パク・ジョンチョン（小将）

チュ・ドンチョル

作戦局長　リム・グァンイル（中将）
砲兵局長　ユン・ヨンシク（中将）
戦略軍司令官　金洛兼《キム・ラクギョム》（大将）
航空・防空司令官　チェ・ヨンホ（大将）
海軍司令官　李用柱《リ・ヨンジュ》（大将）

あとがき

北朝鮮の体制は、首領独裁体制だ。この独裁体制の特徴は、首領と言われる指導者個人を神格化して権力を集中し、その絶対権力で国民を統治するところにある。だから政治、経済、軍事すべての政策は首領の利益と権威を高めることが第一義的となる。二〇一六年の一月六日に行なわれた水爆と主張する核実験や二月七日に発射した「光明星四号」という事実上のミサイル発射実験も、まずは金正恩の権威を高めるためにその政治的意義があった。それゆえ当然その報道は誇張される。

この首領独裁制は、スターリン独裁、ヒトラー独裁、天皇絶対制などを組み合わせた上で軍国主義化し、王朝的身分制度まで復活させた世界史上類例のない独裁体制といえる。

首領独裁制は金日成と金正日の「作品」だが、主に金正日によって作り上げられた。それは、対内的には徹底した情報統制のもとでの「洗脳政策」（愚民化政策）および「恐怖政治」と、対外的には「平和」を人質にした核による脅迫で維持されている。

この体制を支えるのは、組織指導部を中心とした朝鮮労働党とその統制下にある朝鮮人民軍、国家安全保衛部とその指揮下にある強制収容所、そして人民保安部などの弾圧組織の複合体だ。

金正恩はこの独裁システムを世襲という形でなんの苦労もなく手にした。従ってその運用ノウハウはまだ十分に身につけていない。先代、先々代が作り上げた絶対権力に乗っかりわがままいっぱいに権力を乱用しているだけだ。そのために統治におけるアメとムチのバランスさえ崩れ始めている。今年の二月初旬にも最側近とみられてきた軍総参謀長の李永吉まで粛清・処刑したという。二〇一五年の四月に人民武力部長の金永哲が処刑されてからわずか八ヶ月しか経っていないのに軍の最高首脳がまたもや粛清されたのである。

いま北朝鮮では金正恩に対する「意見具申」そのものが反逆行為となっている。いくら独裁権力だからといっても、ここまで傍若無人に振る舞えば必ず反発は起こる。反発は「怨念」として蓄積されそれを隠すための「面従腹背」がはびこる。恐怖だけで人を動かすことはできない。**金正恩体制の第一の矛盾は、この金正恩の未熟な資質と首領絶対制という強大な権力システムとのかい離にある。**

首領独裁制は、なによりも首領の権威を絶対化することで維持されているため、首領を偶像化する材料と業績がなければ当然統治力は弱まる。だからこそ父の金正日は金正恩に「後見人体制（権威づくり体制）」を準備したのだが、金正恩の短兵急でわがままな性格と並外れた権力欲はそれを拒否し手っ取り早い方法での恐怖政治に向かった。

金正恩は「後見人体制」を拒否したばかりか、パワーエリートを通じての国家運営も拒否している。人事権をもて遊び、この四年間で党と軍と政府の幹部を七〇％入れ替えたとされる。この過程で当然世代交代が進んだだろうが、世代間は隙間だらけだ。新たに登用された幹部と金正日時代の幹部との間で亀裂が生まれている。**金正恩体制の第二の矛盾は、この頻繁な人事と支配層の急激な世代交代による新旧世代間対立が強まっているところにある。**

幹部の忠誠心に不安を感じているからこそ金正恩は恐怖政治を強化するのであるが、それを担保するために必要以上に「人民第一主義」を叫びポピリュズム的政策で現金の「ばらまき」まで行なっている。しかし、それで手にする人々の実入りは先代、先先代よりも貧弱だ。

「人民第一主義」は「軍優先政治」とは異なり命令だけで実現することはできない。人民生活の具体的向上が必須である。人民生活を向上させるためには経済、それも基幹産業やインフラへの投資が求められる。

特に産業のコメである電力の増産は待ったなしの課題となっている。宇宙衛星が映し出した北朝鮮の真黒な闇がそれを端的に示している。

いくら高層アパートを建てても電気が供給されなければそれはコンクリートの塊にすぎない。それよりも何よりも工場が稼働しない。しかし金正恩にはその財源がない。乏しい財源の中で核とミサイル開発を優先しているからだ。これでは産業構造はいびつになるばかりか、いつまでたっても現代化しないし人民生活も向上しない。**金正恩の軍事優先政策と人民第一主義の矛盾、これが第三の矛盾である。**

この矛盾を金正恩は私経済の容認と金主《トンジュ》という富裕層の活用で埋めようとしているが、それはあまりにも小手先の政策だ。この政策は所得の格差を拡大させ、首領独裁制の足元を崩す結果をもたらしている。

配給制度をはじめとした社会主義施策が維持され、経済が成長していた時代は、首領独裁という権力集中体制と経済の矛盾は大きくなかった。しかし金正恩が受け継いだ北朝鮮社会は、配給制も無料義務教育制もそして無償医療制や雇用制度も崩壊した社会である。供給不足と資金不足を解決するために仕方なく私経済とその担い手である金主《トンジュ》たちを活用せざるを得ない状況に置かれた。そして人々はすでに首領の配慮で生きるのではなく自身の才覚で市場経済に依拠して生きている。**金正恩は首領独裁制維持のためにその反対側に位置する私経済を利用せざるを得なくなっている。これが金正恩体制の第四の矛盾だ。**

金正恩は、知識産業革命のスローガンを掲げてIT化に力を入れている。しかしこのIT化は真似ごとにすぎない。世界のネットワークとつながっていないからだ。

二〇一三年一月に訪朝した米グーグルのエリック・シュミット会長は北朝鮮のIT化が矛盾に満ちたものであることを暴露した。シュミット氏は「世界全体のつながりが広がっている今、北朝鮮の（ネットでの）孤立は同国の経済成長に大きな影響があり、北朝鮮政府は国民にインターネットを開放するべきだ」と主張し、「私の考えでは、今始めなければ、（世界に）取り残されたままになるだろう」と語った。情報を閉鎖した中での「ＩＴ化推進」は概念上も成り立たない。**ＩＴ化を進めれば必然的に情報閉鎖は崩れてゆく。この「ＩＴ化推進」と情報閉鎖との矛盾が金正恩体制の第五の矛盾である。**

金正恩は韓国に絶えず軍事挑発して軍事力で韓国をねじ伏せようとしている。金正恩の軍事挑発路線によって、韓国国民の対北朝鮮感情は悪化している。二〇一六年の解放七〇周年にあたっての世論調査では、韓国国民のうち、北朝鮮を「協力する対象」と答えた人は四三・五％だった。一〇年前の二〇〇五年調査で六六・二％だったことから見れば二〇ポイント以上も低下した。一方「敵対する対象」という回答は、一〇年前の調査の一五・五％から二五・六％へと、一〇ポイントほど増加した。「警戒する対象」という回答も、九・〇％から一九・七％に増加した（朝鮮日報日本語版二〇一五年八月一四日）。

金正恩の軍事挑発路線が続けば、韓国民の反北朝鮮感情はますます高まるだろう。そうなれば韓国内の親北勢力は弱体化する。このまま韓国民の反感を買い続ければ、韓国世論を分裂させることで効果を上げてきた北朝鮮の対韓国戦略は挫折せざるを得ない。二〇一三年の過激な挑発に同調したばかりに「統合進歩党」が解散に追いやられたことがそれを示している。こうした韓国世論の反金正恩感情の高まりを背景に、韓国政府は北朝鮮の四回目核実験と「光明星四号」発射強行に対して「開城工団」の全面中断という思い切った措置に踏み切った。韓国も痛手を受けるが北朝鮮に対する打撃は大きい。北朝鮮は一瞬のうちに年間一億ドルの外貨を失った。**金正恩時代に入っての北朝鮮首領独裁と韓国民主主義との対立はますます先鋭化している。この民族内の独裁と民主主義の矛盾激化が金正恩の第六の矛盾である。**

北朝鮮の核脅迫路線によって国際的孤立が続く中で、北朝鮮での実質通貨はドルや元やユーロや円などの外貨となってしまった。外貨でなければ利用できない娯楽施設やレストランも多い。タクシーさえもウォンでは割り増し料金を取られる。通貨の面から見れば北朝鮮はすでに独立国でなくなっている。二〇〇二年の「七・一措置」以前に比べると北朝鮮ウォンの価値は数万分の一となった。金正恩は国内通貨では統治すらできなくなっている。もちろん経済再建もおぼつかない。それでも金正恩は、年初から核実験を行ない、「並進が鳴らした正義の爆音」「米国全土を一瞬になくすことができる」などと息巻いている。核脅迫がドルをもたらすと信じているからだろう。

しかしこのような脅迫は国際的制裁の強化をもたらすだけだ。すでに米国上下院は強力な対北朝鮮制裁法案を通過させた。この法案にオバマ大統領も署名した。バンコ・デルタ・アジア制裁に匹敵する金融制裁が実現する。北朝鮮はますます外貨の枯渇に苦しむであろう。**北朝鮮が核を放棄しない限り経済再建に必要な国際的支援と外資導入は不可能である。経済建設と核武力建設の並進路線自体が矛盾なのである。これが七番目の矛盾だ。**

以上七つの矛盾はすべて金正恩政権が抱える時限爆弾に等しいものだ。どこか一つが爆発すれば連鎖反応を起こし金正恩体制は崩壊へと向かう。

しかし金正恩が国民の側に立って決断を下せばこの諸矛盾の解決はさほど難しいものではない。まずは核を放棄して国際的制裁を解除させ、韓国との経済交流を深め、米日と国交を正常化して改革開放に向かえばおのずと道が開ける。だが金正恩にそれを求めるのはほとんど無理かもしれない。

最近北朝鮮の高位幹部たちの間で噂されている金正恩のエピソードがある。それは母親の高ヨンヒが死亡する前の二〇〇三年に起こった「事件」の話だ。金正日、高ヨンヒと一緒に清津空軍大学視察の際、金正恩がバスケットボール競技に直接参加したのだが、競技中に審判判定に不服だとして、ボールをコートの外に放り出して火のように怒ったという話だ。審判の判定があっても気に入らなければボールを放り投げるこの傍若無人ぶりは今もそのままである。

張成沢、玄永哲をはじめとした多くの幹部と住民たちに対する残虐な処刑、国際社会だけでなく中国をも無視した「水爆？実験」の暴挙、どれ一つ見てもこのエピソードで語られている「過激で傍若無人な性格」は治っていない。むしろますますひどくなっていると言える。

金正恩はスイスで人権尊重と民主主義の政治を見てきたはずだが、なに一つ身についていなかったようだ。まさにアウトローそのものだ。こうした「わがまま統治」がいつまでも続けられるはずがない。審判される日は必ずやってくる。

二〇一六年二月

朴斗鎮（パク・トゥジン）

1941年大阪市生まれ。1960年3月、大阪府立生野高校を卒業。1960年4月～62年3月、在日本朝鮮青年同盟大阪中西支部。1962年4月、朝鮮大学校政治経済学部入学。1966年3月、朝鮮大学校政治経済学部卒業後、朝鮮問題研究所所員として2年間在籍。1968年4月～75年3月、朝鮮大学校政治経済学部教員。その後、㈱ソフトバンクを経て経営コンサルタントとなり、2006年からコリア国際研究所所長。デイリーNK顧問。
著書　『北朝鮮　その世襲的個人崇拝思想―キム・イルソン主体思想の歴史と真実―』（社会批評社）、『朝鮮総連―その虚像と実像―』（中公新書ラクレ）、『友愛ブックレット　韓国・北朝鮮とどう向き合うか』（共著、花伝社）

揺れる北朝鮮――金正恩のゆくえ

2016年3月25日　初版第1刷発行

著者 ―― 朴斗鎮
発行者 ―― 平田　勝
発行 ―― 花伝社
発売 ―― 共栄書房
〒101-0065　東京都千代田区西神田2-5-11出版輸送ビル2F
電話　03-3263-3813
FAX　03-3239-8272
E-mail　kadensha@muf.biglobe.ne.jp
URL　http://kadensha.net
振替 ―― 00140-6-59661
装幀 ―― 黒瀬章夫（ナカグログラフ）
印刷・製本 ― 中央精版印刷株式会社

ISBN 978-4-7634-0770-2　C0036